STUDIA
HUMANITATIS
문명텍스트

STUDIA HUMANITATIS
문명텍스트
25

영웅을 기다리는 유목민의 노래

장가르 2

칼미크-오이라드 민중 지음
니콜라이 체데노비치 비트케예프 외 엮음 | 유원수 주해

서울대학교출판문화원

STUDIA HUMANITATIS
문명텍스트
25

장가르2

영웅을 기다리는 유목민의 노래

초판 1쇄 인쇄 2016년 11월 25일
초판 1쇄 발행 2016년 11월 30일

지은이 칼미크-오리아드 민중
엮은이 니콜라이 체데노비치 비트케예프
에드윈 바드마예비치 오발로프
주해자 유원수
펴낸곳 서울대학교출판문화원
펴낸이 성낙인

책임편집 이라미
디자인 최선아

출판등록 제15-3호

주소 (08826) 서울 관악구 관악로 1
대표전화 02-880-5252 | **팩스** 02-888-4148
마케팅팀(주문상담) 02-889-4424, 02-880-7995
이메일 snubook@snu.ac.kr
홈페이지 www.snupress.com

ISBN 978-89-521-1839-4 94890
978-89-521-1574-4 (세트)

이 저서는 2007년 정부(교육과학기술부)의 재원으로
한국연구재단의 지원을 받아 수행된 연구임(NRF-2007-361-AL0016).

머리말

『장가르 1』에서도 소개한 것처럼 『장가르』는 지금부터 500여 년 전쯤 칼미크-오이라드 사람들에게서 비롯되어 온 몽골계 민족들을 넘어 중앙아시아의 이웃 민족들에게까지 사랑받아 온 영웅서사문학이다.

유목과 수렵을 하며 '숲의 사람들'이라고 불리던 오이라드 사람들은 1207년 칭기즈칸에게 항복한 이래 그의 후손들에게 종속된다. 1635년 오늘의 중국 신장 북부, 내몽고 서부, 몽골 서부에 걸쳐 준가르 제국을 건설하여, 칭기즈칸의 후예인 할하몽골에 맞서다가 청과 할하몽골 연합군에게 학살된다. 1755년 준가르를 완전히 정복한 청은 오이라드 사람들을 산지사방으로 흩어지게 한다. 한편 전쟁을 피하려고 러시아로 이주하기 시작한 오이라드 사람들 가운데 선발대가 1618년 처음 볼가 강 유역에 도착하여 150여 년을 살았으나 러시아 황제를 위한 온갖 전투에 방패막이로 나섰음에도 종교적 신념으로 늘 탄압받는다. 청과의 오랜 협상 끝에 귀환을 허락받은 이들은 1771년 20만 명이 함께 귀환 길에 오르지만 연도의 이민족들의 습격을 받아 가며 겨우 3분의 1만 준가르 본향에 도착한다.

한편 볼가 강 유역에 남은 사람들은 칼미크로 불리는데, 이들은 1943년 나치 독일에 부역했다는 누명과 함께 시베리아와 중앙아시아 여러 지역으로 강제이주를 당한다. 14년 뒤 명예회복과 함께 귀환했을 때 전체 인구의 22퍼센트가 줄어 있었다. 『장가르』는 기구한 운명에 몸부림쳐야 했던 칼미크-오이라드 민중이 구원자의 출현을 꿈꾸며 부르는 한 맺힌 절규이다.

『장가르』는 이러한 한과 슬픔이 배경이 되어 탄생한 작품이지만, 내용은 모험과 해학으로 가득한 이야기이다. 『장가르』의 본고장인 신장의 오이라드 몽골 사람들과 러시아의 칼미크 사람들의 고장에서는 거의 세습되는 전문 장가르치가 있었고, 장가르치는 다양한 자리에서, 다수의 청중 앞에서, 대개 반주 없이, 필요하면 몸동작도 해가면서, 수백에서 수천 줄에 이르는 『장가르』의 몇 마당을 암송하였다. 그런데 『장가르』가 이와 같이 넓은 지역에서 오랜 세월 "장가르치"라고 부르는 연창인(演唱人) 개개인의 입에서 입으로 전해 내려오다 보니 내용과 길이에도 다양한 차이가 있는 이야기들로 발전하였으나 대체로 25마당에서 26마당으로 수렴되는 줄거리들이고, 핵심 줄거리들은 다음과 같이 공통된다.

• 주인공 장가르가 두 살 때 적에 적들에게 부모와 영지를 잃고 고아가 된다. 그에게 남은 것은 두 살배기 망아지 아란잘 제르데(불타오르는 듯 붉은 절따말)뿐이다. 아란잘 제르데는 장가르와 말을 트는 사이로 장가르에게 충고도 하고 말다툼도 서슴지 않는다.

• 세 살 적부터 사방과 아래 세계의 강적을 무찔러 굴복시키기 시작한다. 그가 무찌른 적들은 범상한 인간들이 아니라, 엄청나게 강력한 초자연적인 존재들인 망가스(괴수)의 임금들이다.

• 다섯 살 때 장사 식셰르게에게 붙들려 죽을 고비를 맞으나 그의 아들 붉은 홍고르의 도움으로 살아난다. 이후 홍고르는 장가르의

둘도 없는 친구이자 변함없는 충신으로 6,012용사의 좌익을 이끌며, 장가르를 위해 온갖 험난한 모험에 용감하게 나선다.

• 여섯 살 때는 지나간 99년을 알고, 다가올 99년을 내다보는 알탄 체지의 활을 맞고 죽게 되었으나 홍고르가 자기 어머니에게 간청하여 그녀가 합장기도를 해 준 덕에 살아나고, 알탄 체지를 수하에 거두게 된다. 이후 알탄 체지는 6,012용사의 우익을 이끌며 장가르에게 충성한다.

• 주인공 장가르와 그의 용사들에게는 사람의 말을 할 줄 알고, 주인에게 충고하고, 말다툼도 벌이는 지혜롭고 충성스러운 준마들이 있다. 그 말들은 1년 내내 쉬지 않고 달릴 수 있고, 넉 달 거리라면 28일 거리로 줄여 달릴 수도 있다.

• 장가르와 그의 용사들은 둔갑도 할 수 있고, 일당백 정도가 아니라 일당 수십만의 무용을 갖고 있지만, 적들은 항상 더 강하다. 장가르와 그의 용사들은 분하면 눈물을 뿌리며 운다. 출정 임무를 지명받은 경우 처량하게 울며 반발하기도 한다. 우리가 흔히 갖고 있는 영웅상, 즉 근엄하고 진실한 애국애족의 지도자 상과는 사뭇 다른 모습이다.

• 그가 이룩한 나라 (아르) 봄바는 누구나 25살로 멈추고, 추운 겨울과 더운 여름이 없으며, 우순풍조(雨順風調)한 아름다운 나라이다. 그는 하늘에 닿지 않도록 세 손가락 정도 사이를 띄어 지은 으리으리한 대궐에서 사대주(四大洲) 42임금의 딸을 마다하고 맞이한 놈퇴게스(불법이 원만한) 임금의 아름다운 공주 샤브달(조화/우아)과 혼인하여, 그의 용사들과 밤낮으로 잔치를 즐기며, 500만 백성과 함께 행복을 누린다.

• 잔치가 한창 무르익을 때 누군가는 출정하지 않을 수 없는 어떤 위협적인 전갈이 외부에서 오거나(장가르와 부하들의 아내, 장가르의 부하들, 장가르와 부하들의 명마를 요구한다), 아니면 장가르가 과제를 내어(적의 임금, 여자, 말떼를 훔치거나 빼앗아 오라고 한다), 출정에 대한 의논이 있고, 누군가는 자발적으로든 강제로든, 열에 아홉은 홀몸으로 출정하여, 온갖 어려움 속에서도 누군가의 도움을 받아 엄청난 과업을 완수하고(주로 속방을 만들어 1001년 동안 조공을 바치게 한다) 온전하게 돌아와 다시 잔치를 벌이며 즐긴다.

뒤에서도 다시 언급되겠지만 『장가르 1』(2011)에서는 전체 26마당 가운데 1908~1910년 엘랜 오블라가 노래하고, 놈토 오치르가 채록하여, 블라디슬라브 코트비치가 간행한 장가르 10마당을 칼미크 사회과학아카데미의 비트케예프 교수와 오발로프 교수가 중심이 되어 간행한 비트케예프들(1990a)에 수록된 형태대로 우리말 주해를 시도하였다. 『장가르 2』에서는 19세기 중반부터 꾸준히 채록되고 발굴된 나머지 16마당 가운데 5마당을 비트케예프들(1990b: 7~192)을 텍스트로 삼아 우리말로 주해하였다. 나머지 11마당 역시 비트케예프들(1990b: 193~474)을 텍스트로 삼아 『장가르 3』으로 주해될 것이다.

위와 같은 우리말 주해들을 통하여 『장가르』는 몽골 사람들이나 중앙아시아 일부 사람들만의 것이 아닌, 한국인들도 함께 감상하고 즐길 수 있는 인류 공동의 문화유산으로 자리 잡게 될 것을 기대한다.

2016년 10월 28일

주해자 유원수

『장가르 2』에 대한 이해

『장가르 1』의 독자들은 이미 알고 있듯이 장가르는 몽골비사, 게세르와 함께 몽골 고대문학의 가장 우뚝한 세 봉우리로 꼽히는 영웅서사시이며, 티베트(몽골) 사람들의 게사르(게세르), 키르기스 사람들의 마나스와 함께 중앙아시아 지역의 3대 영웅서사문학의 하나로도 일컬어진다. 장가르는 러시아의 19만 칼미크 사람들, 중국과 몽골의 48만 오이라드 사람들 사이에서 구비 전승되어 온 구비문학으로 그들과 역사, 문화, 지리적으로 가까운 몽골계 민족들, 중앙아시아의 튀르크계 일부 민족들 사이에서 널리 사랑받아 왔다. 그래서 『장가르』가 형성되고 발전되고 꾸준히 사랑받은 칼미크-오이라드 사람들의 공동체가 있는 러시아, 중국, 몽골의 학자들은 지난 100여 년간 장가르 판본을 수집하여 정리하였으며, 번역과 연구에 매진한 결과 상당한 성과를 거두었다.

우리 학계에서도 그간 구비문학, 영웅서사문학, 민족문학으로서의 장가르에 대한 연구를 통해 장가르의 존재와 중요성을 소개하고, 우리 문학과 비교하며 형식과 내용을 분석하였다. 그러나 장가르의 우리말 번역은 『장가르 1』과 이번의 『장가르 2』가 시작이다. 이 시작이 우리 독자들에게 전통 시대 칼미크-오이라드 몽골 사람들, 나아가 중앙아시아 유목민의 삶의 모습, 그 삶이 지배하는 마음과 생각과 꿈, 그러한 것들을 담아내는 문학적 기법을 감상하고 이해하는 데 도움이 될 것이다. 그럼으로써 오늘날의 칼미크-오이라드 몽골 사람들, 중앙아시아 사람들에 대해서도 따뜻한 관심을 두는 계기가 될 것으로 기대한다. 몽골, 중앙아시아 지역에 관련된 분야를 공부하는 학생과 연구자들은 물론 언어, 민속, 문학, 신앙을 포함하여 인류 문화의 다양한 분야를 전문적으로 연구하는 이들에게도 이 번역은 매우 쓸모 있는 자료가 될 수 있을 것이다.

『장가르』는 한 마당 한 마당이 독립된 내용이면서도 전체적으로는 일관성 있는 줄거리를 가진, 26마당으로 수렴되는 노래이다. 각 마당의 길이는 짧게는 수백 행에서 길게는 2,000여 행까지 다양하며, 모두 3만여 행 분량이며, 각 행의 첫 분절음이 압운하는 몽골 전형의 시가이다. 『장가르 1』(2011)에서는 전체 26마당 가운데 1908~1910년 엘랜 오블라(Ээлэи Овла)가 노래하고, 놈토 오치르(Номт Очра)가 채록하여, 블라디슬라브 코트비치(В. Л. Котвич)가 간행한 장가르 10마당을 칼미크 사회과학아카데미의 비트케예프 교수와 오발로프 교수가 중심이 되어 간행한 비트케예프들(1990a)에 수록된 형태로 우리말 주해를 시도하였다.

『장가르 2』에서는 19세기 중반부터 꾸준히 채록되고 발굴된 나머지 16마당 가운데 아래 5마당을 비트케예프들(1990b: 7~192)을 텍스트로 삼아 우리말로 주해하였다. 나머지 11마당 역시 비트케예프들(1990b: 193~474)을 텍스트로 삼아 『장가르 3』으로 주해될 것이다.

『장가르 2』로 주해된 마당

순서	제목	길이 (행)	연창자	채록, 연도, 출판자
2-1	오트 차간 망가스를 장가르가 타도하는 마당	1,624	바가 되르베드 고장의 성명 미상 장가르치	골스툰스키 1862~1864
2-2	퀴렐 에르덴 망가스 임금을 성주 장가르가 굴복시킨 마당	935	바가 되르베드 고장의 성명 미상 장가르치	골스툰스키 1862~1864
2-3	흉맹한 노랑 귀르귀 임금을 유명한 붉은 쇼브쇼르가 타도하는 마당	1,737	바가 되르베드 고장의 성명 미상 장가르치	골스툰스키 1862~1864
2-4	대단한 붉은 홍고르가 흉맹한 노랑 망가스 임금을 산 채로 붙들어 데리고 오는 마당	1,626	바가 초호르 고장의 성명 미상 장가르치	골스툰스키 1862~1864 포즈드녜프(1911) 출판
2-5	흉맹한 잠발 임금의 미친 일곱 보동을 대단한 붉은 홍고르와 퀸데 가르타 사와르가 잡은 마당	1,928	바가 초호르 고장의 성명 미상 장가르치	미하일로프 1850
계		7,850		

이 주해서는 장가르에 대한 최초의 한국어역이다. 이전의 번역은 러시아어, 할하몽골어, 일본어 번역뿐이었다. 그리고 내용에 차이가 많은 중국 신장의 오이라드 지역에서 채록된 텍스트가 중국어로 번역되기도 하였다. 그간 외국어 번역에 의존하던 한국의 연구자들도 이제는 한국어 번역을 연구에 활용할 수 있게 되었다. 기존의 번역을 검토하여 잘못된 부분을 수정하였고, 텍스트상의 오류에 대해서도 지적하였다. 텍스트의 칼미크어 원문에 충실하게 번역하였으며, 번역을 생략한 부분이 없고, 일부 18세기 국어 자료와 방언에서 발굴한 어휘들이 사용되기도 하였지만 참을성 있는 독자라면 누구나 읽고 이해할 수 있도록 번역하였다. 이 주해서는 주석과 해설, 해제를

갖추고, 부록에 상당하는 주요 칼미크어 풀이도 제공할 것이다. 이를 통해 몽골문학을 처음 접하는 독자들, 칼미크-오이라드 민중의 역사에 대한 사전 지식이 없는 독자들도 작품을 이해하고 감상하는 데 별 어려움이 없을 것으로 예상한다.

『장가르 2』의 각 마당 소개

1. 오트 차간 망가스를 장가르가 타도하는 마당

1) 텍스트의 전승

이 주해의 텍스트는 비트케예프들(Н. Ц. Биткеев, 1990b: 7~44)에 수록된 1,625행 분량의 노래이다. 비트케예프들(1990b: 5~6), 두게르수렝(2000: 702) 등에 의하면 1862~1864년 칼미크의 바가 되르베드(Баh Дөрвд)의 고장에서 성명 미상의 장가르치에게서 골스툰스키(К. Ф. Голстунский)의 부탁에 따라 채록하였으나[1] 최초의 원고는 거의 100년 동안 행방이 알려지지 않은 채로 묻혀 있었다고 한다. 이를 1966년 키치코프(А. Ш. Кичиков)가 레닌그라드 국립대학에 보관된 문서더미에서 「쿼렐 에르데니 망가스(청동 보석 망가스) 임금을 복드 장가르(거룩한 장가르, 우리의 주해에서는 성주 장가르로 옮김)가 타도하는 마당」의 원고와 함께 발견하여 『할리막 우넨』(*Хальмаг үнн* '칼미크 진실') 신문에 출판하였고, 모두 2권 25편으로 이루어진 키치코프(1978)

---

1 채록자가 이 마당을 아는 혹은 노래 부른 장가르치 자신이었는지 제3의 인물이 그 장가르치에게서 받아 적은 것인지는 이들의 언급만으로는 분명치 않다.

에 칼미크 키릴 문자로 전사되어 모스크바에서 출간하였고, 비트케예프들(1990b)에 다른 15노래들과 함께 수록되었다.

2000년에는 테. 두게르수렝이 키치코프(1978)의 25마당에 수록된 텍스트를 할하몽골어로 번역한 것이 그가 작고한 뒤에 아들 데. 바야르에 의해 두게르수렝(2000: 12~48)으로 출간되었고,[2] 이를 바탕으로 『조웅전』과 비교 연구한 오트공바야르(2009: 30)에 의해 그 줄거리가 우리말로 소개된 일이 있다.

2) 이야기 줄거리

장가르의 아름답고 장엄한 대궐의 소재(所在)와 모습, 대궐의 위력, 대궐 주변에 배치된 대사원이 소개된다. 국태민안이 부각되고, 장가르의 나라가 이상향이라는 점이 언급된다. 죽음이 없는 영생의 나라, 겨울이 없는 여름의 땅, 우순풍조하고 젖과 술이 넘치는 풍요한 나라로 소개된다. 나라의 자랑인 봄바 차간 산의 위용, 봄바 바다가 실어 나르는 금은 및 여의보주가 소개되고, 국태민안이 다시 언급된다. 시르케 바다 기슭의 쾩신 시르케의 궐(闕), 귕 하라 바다 기슭의 귐베의

---

2 유원수(2011: 17)는 연표에서 두게르수렝(2000)이 1990년 칼미크에서 출간된 장가르의 번역이라고 하였으나, 두게르수렝(2000: 702)을 보면 이는 잘못된 정보이다. 두게르수렝(2000)의 텍스트는 (키치코프가 편찬하여) 1978년 칼미크에서 출간된 25마당과 1979년에 체레노프(В. Церенов)가 출간한 1마당을 번역한 것이라고 한다. 잘못된 정보를 제공한 데 대해 장가르 1의 독자 여러분께 사과드린다. 두게르수렝(2000: 12~48)은 우리가 텍스트로 삼은 비트케예프들(1990b: 9~44)과 거의 일치한다. 한편 키치코프(1999: 40~87, 88~121)의 칼미크어-러시아어 대역 텍스트의 「들어가기(Оршъл)」와 「오트 차간 망가스를 장가르가 타도하는 마당(1. Уть Цаhан Маӊhъсиигe Җаӊhър Дөрәцүлешсен Бөлег)」을 합치면 우리의 주해 대상 텍스트와 얼추 맞는다.

궐, 아르즈 잔단 바다의 알탄 체지의 궐과 주변에 배치된 주 사원, 그들의 부중(部衆)이 소개된다. 이 모든 것의 주인 장가르의 이력과 가계가 소개된다. 신년하례를 위해 행차하는 귐베, 알탄 체지, 욍게 비의 거동이 묘사되고, 35명의 보동과 72명의 바다 임금들이 입궐하고, 7만, 7억 백성이 모여들고, 홍고르의 부재가 확인된다.

홍고르의 행차가 묘사되는데, 35명의 보동과 72명의 바다 임금들이 전부 바다와 같은 성주의 곁에 있을 것으로 짐작되는 시점에 말을 준비시킨다. 3,000용사 가운데 정예 300을 보내 9만 마리 푸른 간자말을 모아 산을 넘고 강을 건너 물을 충분히 먹인다.

애마 쾨케 갈잔을 데려오는 과정과 얼마나 뛰어난 말인지에 대한 묘사, 그리고 말의 채비에 대한 묘사가 이어진다 홍고르의 채비와 호사, 입궐 과정, 홍고르와 그의 애마에 대한 사람들의 찬탄과 위용, 입궐 전 라마의 축복을 받는 절차에 대한 묘사가 이어진다. 홍고르의 난폭한 입궐 모습과 장가르와 샤브달 하탄에 대한 행례가 묘사된다. 또한 귐베의 왼편에 합류, 귐베와 인사하기, 홍고르에 대한 장가르의 호의적인 언급이 이어진다. 오른편(알탄 체지, 몽흘라, 보르 망나를 비롯한 17보동들) 및 왼편(귐베, 홍고르를 비롯한 17보동들)의 용사들에 대한 소개, 주군 장가르의 위용과 부인 샤브달 하탄의 아름다움에 대한 형용이 뒤를 잇는다. 술잔치에 쓸 술에 대한 이야기와 술을 연회장으로 들여오는 과정, 술잔치 광경과 용사들의 맹세가 세세하게 서술된다.

이어 홍고르의 주정과 장담이 시작된다. 알탄 체지의 예견(오트차간의 사자 샤라 비르멘이 홍고르를 잡아가겠다며 돌아다닌다는 내용)과 그에 대한 홍고르의 반응이 소개된다. 홍고르가 문을 박차고 나와 예언 속의 올린 샤라 비르맨을 찾아 나선다. 샤라 비르맨과 조우하여 수

작, 시비 끝에 홍고르의 선공으로 21일간의 격투가 벌어지고, 홍고르가 제압당해 목에 쇠사슬을 매인 채 끌려간다. 갈단 임금의 나라에서 구걸하다 귀국하던 거지 소년이 목격하고 이틀을 뒤따라가며 고함을 질렀으나 구하지 못하고 두 살짜리 망아지의 머리를 돌려 장가르에게 신고하자, 소년에게 속민 500만 호로 포상한다. 홍고르를 구해 오는 사람에게는 44번 죄를 사면하고, 33가지 소원을 들어주기로 하였으나 아무도 나서지 않는다.

결국 장가르가 직접 나서게 된다. 온갖 무구와 말, 마구, 복장에 대한 묘사가 따른다. 35보동이 모였으나 사와르가 자기 말이 다리를 전다는 핑계로 출정을 회피한다. 장가르가 다녀와 사와르를 요절내기로 하고 추격에 나서자 놀란 사와르가 앞질러 가서 황금 노랑 다리에서 따라붙어 홍고르를 구출해 낸다. 도주하는 샤라 비르멘의 뒤를 밟아 오트 차간의 대궐에 당도, 홍고르가 난폭하게 입궐하여 오트 차간에게 세상을 양분할 것, 5년 동안 세금을 바칠 것, 10년 동안 부역할 것을 통보하고 빠져나와 지켜본다. 오트 차간의 대군이 출정, 마주하여 2주간 혈투를 벌이던 중 장가르가 당도하여 장가르 측의 우세 속에 양군이 분전한다. 장가르의 창이 부러져 홍고르에게 전장을 맡기고 창을 구하러 다니던 장가르가 대장장이 차간 외브겐의 도움으로 아버지의 전리품인 창을 받아 돌아온다. 장가르가 오트 차간을 제압하고, 고군분투하던 홍고르도 분발하여 샤라 비르맨을 제압, 오트 차간과 적장들을 봄바로 압송해 '장가르의 것'이라는 낙인을 찍고 이름을 단절시키고 개선하여 성대한 주연을 베풀고 국태민안을 구가한다.

2. 퀴렐 에르덴 망가스 임금을 성주 장가르가 굴복시킨 마당

1) 텍스트의 전승

이 주해의 텍스트는 비트케예프들(1990b: 45~68)에 수록된 935행 분량의 노래이다. 비트케예프들(1990b: 5~6)과 두게르수렝(2000: 702) 등에 의하면 1862~1864년 칼미크의 바가 되르베드의 고장에서 성명 미상의 장가르치에게서 골스툰스키의 부탁에 따라 채록하였으나 최초의 원고는 거의 100년 동안 행방이 알려지지 않은 채로 묻혀 있었다고 한다. 이를 1966년 키치코프가 레닌그라드 국립대학에 보관된 문서더미에서 위에 소개된 「오트 차간 망가스(길고 흰 괴수)를 장가르가 타도하는 마당」과 함께 발견하여 할리막 우넨 신문에 출판하였고, 1978년에는 모두 2권 25편으로 이루어진, 칼미크 키릴 문자로 전사된 『장가르』에 포함시켜 모스크바에서 출간하였다.

키치코프(1999: 122~165)의 칼미크어-러시아어 대역에 수록된 내용은 우리의 주해 대상 텍스트와 내용과 분량이 거의 일치한다. 한편 두게르수렝(2000: 49~85)에 실린 내용은 우리의 주해 대상 텍스트나 키치코프(1999: 122~165)의 거의 2배 정도에 이르는 분량으로 65쪽이 거의 끝날 때까지는 키치코프(1999: 40~86)의 「들어가기(Оршъл)」의 상당 부분이 반복되고 있는 것으로 보인다.[3] 이를 바탕으로 『조웅전』과 비교 연구한 오트공바야르(2009: 30)에 의해 그 줄거리가 우리말로 소개된 일이 있다.

---

3 주해자가 오트공바야르 씨에게서 빌린 두게르수렝(2000)에는 82~83쪽이 없고, 86~87쪽의 자리에는 70~71쪽이 반복 출현한다.

2) 이야기 줄거리

앞의 마당에서와는 달리 장가르의 대궐, 대사원, 나라와 국토에 대한 찬양, 용사들에 대한 묘사 없이 바로 본론으로 들어간다. 즉 장가르의 용사들이 법회를 막 마치고 앉았는데 말치기 노랑 망가스가 들어와 유독 7만 마리 암말이 있는 제르데 씨수말이 거느리는 말 떼를 도둑맞은 것을 보고한다. 낙심한 장가르가 수비 보강을 지시하고, 홍고르가 이에 반발하고, 알탄 체지가 12일을 생각해도 무슨 조화인지 알아내지 못하는 동안 장가르가 검은 괴수와의 구원을 기억해 낸다. 장가르가 출정을 결심한다. 말의 채비, 그리고 장가르 본인의 채비가 묘사된다.

장가르가 애마 아란잘 제르데로 출정하자, 홍고르, 알탄 체지, 욍게 비, 사와르가 그들의 애마 하싱 쾨케, 아그삭 올란, 호르단 보랄, 퀴렝 갈잔과 함께 따라 나선다. 행군 중에 휘하 네 명의 모습을 잃고도 계속 21일을 나아가다가 말 떼와 도둑을 발견하지만 두려워서 주저하다가 시야에서 놓친다. 이어 홍고르가 당도하여 실토정을 하자 핀잔을 준다. 용기를 회복하여 다시 추적에 나서 말 떼를 따라잡는다. 장가르와 퀴렐 에르덴이 혈투를 벌였으나 장가르가 이기지 못하고 부하들 쪽으로 달아난다. 홍고르가 보고 달려왔으나 두 사람을 시야에서 놓친다. 네 명이 사방으로 아무리 찾아도 찾지 못하자 일단 귀국하여 홍고르에게 나라를 지키도록 하고 다시 장가르를 찾아 나선다.

가루라 새로 둔갑한 퀴렐 에르덴 임금에게 잡혀간 장가르가 8,000 악마에게 날마다 8,000번을 매 맞고, 8,000번을 단근질당한다. 매에 못 이겨 단숨에 10만 번을 절하고 5년간 조세를, 10년간 부역을 바치겠다며 방면을 애원하였으나 모욕만 당한다. 보복을 다짐하며 끌려나가 쇠수레에 묶여 다시 고문을 당하던 장가르가 결박에서 집게손가락을 겨우 빼내 피리를 불고, 그 피리 소리에 퀴렐 에르덴의 작은 하탄이 마음을 움직여 구출에 나선다. 작은 하탄의 심부름을 온 시종 소년에게 여자에게 도움을 받았다는 소리는 못 듣는다며 하탄이 시종 소년에게 상을 내리는 조건으로 사연을 이야기한다. 밤에 하탄이 찾아와 결박을 풀어 주자 여자를 시켜 풀려날 수 없다고 결박을 도로 묶어 놓으라고 요구한다. 하탄이 퀴렐 에르덴의 치명적 약점을 이야기해 주고 나가 주문을 걸어 임금을 잠들게 하고, 무기와 마구를 지고 나오며 노래를 불러 애마 아란잘 제르데를 분발시켜 탈출하여 장가르의 곁으로 달려오게 한 뒤 절하고 나간다. 여자의 힘으로 탈출했다는 소리를 들을 수 없다며 버티자 하탄이 탈출로를 가르쳐 주고, 임금을 확실하게 죽이는 법을 일러 준다. 또한 자신이 장가르를 돕는 이유도 알려 준다. 탈출을 결행한 장가르가 퀴렐 에르덴의 목숨인 암사슴과 새끼 일곱 마리 가운데 여섯 마리를 죽이고 한 마리는 장화바닥 아래 넣고 다시 돌아와 혈투 끝에 심하게 얻어맞았으나 장화바닥의 새끼를 눌러 죽임으로써 퀴렐 에르덴의 목숨을 끊어 물고기 밥으로 던진다. 작은 하탄에게 돌아와 시종과 혼인케 하고 나라의 통치를 맡기고 고향을 향한다.

아래 세상으로 나갈 길을 찾지 못하고 헤매다 가루라 새의 세 딸을 독사에게서 구해 주고 그 보답을 받아 탈출한다. 장가르가 옴쟁이 소년으로 변신하고 자신의 말도 볼품없는 두 살짜리 망아지로 둔갑시켜 알탄 귀르귀 임금의 고장으로 잠입해 자식 없는 노부부의 아들로 들어간다. 대궐 주변에서 세 명 관원의 아들들과 노름을 하여

19수레의 황금을 땄으나 두 명이 주지 않고 오히려 때리자 두드려 패버리고 임금에게 고발하여 황금을 받아내 13수레를 노부부에게 주고 자기편을 든 소년에게서는 황금을 받지 않는다. 알탄 귀르귀 임금의 고장에서 매년 3,000명의 소녀와 3,000명의 소년을 빼앗아 가던 노랑 망가스 나라의 사자 왕게 차간을 씨름으로 이겨 두 동강 냄으로써 알탄 귀르귀 임금의 신임을 얻은 장가르가 왕자의 시종이 되어 함께 세상을 유람하고 다닌다. 바다를 여럿 건너고 산을 여럿 넘은 끝에 자신의 말 떼와 산천을 알아보고 대궐로 가서 더 볼품없이 변신하고 노파가 되다시피 한 아내도 만났으나 장가르의 소식을 들은 적이 있는지 하는 질문에 주군 없는 고장의 아무개의 이름을 어찌 알겠느냐고 반박하고 떠난다.

알탄 귀르귀 임금의 고장으로 가서 잔치 중에 원래의 모습으로 돌아와 사람들을 경탄케 하고 실상을 이야기하고 자기 나라로 돌아다니는 길에 장가르를 찾아 헤매는 홍고르와 마주쳐 21일간 회포를 푼다. 사원에 참배하고 라마의 축복을 받은 뒤 환궁하여 잔치를 벌인다. 나라는 태평하고 백성은 평안하다.

3. 흉맹한 노랑 귀르귀 임금을 유명한 붉은 쇼브쇼르가 타도하는 마당

1) 텍스트의 전승

이 주해의 텍스트는 비트케예프들(1990b: 69~108)에 수록된 1,737행 분량의 노래이다. 비트케예프들(1990b: 5~6), 두게르수렝(2000: 702),

알렉세예바(2001: 14) 등에 의하면 1862~1864년 칼미크의 바가 되르베드 고장에서 성명 미상의 장가르치에게서 골스툰스키의 부탁에 따라 채록하여 「흉맹한 노랑 귀르귀의 마당(Doγšin Šara Gürgüügiyin bölög)」이라는 제목으로, 「흉맹한 검은 키네스의 마당(Doγšin Qara Kineesiyin bölög)」과 함께 상트페테부르크에서 토도 문자로 활판 인쇄하여 출간하였다. 키치코프(1999: 166~245)에 「흉맹한 노랑 귀르게 망가스 임금을 유명한 올란 쇼브쇼르가 타도하는 마당(Догшън Шаръ Гүрге Манhъс Хаагъ Дуутъ Улан Шовшур Дөрәцүлегсн Бөлег)」으로 러시아어 대역(Глава О Победе Алого Шовшура Славного Над Свирепым Шара-Гюргеем, Мангасовым Заном)과 함께 수록된 것은 비트케예프들(1990b: 69~108)과 같은 내용이다.

한편 두게르수렝(2000: 88~148)이 키치코프(1978)의 칼미크어 텍스트를 할하몽골어로 번역한 것이 사후 아들 바야르에 의해 출간되는데, 비트케예프들(1990b: 69~109)이나 키치코프(1999: 166~245)와 일치하는 부분은 108쪽 밑에서 둘째 줄부터 148쪽 위에서 셋째 줄까지이다. 이를 바탕으로 『조웅전』과 비교 연구한 오트공바야르(2009: 31)에 의해 그 줄거리가 우리말로 소개된 적이 있다.

2) 이야기 줄거리

장가르가 수라를 들지 않자 수라간 책임자가 35보동과 72임금들에게 사자를 보내 소집한다. 중신들이 까닭을 물으나 장가르가 대답하지 않는다. 장가르가 대답하지 않자 중신들도 자리를 떠난다. 장가르가 말구종 보로 망나에게 아란잘 제르데를 데려오라고 한다. 21일간 준비시켜 데려온 말의 준비된 모습, 채비가 소개된다. 장가르의 채비,

출발의 모습이 그려진다. 홍고르의 대궐로 찾아가 부재 중 대리를 명하자 알탄 체지, 겸베 등이 항의하지만, 그들의 항의는 무시되고 장가르는 아랑곳하지 않고 출발한다.

장가르의 부재와 중신들이 흩어졌다는 소식이 머나먼 곳에 있는 노랑 귀르귀 임금에게 들어간다. 노랑 귀르귀가 장가르의 나라를 치기로 하고 전후 처리 계획까지 세워 둔다. 침공을 감행한 적이 밍얀, 알탄 체지, 겸베를 차례로 꺾고 한낮에 대궐에 육박한다. 홍고르의 불안, 분전, 무위에 그친 분전이 서술된다. 홍고르의 아내 잔단 졸하탄이 창망 중에 쾨케 갈잔에게 마구를 얹으며 남편을 태우고 달아나라고 당부한다. 홍고르의 분전과 좌절, 포로가 된 홍고르에 대한 고문과 감금, 결딴나는 나라와 백성이 묘사된다.

집을 떠난 장가르는 나라도 홍고르도 모두 잊고 다니다 아름다운 여인을 만나 부부가 되고 아들을 낳는다. 공한 올란 쇼브쇼르라고 이름 지은 귀여운 아들은 태어난 지 사흘 만에 사냥을 하여 부모를 봉양한다. 쇼브쇼르가 사냥을 다니다 겸베를 비롯한 17보동과 조우한다. 부하들은 악령이 장가르를 죽이고 말을 뺏은 것으로 오해하나 아버지에게 드리라고 말 한 마리를 준다. 아버지는 아들이 남의 말을 훔쳐 온 줄 알고 호되게 때리지만 개의치 않고 잠자리에 든 아들은 이튿날도 사냥을 다니다 알탄 체지를 비롯한 17명의 보동과 조우한다. 역시 장가르를 죽이고 말을 뺏은 것으로 오해하였으나, 아버지에게 드리라고 벌판만 한 푸른 활과 화살을 준다.

화살을 본 장가르가 나라와 홍고르를 기억해 낸다. 아들은 어제 17마리의 준마를 탄 17명의 보동을 만난 일, 오늘 또 다른 17명의 보동을 만난 일, 말에 밤바 꽃 모양의 낙인(=장가르 나라의 문장)이 있던 것을 이야기하고 그들에 대해 형용한다. 장가르가 아들에게 자신의 나라에 대해, 그리고 자신에 대해, 홍고르에 대해 말한다. 밖에 있던 아란잘 제르데가 울자 마구를 얹고 전복을 입고, 아들에게 어머니의 친정을 알려 주며 모셔다 놓고 와서 아르 봄바로 원정하라고 한다. 돌아온 장가르가 나라가 결딴나서 무인지경이 된 것을 보게 된다. 한 오두막에서 한 백발노인을 만나 그간의 사건과 홍고르가 끌려간 7층 지하의 입구를 알아낸다. 노인에게 말을 맡기고 지하세계로 들어간다.

뒤이어 온 아들 쇼브쇼르가 노인에게 재차 간청하여 아란잘 제르데를 받아 장가르의 나라로 찾아든다. 백성들이 쫓겨난 곳에 이르자 백성들은 장가르를 죽이고 그 말을 빼앗아 타고 다니는 것으로 오인하고 절망한다. 쇼브쇼르가 사정을 파악하고 노랑 귀르귀의 대궐로 향한다. 길에서 만난 소년에게서 노랑 귀르귀의 위치를 알아내고 소년을 속민 500만 호로 포상하고 사후 추가 포상을 약속한다. 백성을 안전한 곳으로 옮기라고 당부하고 계속 나아간다. 아란잘 제르데에게 목적지까지 내일 정오 안에 데려다 주지 않으면 네 개의 발굽을 탈구시켜 버리겠다고 하자 말은 쇼브쇼르에게 데려다 주어도 적을 무찌르지 못하면 목을 내놓으라고 요구한다. 속력을 내어 전장에 당도하자 35보동이 맞이해 나와 차례로 애무한다. 쇼브쇼르가 즉각 공격을 주장하면서 35용사들의 애무를 중단시키고 공격에 들어간다. 쇼브쇼르가 적장에게 맞대결을 요구하고 12일간 싸웠으나 이기지 못하고 돌아온다. 알탄 체지의 독전으로 다시 12일을 싸워 마침내 노랑 귀르귀를 붙들어 포박한다. 홍고르와 장가르의 말들이 주인들을 생각하며 슬퍼한다. 적의 대신들을 모아 두 줄로 마주 보게 앉히고 1001년 동안 지워지지 않는 황금 낙인을 찍는다. 흉맹한 노랑 귀르귀라는 이름을 지우고 유명한 장가르라는 이름을 부르게 한다. 흉맹한 노랑 귀르귀에게 지옥의 고통을 겪게 하고 홍고르와 장가르가 귀환할 때까지 잡아 두기로 하고 아르 봄바의 나라로 향한다. 개선하여 샤브달 하탄을 만난다. 샤브달 하탄이 쇼브쇼르를 포옹하고 어머니를 모셔오라고 분부하여 어머니를 모셔와 잔치를 벌인다.

지하세계로 들어간 장가르의 모험이 계속된다. 온갖 지옥을 지나 산을 가지고 노는 소년을 만나 홍고르의 소식을 알게 되고 수하로 거둔다. 한입에 바다를 삼키는 소년을 만나 홍고르의 소식을 듣고 역시 수하로 거둔다. 가다가 소주를 내리고 있고, 땔감과 사슴고기가 쌓여 있는 빈집을 발견하고 들어가 장가르는 자고 두 소년이 고기를 삶는데 구리주둥이에 노루정강이를 한 노파가 들어왔다가 고기와 함께 사라지기를 반복한다. 장가르가 잠에서 깨어나 노파와 싸워 몸을 두 동강 내고 사람의 밧줄로 만든 힘줄 올가미와 검은 강철 망치를 손에 넣는다. 두 소년을 남겨 두고 노파의 하반신이 사라진 곳으로 들어간다. 추적하여 가다가 외딴집의 아름다운 천녀(天女)를 만나 노파의 행방을 알아낸다. 노파의 옴쟁이 일곱 아들과 싸워 모두 때려죽인다. 마지막으로 3개월 된 아들과 2주를 싸워 승부를 내지 못하다가 결국 심장을 찢어 던지자 심장에서 불이 일어나고 부처님들과 죽은 부모에게 빌어 비를 내려 끊는다. 천녀의 외딴집으로 돌아와 내력을 묻고 사람의 힘줄로 만든 밧줄을 잡고 먼저 올라가도록 한다. 먼저 올라간 천녀가 두 소년에게 자신이 장가르의 수많은 화신인 양 하면서 밧줄을 끊도록 한다.

줄이 끊기자 장가르가 전 속력으로 아래 세상으로 튕겨지면서 왼편 옆구리가 부서진다. 암쥐에게 살을 뜯겨 고통이 가중된다. 암쥐를 다치게 하자 숫쥐가 잎사귀를 물어 온다. 잎사귀를 빼앗아 먹고, 씹어 상처에 바르자 치료된다. 천녀가 발하는 빛을 따라가다가 마법의 백단향나무를 발견하고 타고 올라온다. 천녀를 위 세상으로 올려놓고 두 소년에게 꼼짝 말고 기다릴 것을 지시한다. 홍고르를 찾아 계속 나아간다. 하늘의 세 여인이 마중 나와 100가지 음식으로 대접하고 홍고르의 정황을 알려 준다. 사나운 붉은 바다에 도달하여 8,000요괴를 처치하고, 다시 400요괴를 처치하고, 마지막으로 4요괴를 처치하고 바다 바닥에 들어가 홍고르의 유골을 찾아낸다. 쥐 때문에 알게 된 마법의 백단향나무의 보석 잎사귀를 씹어 뿜고, 입에 넣어. 7일 밤낮을 얼싸안고, 14일 밤낮을 고통스럽고 기쁜 이야기를 낱낱이 나눈 끝에 봄비의 나라로 향한다. 귀환 길에 올라 두 소년을 나무라자 덕분에 자신을 살릴 수 있었다며 홍고르가 역성을 들자 데리고 가다가 원래의 자리에 떨어뜨리고 간다. 미리 준비해 간 2개의 황금 걸쇠를 이용해 7중의 지하를 벗어난다. 구멍 위에서 알탄 체지와 쇼브쇼르가 들어가 보려고 하던 참에 나온다.

홍고르와 장가르의 도착에 72임금, 35보동이 7일간 잔치를 벌이며 지난 이야기를 나눈다. 이어 갈단 샤라 라마의 절을 찾아 7,000번을 말없이 돌고, 8,000번 절을 하고, 라마의 손에 축복을 받는다. 대궐로 돌아와 보좌에 올라 죽음 없는 영원의 나라, 겨울 없는 여름의 나라를 우뚝 세우고 꿀 같은 붉은 아르자 술로 잔치를 벌인다. 홍고르의 주장으로 쇼브쇼르에게 '국정과 종교를 겸병한, 티베트 봄바의 나라를 세운, 에르케 바담의 게겐이 되라!' 하고 에르케 바담의 게겐이라는 이름을 준다. 도열한 여러 임금이 함께 축원한다. 봄바의 나라가 예전처럼 평온을 누린다.

4. 대단한 붉은 홍고르가 흉맹한 노랑 망가스 임금을 산 채로 붙들어 데리고 오는 마당

1) 텍스트의 전승

이 주해의 텍스트는 비트케예프들(1990b: 109~148)에 수록된 1,626행 분량의 노래이다. 비트케예프들(1990b: 5~6), 두게르수렝(2000: 702), 알렉세예바(2001) 등에 의하면 1862~1864년 칼미크의 바가 초호르(Бaн-Цоохр)의 고장에서 성명 미상의 장가르치에게서 골스툰스키의 부탁에 따라 채록하였으며, 1911년 포즈드네프(А. М. Позднеев)가 토도 문자로 『장가르』라는 책에 실어 상트페테르부르크(구 레닌그라드)에서 최초로 출판하였다고 한다.

두게르수렝(2000: 218~255)이 키치코프(1978)의 칼미크어 텍스트를 할하몽골어로 번역한 것이 사후 아들 바야르에 출간되며, 이를 바탕으로 『조웅전』과 비교 연구한 오트공바야르(2009: 32)에 의해 그 줄거리가 우리말로 소개된 일이 있다.

2) 이야기 줄거리

불교적 이상국에서 주변을 평정하고 악을 근절하고, 초자연의 보우 속에 6,012용사와 함께 행복을 누린다(1~57행). 적국에 대한 기술이 이어진다. 적의 수괴 노랑 망가스 임금에 대해 기술하고 그의 초자연적인 능력이 소개된다. 적의 호언장담과 흉악한 기도가 서술된다. 이 모든 것은 알탄 체지의 신통력으로 알아낸 것이다. 장가르가 옛 원한과 상대의 맹세에 대해 이야기한다. 알탄 체지가 적의 요구 사항을 예견한다. 장가르가 노랑 망가스를 생포해 오는 자에게 큰 포상을 약속한다. 홍고르의 능력과 가계에 대해 기술하고, 그가 임무에 지원한 것, 그리고 지원의 변을 기술한다. 알탄 체지가 실패할 경우에 어찌할 것인지 따져 묻고, 홍고르가 주군의 처결에 따라 죽고 1,000년 동안 지옥에 누워 있겠다고 호언장담한다. 장가르가 홍고르의 지원을 만류하고, 홍고르가 반박한다. 장가르가 허락하고 자신의 황금 군도와 애마 아란잘 제르데를 빌려 준다.

홍고르의 출정 채비, 행로, 적국에 도달한 내용이 그려진다. 적국을 조망할 수 있는 산에 올라가 샤라 비르멘의 사자로 가고 있는 차간 용사를 발견하고 마주쳐 수작하다가 시비 끝에 싸워 제압하고 목에 사람이 풀 수 없는 사슬을 채워 바위 틈새에 가두고 말을 때려 죽인다. 계속 가서 대궐 마을에 잠입하여 정탐한다. 담을 넘어 호랑이와 곰을 때려죽이고 대궐 안에서 침전으로 잠입하는 데 성공한다. 술을 마시고 마음을 안정시킨 뒤 노랑 망가스 임금을 발견한다. 노랑 망가스 임금에 대한 형용이 이어진다. 싸워 제압하여 포박해 나온다. 노랑 망가스 임금을 궐 밖으로 던지고 자신도 빠져나와 데리고 탈출한다. 적의 대군이 추격하여 49일을 계속 달아난다. 적장 뵈케 차간의 추격과 공격에서 아란잘 제르데의 기지로 벗어난다. 적장 뵈케 차간이 홍고르와 아란잘 제르데에 경탄을 금치 못한다. 계속되는 도주와 추격 속에 노랑 망가스 임금을 숨겨 두고 백단향나무를 뽑아 기진맥진하도록 대결한다. 다시 빠져나와 적의 임금을 묶어 싣고 석 달을 달려 뼈만 남은 상태에서 고국의 산까지 도망한다. 적의 추격은 계속

되고 그들이 홍고르에 대해 부르는 노래도 들린다. 눈에 보이고 말소리까지 들리는 불국(佛國) 이상향이 그려진다. 홍고르가 제르데에게 신세를 한탄하고, 무심한 부모를 원망하고, 신통력이 있음에도 자신의 곤경을 알아내지 못하고 있는 알탄 체지를 원망하며 응징을 다짐한다. 적의 계속되는 추격과 홍고르의 사투가 묘사된다.

홍고르의 부친이 휘하 용사들과 술을 마시며 즐기는 장가르에게 8년간 소식이 단절된 아들 홍고르에 대한 무관심을 원망한다. 알탄 체지가 아무리 애써도 알아내지 못하고 출정을 주장한다. 장가르가 답답한 마음에 출정을 명령한다. 6,012용사와 함께 찬란한 둑(纛)을 앞세우고 내리 49일을 쉬지 않고 달린다. 적국에 빨리 도달하기 위해 말달리기 시합을 한다. 사와르의 쿼렝, 욍게의 하라, 사날의 올란 보랄, 장가르의 쾨케 갈잔 순으로 달려간다. 사와르의 쿼렝이 적진이 근접한다.

홍고르가 사투를 벌이고 있을 때 사와르가 나타나서 80만 군대를 돌파하여 숨이 끊어져 가는 홍고르에게 도달하여 구출해 내어, 사람과 말을 쉬게 하고 적의 임금을 결박하여 던져두고 다시 적진으로 돌입한다. 장가르가 도착하여 적을 엄습하고 35일간의 접전 끝에 적을 분쇄한다. 홍고르의 아버지 뮁겐 식셰르게가 홍고르의 상처를 술로 씻고 고름과 피를 빨아내고 일으켜 세운다. 장가르가 6,012용사를 거느리고 당도하여 2달 동안 적을 베고 항복과 맹세를 받는다. 홍고르가 소생하여 노랑 망가스 임금을 단죄하고 고문한다. 노랑 망가스의 애원과 장가르의 반박이 이어진다. 얼굴에 낙인을 찍고 적국의 모든 사람과 가축을 가슬랑타 알타이 산의 기슭으로 옮긴다. 사방에 사자를 보내 전과를 알리고 개선하여 노랑 망가스 임금의 사지와 배에 말뚝을 박는다. 국태민안(國泰民安)하고 불교는 번창하며 온 세상에 장가르의 이름을 드높인다.

5. 흉맹한 잠발 임금의 미친 일곱 보동을 대단한 붉은 홍고르와 퀸데 가르타 사와르가 잡은 마당

1) 텍스트의 전승

1850년경 미하일로프(Н. И. Михайлов)가 칼미크의 바가 초호르(Бah-Цоохр) 고장의 성명 미상 장가르치에게서 채록하였다. 원제는 '지고의 거룩하신 임금 장가르의 9,000마리 핏빛 절따 준마들을 몰고 간 흉맹한 잠발 임금의 미친 일곱 보동을 대단한 붉은 홍고르와 퀸데 가르타 사와르가 잡은…'(Деед богд хан Жаңhрин йисн миңhн цусн зеерд тунжрмудыг көөгсн Догшн Замбл хаана hалзу долан бодңгиг Эср Улан Хоңhр Күнд hарта Савр хойр дөрәцүлгснә…)이었던 것으로 추정된다. 1979년 소련과학원 동방학연구소 석사후보생 체레노프(B. Церенов)가 130여 년 동안 소재가 파악되지 않던 이 마당의 초고를 상트페테르부르크의 러시아 지리학회 고문서보관소에서 발견하여 문헌학 박사 미하일로프(Г. И. Михайлов)의 지도를 받아 학계에 보고한다. 비트케예프들(1990a: 153~194, 340~381)에 제11마당으로 러시아어 대역과 함께, 비트케예프들(1990b: 149~192)에 제5마당으로 실려 있다. 중복 게재의 사유는 밝히지 않았으나 후자가 전자의 수정본으로 보인다.[4] 와카마쓰(若松寬, 1995: 237~286)가 비트케예프들(1990a: 340~381)의 러시아어 번역을 일본어 산문으로 번역하였고, 두게르수렝(2000: 658~701)이 체레노프(1979)를 번역한 것이 아들 바야르에 의해 출판되었고, 이를 바탕으로 『조웅전』과 비교 연구한 오트공바야르(2009: 39)에 의해 그 줄거리가 우리말로 소개된 일이 있다.

2) 이야기 줄거리

장가르 나라의 아름다운 자연과 천혜의 자원, 불교 이상국의 흥왕이 묘사된다. 장가르의 위업, 그의 대궐, 그의 위대성과 가계가 서술되고 장가르의 부하들, 그들이 바친 맹세, 위반 시의 처벌을 서술하고 다시 장가르의 위용이 묘사된다. 장가르는 사시사철 끊이지 않고 얼룩사슴의 고기를 소화시킬 술을 하사한다. 장가르의 9,000 절따 준마와 애마 아란잘 제르데, 말구종 보르 망나가 소개된다. 장가르의 아내 게렌젤, 과거 99년 미래 70년을 아는 오른편의 지도자 알탄 체지가 소개되고, 홍고르의 위용, 가계, 애마, 그리고 그의 술주정이 서술된다, 왼편의 지도자 귐베의 위용, 그의 애마, 적들이 그에게 느끼는 공포, 그의 내력, 둑, 보복의 맹세가 서술된다. 사와르의 위용, 세 살에 부모를 잃고 네 살에 나라를 빼앗기고 애마 퀴렝 갈잔을 타고 17개월을 달려 도망쳐 나온 내력, 흉맹한 노랑 망가스 임금에 대한 원한과

---

4 비트케예프들(1990a)에 실린 다른 10마당은 모두 1908년 페테르부르크 대학교 4학년생 놈토 오치르가 1908년에 2차례에 걸쳐 아스트라한에서 바가 되르베드 고장 출신 장가르치 엘랜 오블라(1857~1920)로부터 키릴 문자로 받아 적고(학술 채록의 본격), 1910년 그의 스승인 코트비치가 엘랜 오블라와 점검한 뒤 학생들에게 토도 문자로 옮겨 적도록 하여 석판 인쇄본을 상트페테르부르크에서 출간한 것(학술 출판의 본격)이다. 원고는 현재 러시아 과학아카데미 상트페테르부르크 분원 고문서보관소에 있고, 유원수(2011)가 한국어 주해의 텍스트였다.

복수의 맹세가 서술되고 사와르가 장가르에게 들어온 내력이 소개된다. 통역 케 질간이 소개된다. 장가르와 용사들의 잔치 모습이 묘사된다. 밍얀의 피리 소리가 극찬된다. 아름다운 국토, 불교의 흥왕, 국태민안, 이상향으로서의 봄바의 나라가 찬양된다.

잔치에서 망가스 임금에 대한 대비책이 논의되고, 에르클뤼 묑겐 차간 산에 3개월 번을 서는 차례를 12면체 주사위를 던져 홍고르가 가게 되었으나 자신이 없을 때 적이 침입하면 어떻게 할 거냐며 반발하자 다시 던져 알탄 체제가 가게 되었으나 장가르가 나라의 노대신을 단기로 파수에 보낼 수 없다고 반대한다. 다시 던져 사와르가 가게 된다. 사와르의 출정, 여정, 산 위에서 보이는 풍경, 사슴 사냥, 긴 잠에 빠진 모습이 기술된다. 퀴렝 갈잔의 포효 소리에 놀라 깨어나 왼데르 차간 산의 꼭대기에 올라 9,000마리 푓빛 절따 준마를 도둑맞은 것을 알게 된다. 도둑들의 위용에 놀라 추격을 포기하려 하였으나 애마가 추격을 시작한다. 추격하여 적장 하시 홀라의 화살을 맞았으나 격살한다. 계속 추격하였으나 적의 위세와 부상, 험한 지형과 바다에 겁을 먹고 주저하다가 장가르의 처벌이 두렵고 세상과 동료 용사들의 비웃음이 두려워 추적을 결심하고 채비하기 위해 몸에서 화살을 뽑는다. 적 6인의 공격을 받게 되자 애마를 데리고 절벽 아래로 뛰어내린다. 애마가 진창에 빠졌으나 끌어내지 못하고 바다로 뛰어들어 말 떼를 헤엄쳐 쫓아간다.

한편 6,012용사와 주연을 즐기고 있는 장가르는 노랑 망가스가 9,000준마를 훔쳐 간 것을 모르고 있다. 말 떼를 지키는 흰 수염 바다가 장가르의 분노가 두려워 자살했기 때문이다. 통역 케 질간이 순시에 나섰다가 말 떼가 사라진 것을 알고 추적에 나섰으나 이미 8일이 지난 것을 알고 환궁하여 실종을 보고한다. 알탄 체지가 정신을 집중하여 사건의 전말을 알아낸다. 장가르의 명마 아란잘 제르데의 보통 걸음으로 15개월, 보통 말들의 전력 질주로 336개월 걸리는 곳으로 70만 용사를 거느린 흉맹한 잠발 임금의 7용사가 말을 훔쳐, 건너는데 5개월이 걸리는 바다로 말을 몰아가고 있으며 사와르가 추격 중이며 말은 수렁에 빠져 사투 중임을 알아낸다. 장가르가 자신은 흉맹한 잠발과 7생에 걸쳐 빚이 없다며 말 떼를 찾아오도록 명하자 홍고르가 나선다. 홍고르에 대한 형용, 가계, 장가르가 6,012용사가 같이 가자고 하는 것을 홍고르가 단기 출정을 주장하여 받아들여지고, 장가르가 황금 군도와 부적, 애마 아란잘 제르데를 하사한다. 홍고르의 행로가 묘사된다.

한편 파도 속으로 뛰어든 사와르는 다섯 달 거리를 헤엄쳐 49일 만에 말 떼를 따라잡는다. 부상으로 목숨이 경각에 달린 사와르의 애절한 통탄을 들은 씨수말이 말 떼를 돌려 두 달을 헤엄쳐 기슭에 접근한다. 여섯 명의 적장이 길목을 막고 기다렸으나 말 떼를 막지 못한다. 가느다란 붉은 먼지가 올라가는 것을 보고 늙은 씨수말을 놓아주자 퀴렝 갈잔도 진창을 박차고 빠져나온다. 말에 올라 알타 뭥겐 산을 향해 올라간다. 홍고르가 6용사들과 접전 중일 때 사와르가 나타나 합세한다. 적장 나란 올란을 처치하고 남은 적장 다섯 명도 베고 말을 붙든다. 머리를 베어 얼굴에 사와르의 낙인을 찍고 검은 피로 통고문을 써 말들에게 묶어 돌려보낸다. 빨리 귀환하기 위해 말달리기 시합을 해서 10달 걸리는 곳을 49일 만에 주파한다. 아란잘 제르데가 퀴렝 갈잔보다 밧줄 길이만큼 앞서간다. 개선하여 동료들의 환영을 받으며 장가르에게 세 번 절한다. 장가르의 칭송과 포상이 주어진다. 13가지의 요구를 들어주고 세 번의 실수를 면책하기로 한다. 앞으로 10생을, 3천 겁을 같이 태어나자고 한다. 나라는 평안해지고 용사들은 잔치를 즐긴다.

차례

일러두기

부호, 약어 일람

- [ ]: 칼미크어 텍스트에 있는 [ ]은 편찬자들인 비트케예프 교수와 오발로프 교수가 보정한 부분. 칼미크어 텍스트에서 [ ] 안에 들어 있는 말은 우리말 번역에서도 [ ] 안에 넣음.
- { }: 칼미크어 텍스트와 우리말 번역에 있는 { }는 주해자의 보정의견. 즉 { } 바로 앞의 내용이 { } 안의 내용처럼 되어야 한다는 뜻.
- ( ): 칼미크어 텍스트에는 나오지 않지만 우리말 번역에 나오는 ( )는 독자의 이해를 돕기 위한 주해자 보충.
- 〈 L.= L 언어에서 칼미크어로 차용됨.
- 〈 러. = 러시아어; 〈 몽. = 몽골문어; 〈 산. = 산스크리트어; 〈 티. = 티베트어; 〈 한. = 漢語; 〈 할. = 할하몽골어.

텍스트상의 칼미크어에 대한 한글 전사

- 아래와 같이 칼미크어의 글자를 한글에 대응시켜 전사한다.
- 표기에는 드러나지 않는 약화모음은 람스테트(Ramstedt, 1976), 바르다예프들(2004) 등의 칼미크어 사전들에 표시된 음운형태, 주해자의 칼미크어 현지조사 경험에 근거한 판단 등을 통해 한글 전사에 합당하게 반영한다.
- 본문의 참고문헌 저자명 표기는 한글로 한다.
- 장모음은 표시하지 않는다.

А, а	/ㅏ/	예) Аҗг Улан 아그삭 올란
Ә, ә	/ㅐ/	예) Әрүн цаһан теңгс 애륀 차간 바다
Б, б	/ㅂ/	예) Бумб дала 봄바 바다
В, в	/ㅘ/,	자음 앞, 어말에서 /브/
		예) Очр-Ваани 오치르 와니, Шавдл 샤브달
Г, г	/ㄱ/,	자음 앞에서 /그/
		예) Аҗг Улан 아그삭 올란
һ, һ	/ㄱ/	예) һалвин цаһан теңгс 갈윙 차간 바다
Д, д	/ㄷ/,	자음 앞, 어말에서 /드/
		예) Дарвд Алтн Чееж 다르와드 알탄 체지
Е, е	/ㅔ/,	혹은 /예/
		예) Едр хар 예데르 하라, Зеерд 제르데
Ё, ё		해당어휘 없음
Ж, ж		해당어휘 없음
Җ, җ	/ㅈ/,	어말에서 /지/
		예) Җаңһр 장가르, Алтн Чееж 알탄 체지
З, з	/ㅈ/	예) Арнзл Зеерд 아란잘 제르데

И, и	/ㅣ/	예) Иньг 이낙, Шилтә Зандн һол 실태 잔단 강
Й, й	/ㅣ/	예) Орг Йондн уул 오록 욘돈 산, Байн Деңкин Алтн Чееж 바인 뎅킨 알탄 체지
К, к	/ㅋ/,	자음 앞에서 /크/ 예) Көк һалзн 쾨케 갈잔, Аксахл 아크사할
Л, л	/ㄹ/,	음절 말에서 모음에 선행할 때 /ㄹㄹ/ 예) Күрң һалзн Зеерд 퀴렝 갈잔 제르데
М, м	/ㅁ/	예) Арг Зула Маңна 아락 졸라 망나
Н, н	/ㄴ/	예) Нарн Гүшг Зандн хаан 나란 귀식 잔단 임금
Ң, ң	/ㅇ/	예) Жаңһр 장가르
О, о	/ㅗ/	예) Очр-Ваани 오치르 와니
Ө, ө	/ㅚ/	예) Өңг Цаһан бөк 욍게 차간 장사, Көк һалзн 쾨케 갈잔
П, п		해당어휘 없음.
Р, р	/ㄹ/,	자음 앞, 어말에서 /르/ 예) Арнзл Зеерд 아란잘 제르데
С, с	/ㅅ/,	자음 앞, 어말에서 /스/ 예) Сэн Күрң мөрн 샌 퀴렝 말, маңһс 망가스
Т, т	/ㅌ/,	자음 앞, 어말에서 /트/ 예) Тосн Түлг 토손 퉐렉, Харһат һол 하르가트 강
У, у	/ㅗ/	예) Нарн Улан баатр 나란 올란 용사
Ү, ү	/ㅜ/	예) Үзң алдр хаан 위젱 알다르 임금
Ф, ф		해당어휘 없음
Х, х	/ㅎ/	예) Хоңһр 홍고르, ятх 야트하
Ц, ц	/ㅊ/	예) Бурхн Цаһан 보르한 차간
Ч, ч	/ㅊ/	예) Алтн Чееж 알탄 체지
Ш, ш		후속모음에 따라 /샤/, /시/, /쇼/, /슈/, /쉬/, /셰/ 등으로 전사. 어말에서 /시/ 예) Шигшрһ 식셰르게, Хаш Хула 하시 홀라
Щ, щ		해당어휘 없음
Ъ, ъ		전사하지 않음 예) Миңъян 밍얀
Ы, ы		해당어휘 없음
Ь, ь		어원과 현실음을 고려하여 적절히 전사하거나 전사하지 않음 예) Эрднь төгсҗлчин булг 에르덴 퇴게스질친 샘, Иньг 이낙
Э, э	/ㅔ/	예) Эрднь төгсҗлчин булг 에르덴 퇴게스질친 샘
Ю, ю		해당어휘 없음
Я, я	/ㅑ/	예) ятх 야트하

1. 오트 차간 망가스를 장가르가 타도하는 마당

봄바 바다[1]가 꽉 차도록 지었네,
또한 남섬부주(南贍部洲)가 꽉 차도록 지었네,
시케를뤽의 하류에,
실태 잔단 강의 합류점에,
아름다운 열두 강의 합류점에,
드넓은 샤르트 바다[2]의 기슭에,

---

1 봄바 바다(Бумб далa), 봄바의 나라(Бумбин орн) 등의 봄바의 의미는 불확실하나 티베트-몽골 불교의 길상팔보(吉祥八寶) 가운데 세 번째인 보병(寶甁)의 용도나 상징과 관련이 있을 가능성이 있다. 물리적으로 봄바는 금, 은, 구리, 놋쇠 등으로 만든 목이 길고 손잡이가 없는 물병이나 주전자의 모습으로 절에서 부처님께 올리는 성수를 담는 데 사용하는데 크나큰 보물을 담는 그릇이라는 상징적 의미가 있다고 한다. 칼미크어에서는 일반적인 주전자를 가리키기도 한다. 다그와도르지(1995: 71), 볼드들(2008: 361), 퀴르밴(1996: 127) 등 참조. 또한 불교, 힌두교, 자이나교의 우주관의 8대 바다 혹은 몽골-티베트 불교의 우주관에서 수미산을 둘러싸고 있는 일곱 바다의 어느 하나가 칼미크식으로 재해석된 것일 수도 있겠다. http://en.wikipedia.org/wiki/Jambudvipa(접속 2013. 5. 13.), 볼드들(2008: 644~645) 참조.

2 같은 바다의 이름이 다른 곳에서는 샤르토(Шарту), 샤르탁(Шартг '사각 궁장(宮帳)') 등으로 출현. 샤르트의 의미는 확인되지 않는다. 불교, 힌두교, 자이나교의 우주관의 8대 바다 혹은 몽골-티베트 불교의 우주관에서 수미산을 둘러싸고 있는 일곱 바다의 어느 하나가 칼미크식으로 재해석된 것일 수도 있겠다. http://

왼데르 망칸 차간 산의
급격한 돌출부 아래
명성도 자자한 장가르의 궁장(宮帳)[3]을
칠백만으로[4] 지은 것이네.
사원의 여러 라마와,
온 세상의 여러 임금과,
주군이신 지고한 성주의 현명한
허락을 받아 지었네.
여든네 벽으로 그물 벽을 낸,[5]
그물 벽에 천 개의 서까래를 이은,[6]
그 서까래를
사자의 송곳니로 박아 고정시킨,
그 그물 벽을
단지 상아로만 만든,
아마유(亞麻油) 붉은 칠(漆)로 칠하고
참기름으로 윤을 낸,

---

en.wikipedia.org/wiki/Jambudvipa(접속 2013. 5. 13.), 볼드들(2008: 644~645) 참조.

3 칼미크의 외르개(əprə), 할하의 우르거(əprəə), 몽골문어의 örügüge 등은 우리의 궐(闕)에 상당하는 존자(尊者)의 거처로 대체로 궁장(宮帳), 장전(帳殿)의 형태였다.

4 칠백만이 무엇인지는 불분명하다. 장인(匠人), 백성, 혹은 황금 같은 말이 생략된 것으로 보인다.

5 일반 목민의 게르는 보통 4벽 혹은 5벽 규모로 바닥면적은 대략 8평 안팎.

6 게르를 구성하고 지탱하는 가장 중요한 골조 가운데 하나인 벽은 보통 그물 모양의 벽체 4장 혹은 5장을 둥글게 이어 세우고 대략 40~50개의 서까래를 통해 지붕 창틀과 연결되며, 지붕 창틀을 2개의 기둥으로 받친다. 따라서 벽체 84장과 서까래 1,000개 들어간 외르개는 어마어마하게 큰 궁장임을 뜻한다.

우리 성주(聖主)의 궁장을 지은 것이네.
튼튼한 백단향나무로 문지방을 한,
퀴지 올란 백단향나무[7]로 지붕창틀의 테두리를 만든,[8]
쟁쟁(錚錚)한 흰 은[9]으로 지붕창틀의 가로막대를 만든,
혼자 있는 백단향나무로 버팀목을 만든,[10]
독존(獨存)하시는 지고의 성주의
높은 흰 궁장을 지은 것이네.
바다와 같은 성주의 거대한 황금 문설주에는
사자와 같은 풍모의
위용(偉容)에 빛나는 붉은 홍고르[11]를 필두로
열두 선남자[12]를

---

7 퀴지(күж)는 '태우는 향(막대)'. 퀴지 올란 잔단(퀴지향 붉은 백단향나무)은 백단향나무의 어느 종의 이름일 수도 있다.

8 칼미크 유목민의 이동 주거인 게르(гер)의 정중앙 꼭대기에 환기와 조명을 위해 지붕창(천창으로 번역되기도 한다)을 내는데 굴뚝도 이리로 뺀다. 지붕창은 수레바퀴+돔 지붕을 연상시키는 나무틀 톤(тоон)과 모전으로 만든 덮개 외르케(өрк)로 구성되며 덮개에 딸린 긴 끈을 게르 밖에서 당겨 덮거나 벗겨 여닫는다. 나무틀은 둥근 테두리 하라차(харач)와 그 안에서 서로 가로지르는 보통 2~3개로 이루어진 막대기 차그락(цаһрг)으로 이루어진다.

9 쟁쟁한 흰 은(Еңгр цаһан мөңг)은 비트케예프들(1990b: 475, 주2)의 주석 '소리 나는'(жиңндг (дуута))에 따라 '쟁쟁(錚錚)한'으로 새겼다.

10 우리의 주해 대상 텍스트(이하, 텍스트)의 동사 '지붕창틀의 테두리를 만든'(шуурглгсн)의 명사어간 쇼락(шуург)은 거대한 궁장에서 두 기둥인 바하나(бахн)와 함께 지붕창틀 등 상부 구조를 받쳐 주는 버팀목이다.

11 위용에 빛나는 붉은 홍고르(Арг Улан Хоңһр)에서 위용에 빛나는 붉은(Арг Улан)은 이 사람의 별명 가운데 하나이고, 이름은 홍고르(Хоңһр)이다. 홍고르는 여러 가지 뜻을 가진 말로 몽골을 비롯해 몽골어 사용 지역에서 사람의 이름으로도 많이 사용된다. 주요한 뜻은 ① 공골말(털빛이 엷은 누런 갈색 말. 중세국어 공골ᄆᆞᆯ(黃馬), 고라말보다 털빛이 열음), ② 순진무구한 사람, ③ 사랑하는 이, ④ 온화함 등이다.

차례로 그리게 했네.
마흔네 개의 날이 있는,
사천 개의 표면이 있는
모루 같은 노랑 꼬챙이 칼을
구부려 감은 은제 칼자루를
손의 다섯 손가락으로 당겨
뽑아서 그렸네.
비천(飛天)[13]의 열두 보동[14]이
전투의 법도대로 빛나고 있고,
난간(欄干)이 있는 팔천 개의
노랑 황금 문설주가
우렁우렁하네.[15]
주군 성주의
봄바의 퀴지 잔단 궁장은
가까이 있는
남섬부주 봄바의 나라의

---

12 열두 선남자(혹은 호남아)가 구체적으로 누구누구인지는 텍스트에서 확인되지 않으나 장가르의 6,012용사, 35보동 가운데서도 최정예에 해당하는 용사일 것으로 짐작된다.

13 텍스트 Дагни '천녀, 비천, 아름다운 여인' 〈 산. ḍākinī '하늘로 다니는 여자, 비천(飛天)'. 『장가르 1』에서는 арагни(арагнь) 혹은 рагни(рагнь)로, 『장가르 2』에서는 이밖에도 이곳의 дагнин(속격)을 비롯해 дагнян(속격), дакнян(속격)의 형태가 나온다. 여성의 경우 천녀(天女), 남성의 경우 그보다는 여성성이 덜 드러나는 듯한 비천으로 옮기겠으나 여기서처럼 천녀나 비천으로 옮겨서는 무엇인가 미흡한 곳들도 있다.

14 장가르에서 임금의 최측근 용사들을 가리키는 보동(бодн)의 원래 뜻은 '멧돼지'.

15 (아마도) 수천 용사들의 이야기 소리로.

부정(不貞), 음욕, 질병을
연달아 셋 다
몰아 쫓아내고,
백만 [백성] 가운데서 널리 지배하고 있네.
봄바 바다의 기슭에는
봄바의 흰 궁장의 앞에 있는
십만 천만 여러 부처님을
안치한 것이었고,
한가운데는
장엄한[16] 흰 가람을
모신 것이었네.
고상한 주군의 길상(吉祥)에
너 나 할 것 없이
환호작약하는 것이네.
북쪽에는 백만 백성[17]이,
안개가 피어오른
죽음 없는 영원의 나라가
겨울 없는 여름의 나라가

16 텍스트 장엄한(тальвин)은 칼미크어 사전들이나 연구서에서 확인되지 않는다. 키치크프(1999: 42~43, 46~47, 48~49, 각각 47, 167, 184, 210행)는 이를 '거대한 흰 사원'(Исполинский белый храм) 또는 '장엄한 흰 사원 …'(Величественный белоснежный храм …) 등으로, 두게르수렝(2000: 16, 17, 52)은 '그림의(그림 같은) 흰 절 …'(Зургийн цагаан сүм …)로 옮겼다.

17 텍스트 탕가치(таңhч)를 우리의 주해에서 '백성(百姓)'으로 옮기기로 한다.

우뚝 솟아 있네.
파르스름한 빛깔의 남새가
흔들리며 나오네.
부드러운 비가 내리고,
따사로운 해가 나오고,
솔개와 개구리 매는 땅을 쓸 듯 낚아채고 있네.
저녁의 노랑 해가
저물어 갈 무렵
길들지 않은 암말들의 젖,
푸짐한 붉은 아르자 술의
헤아릴 수 없이 많은 암말의 젖,
검은 기도깃발 아르자[18]의
안개 같은 검은 연기[19]가
피어오르며 하늘에 구멍을 내고 있네.
우리 봄바의 나라가
환호작약한 것이네.
“이를 지배하는 지배자는
누구인가?” 하게 되면

---

18 검은 기도깃발 아르자(Хар даpцr арз(ин))에서 기도깃발(даpцr)의 의미와 역할은 미상. 아르자(арз)는 탈지된 가축의 젖을 발효시켜 만드는 약한 술 애애렉을 증류해 만드는 소주 애르크를 다시 증류해 만드는 센 술. 아르자를 증류해 호르조, 호르조를 증류해 샤르자를 만들 수도 있으나 호르조 이상은 술의 풍미가 없어져 잘 만들지 않는다.

19 통속의 애르크를 증류하여 아르자를 만들기 위해 화덕에 불을 땔 때 나오는 연기.

보동 잘로 임금의 증손,
봄바 잘로 임금의 고손,
메르겐 토르치의 손자,
위젱의 고아 장가르라는 사람일세.[20]
마흔네 개의 다리가 달린
거울 같은 은제 보좌[21] 위에서
흉맹한 가루라[22]의 눈으로

---

20 유원수(2011)의 『장가르 1』로 주해된 엘랜 오블라의 10마당에서는 가계가 "A의 후손 〉B의 손자 〉C의 아들"의 구조로 소개되었으나 이 마당에서는 "A의 증손 〉B의 고손 〉C의 손자 〉D의 아들"의 구조로 증조부를 고조부보다 먼저 소개하고 있다. 또한 장가르의 할아버지가 엘랜 오블라의 10마당에서는 탕삭 봄바(고귀한 봄바) 임금이었는데 이곳에서는 메르겐 토르치(명궁 그물꾼?)로 소개되고 있다.

21 텍스트 '거울 같은 은제 보좌'(Дөлдү мөңгн ширә) 가운데 '거울 같은'(дөлдү)이 문제이다. 칼미크어 사전들 가운데 람스테트(1976: 98)만 이 어휘를 수록하고 있으나 뜻에 대해서는 확신이 없는 듯 모두 물음표를 달아 놓았다. 즉 '둥근'(rund?), '공들인, 우아한, 정교하게 만든'(fein, elegant, fein gemachr?), '평활한'(eben?), '순 은제 테이블 혹은 은반으로 만든 섬세한 테이블'(feinsilberner(?) tisch od. feiner tisch mit silberner scheibe). 한편 토다예바(1976: 268)는 '거울 같은(평탄하고, 빛나는 표면에 관한)'(зеркальный (о гладкой, сверкающей поверхности))이라고 하였다. 텍스트의 편찬자들인 비트케예프들(1990b: 475, 주5)은 이 행의 Дөлдү мөңгн까지를 '직선이 아닌 (둥근/구상체의) 은'(ho биш (mohлцг) мөңгн)이라고 하고, 2-1-711에서는 '거울 같은 은제 보좌'(Дөлдү мөңгн ширә)까지를 같은 쪽의 주29를 통해 '평평한, 가장자리 구석은 아래쪽으로 약간 구부려 형태를 만들고 모양을 낸 은제 보좌'(хавтhahинь, зах өнцгинь доргшан әрвҗго нуhлад, кевләд, янзлсн мөңгн ширә)라고 하였다. 이 구절은 이곳에서는 Дөлдү로 시작하지만 이 마당의 323, 711, 1610행에서는 Дөлд, 1372행에서는 Дөлдн으로 시작한다. 이 세 유형의 차이가 문법적인 것이 아니라는 것은 분명하다. 세 형태가 모두 동의어이거나 어느 둘이 어느 하나의 오류나 오식일 가능성도 있다. 두게르수렝(2000: 14, 19, 28, 43, 48)은 우리의 дөлдү, дөлд, дөлдн을 '튼튼한'(бөх) 또는 '단단한'(хатуу)으로 옮겼다.

22 산스크리트어 가루다(garuda)에서 유래하는 칼미크어의 개르데(hәрд), 할하의 가르디(гарди), 부리야드의 가로디(гаруудu), 몽골문어의 가로디(γarudi), 내몽고의 개르

아래로, 위로 번득거리며,
겨우 일곱 살 난 장가르가
명성도 자자한 나라를 지배하는 것이네.
봄바의 차간 산을 가진 것이네.
그 산의 높이와 규모가 어떤가 하면
가장 좋은 품질의 은(銀) (같은) 머리에,
붉은빛 도는 은 (같은) 솜털에,
수범(雄虎)의 심장에,
사나운 독수리의 움킬 힘을 가진
다섯 살짜리 노랑 얼룩무늬 이틀렉 매가
한 번에 날아올라 갈 때
아흔 베레[23]를 날아오르는
그 대단히 빠른 노랑 얼룩무늬 이틀렉 매가
서른세 번을 날아오르면
산꼭대기에서 평화롭게 지저귈 만하네.[24]
(해) 지는 쪽에서는

드(gærd) 등으로 나타나는데 모든 조류의 임금이며, 지상 최대의 몸과 최강의 힘을 가진 존재로서 불법을 비롯한 모든 선한 존재(예를 들어 몽골 수도 울란바타르시)의 수호자로 여겨진다. 몽골 씨름에서 승리한 장사가 두 팔을 펄럭이는 것은 가루라 새의 날갯짓을 상징한다고 한다.

23 다양한 몽골어 사전들의 풀이를 종합해 보면 칼미크어 베테(бер), 할하 베트(бээр), 몽골문어 베테(ber-e)는 산스크리트어 para(sanga)에서 유래하며 활 500개를 이어 놓은 거리 krosa(몽골문어 göröš, 할하 гөрш)의 8배 거리이고 대략 1.5~2km이다. 따라서 이틀렉 매의 비행거리는 한 번에 135~180km 범위일 듯하다.

24 따라서 산의 높이는 4,455km에서 5,940km 사이.

유리 가루라의 빛[25]이 나네,
(해) 뜨는 쪽에서는 푸르스름한 빛이 나네,
한가운데로는
새하얀 빛이 나네.
외방 마흔두 임금의 꿈이 되네.
봄바 바다라는 바다가 있는데,
봄바 바다라는 바다는
깊이가
십팔만 베래.[26]
넓이는
예의 그 다섯 살짜리 노랑 얼룩무늬 이틀렉 매가
생애 중에 새끼를 낳아 가며 건널 수 있을까
말까 한 넓이.
이 봄바 바다는
하루에 세 번 밀물과 썰물이 있네,[27]
아침녘에는
상류 쪽으로 밀물 썰물이 있네,
소원을 성취시키는 여의보주를 싣고

---

25 유리 가루라의 빛(Шил hэрдин өнг)이 어떤 빛인지, 유리 가루라(Шил hэрд)가 어떤 가루라인지는 알 수 없다. 유원수(2011: 112, 142, 150~151, 289, 291)는 1-463, 2-1085, 1255, 1283, 7-379, 410의 실 개르데(шил hэрд)를 모두 '유리로 된 가루라 새 모양의'로 옮겼으나 적확한 번역인지는 확신할 수 없다.

26 따라서 바다의 깊이는 24,300,000~32,400,000km.

27 현실에서는 24시간에 두 번 반복.

부서지는 소리를 내며 흐르네.
저녁 무렵에는
하류 쪽으로 밀물 썰물이 있네,
금과 은을 싣고
부서지는 소리를 내며 흐르네.
오정 무렵에는
가슬랑타 봄바 바다가[28]
양쪽 기슭을 때리며 흐르네.
통치자 성주의 바다라고 하여
외방의 일흔두 임금의 꿈이 되었네.
우리 봄바의 나라는
평온했네.[29]
시케르 바다[30]의 기슭에,[31]
아르차 잔단 산의 기슭에
애뤈 차간 바다의 밀물과 썰물이 있는 곳에
황금 노랑 대궐을 지은 것이네.
마흔네 개씩의 대들보로 보강하고,

---

28 가슬랑타(hаслңта)는 '슬픔을 지닌'의 뜻으로 왜 슬픈지, 무엇을 상징하는지는 분명치 않다.

29 여기까지는 장가르의 나라와 대궐에 관한 묘사.

30 불교, 힌두, 혹은 자이나교의 우주관의 8대 바다의 하나인 사탕수수 주스의 바다(Iksuvaroda) 혹은 티베트-몽골 불교의 7대 바다의 하나인 꿀의 바다(Бальн далай)의 칼미크식 재해석일 수도 있겠다. http://en.wikipedia.org/wiki/Jambudvipa(접속 2013. 5. 13.), 볼드들(2008: 644~645) 참조.

31 이 행부터 184행까지는 장가르의 중신 쾩신 시르케의 나라와 대궐에 대한 기술.

사천 개씩의 기둥으로 받치고,
사자(獅子)로 층계를 내고,[32]
금과 은으로 누대(樓臺)를 만들고,
금으로 다리를 만들고,
산호와 진주로 바닥을 깔고,
구리 없이 금으로 테두리를 두르고,
재앙 없는 여의보주로 치장하고,
불처럼 붉은 유리로 눈을 틔워
마법의 붉은 백단향나무로 창을 내었네.
여든두 개의 방이 있고,
팔천 개의 창이 있네.
(대궐 지붕) 한가운데를 팽팽하게 당기고[33]
오백만 장인으로 조각케 하여,
그 꼭대기에 금강저(金剛杵)를 세워,
그 금강저를 보병(寶甁)에 넣고,
그 보병을 술로 장식하여,
그 술이 펄럭이며 휘날리게 했네.
노랑 황금 대궐이 우뚝 솟아 있네.
시르케[34] 바다의 기슭에

32 '사자(獅子)로 층계를 내고'(Арслңгар шатлад)의 정확한 뜻은 미상.

33 팽팽하게 당기고(татурдад)의 татурдх는 '띠를/끈을 두르다'로도 해석될 수 있는 동사.

34 시르케 바다의 기슭(Ширк далан көвә), 시르케 고장의(Ширкин), 늙은 시르케(Көгшн Ширк), 독신 시르케의(Догшн Ширкин, 흉맹한 시르케의) 등의 시르케(ширк[širkə])는 ① 식초, ② 뻣뻣한 수염, 털, ③ 단단한 모래땅, ④ 술잔, ⑤ 동물의

시르케의 여러 부처님[35]을 안치했네.
정중앙에는
장엄한 흰 가람을 모셨네.
주군의 길상에
너 나 할 것 없이 평온했네.
북쪽 가운데의
억조창생이[36]
평온했네.
'이를 차지한 사람이 누구인가?'
하게 되면,
그의 준마는
적(敵) 가운데서 단련이 되고
그의 활시위 같은 몸은
불법(佛法) 가운데서 단련이 된
고상한 팔백 살의
늙은 시르케가 차지한 것이네.
늙은 시르케의 부중(部衆)은
원래부터
우뚝했던 것이네.
궝 하라 바다(깊고 검은 바다)의 기슭에 [있는]

몸에 사는 해충. 람스테트(1976: 360) 참조.

35 시르케 고장의 여러 불상 혹은 시르케라는 사람 소유의 여러 불상.

36 직역은 '십 천만 백성이'.

귀시 잔단[37] 궁장은
깊은 열두 나라[38]의 이야기가 되어,
남은 것이네.
궝 하라 바다의 기슭에
검베의 여러 부처님을 안치했네.
정중앙에는
장엄한 흰 가람을 모셨네.
고상한 주군의 길상에
너 나 할 것 없이 평온했네.
궝 하라 바다 가득하게 있는[39]
검베의 백성의 뒤로는
안개가 피어오른 것이네.
'이를 차지한 사람은 누구인가?' 하면
하시 호르 임금의 손자
하싱 홀드 임금의 유일한 후예
사랑하는 통치자 검베가
차지한 것이네.
아르차 잔단 산의 기슭에

---

37 귀시 잔단(Гүш Зандн)은 어떤 종류의 백단향나무를 가리키는 듯하나 의미는 미상. 토다예바(1976: 236)의 호샤 목재(дерево хуша)에서 호샤(хуша)는 러시아어 사전들에서 확인되지 않는 형태. 두게르수렝(2000: 16)은 후지 잔단(Хүж Зандан '향 백단향나무')으로 옮김.

38 '깊은 열두 나라'가 구체적으로 어느 나라인지는 미상.

39 궝 하라 바다 유역이 꽉 차도록 많은, 그곳에서 유목하는.

애게르[40] 백단향나무 궁장이
열두 나라의 이야기가 되어
읽히게 된 것이네.
아르차 잔단 바다의 기슭에
일억(一億) 부처님을
안치한 것이었네.
정중앙에는
장엄한 흰 가람을
모신 것이었네.
고상한 주군의 길상에
너 나 할 것 없이
평온했네.
아르차 잔단 강 가득히 있는[41]
억조창생이 평온했네.
'이를 차지한 사람은
누구인가?' 하면,
가직 알탄 임금의 아들
다르와드 알탄 체지[42]가

40 바르다예프들(2004: 78)에 '시든'(засохший), '색 바랜'(выгоревший). 같은 곳에서 예문 эгр зандн жидин ҮзҮр Үзгдв를 제시하고 '마른 백단향나무 창의 창날이 보였다'(показалось остриё засохшего сандалового копья)고 하였으나 어떤 종류의 백단향나무일 가능성도 있다.

41 아르차 잔당 강 유역이 꽉 차도록 많은, 그곳에서 유목하는.

42 2-4-140~144(바가 초호르 지방에서 채록)에는 '말라가드 졸 영예로운 임금의 증손자라고 하네, 달라 잠바 임금의 손자, 다리브 영예로운 임금의 아들이라고 하네'로,

차지한 것이네.
알탄 체지의 부중은
원래부터
우뚝한 것이었네.
'이를 모두
지배하는 사람은
누구냐?' 하면
'중생과 세상이 모두 내 것
이라며 사랑하는
사람이 누구냐?' 하면
세 살 들어가는 나이에
세 곳의 관문을 격파한,
네 살 들어가는 나이에
네 곳의 관문을 격파하고,
마흔 개 둑(纛)의 끝을 부러뜨린,
다섯 살 들어가는 나이에
다섯 곳의 관문을 격파하고,
태킬 알다르 임금을
귀순시킨,
여섯 살 되는 나이에
여섯 곳의 관문을 격파하고,

2-5-445~447(바가 초호르 지방에서 채록)에서는 '마하갈의 말치기 말라가드 졸라 임금의 손자, 다와 잠바 임금의 아들'로 가계가 다르게 소개된 것을 볼 수 있다.

졸라 알다르 임금을
귀순케 한,
일곱 살 들어가는 나이에는
흉맹한 시르케도 어쩌지 못한,
흉맹한 노랑 망가스를 굴복시켰네.
일곱 살에는
흉맹한 시르케의 소행을
손안에 휘어잡았네.
'주군 장가르'라고
주변 천 곳의 외방에
울리게 되었네,
아래 세상 일곱 나라[43]의
소원이 되었네,[44]
위 세상 열나라[45]의
꿈이 되었네.[46]
'임금 장가르'라고
외방 칠천 임금의
소원이 되었네.

---

43 '아래의 일곱 나라'(Дордын долан орн(и))가 어느 나라들인지는 미상.

44 소원의 내용도 미상. 일생에 한 번이라도 만나 보기를 소망한다는 것이 아닐까 짐작할 따름이다.

45 '위의 열나라'(Деедин арвн орн(и))가 어느 나라들인지도 역시 미상.

46 꿈의 내용이 무엇인지도 역시 미상. 역시 한 번이라도 만나 보기를 꿈꾼다는 것이 아닐까 짐작할 따름이다.

보동 잘로 임금의 증손,
봄바 잘로 임금의 고손,
메르겐 토르치의 손자,
위젱의 고아 장가르라는 사람이,
아란잘[47]로 동무를 하고,
애게르 백단향나무로 버팀목을 삼아,
열두 방면의 해악한 무리를 굴복시키고
일곱 살에는
'독신 장가르'라는 칭호를 부르게 하고,
명성도 자자한 봄바의 나라를 지배하고 있었네.
봄의 달이 솟아올랐네.[48]
총애를 받는 통치자 검베는
임금 통치자 장가르에게
새해 인사를 받들려고[49] 자니 타왁
해슨 하라[50]에 마구를 얹었네,
전사 삼천을 거느리고

---

47 장가르의 말 이름. 아란잘 제르데(불같이 붉은 절따말), 아란잘(불같이 붉은 말), 제르데(절따말) 등으로 부름.

48 봄이 되었네.

49 칼미크어는 Цаhа бәрхәр, 즉 '차가를 바치러'에서 차가의 정확한 의미는 미상. 토다예바(1976: 198)는 유제품(молочного продукта)으로 이해한 듯함. 한 해의 시작인 봄을 맞이하여 정월(Цаhан Сар '흰 달')에 주군에게 하례를 올리는 관습이 있었고, 그 의식을 가리키는 것으로 짐작하여 위와 같이 옮김.

50 자니 타왁 해슨 하라(Заани Тавг Хәәсн Хар)는 대략 '코끼리의 발바닥 같은 발을 가진 솥 검댕처럼 검은 털빛을 한 말'이라는 뜻.

질주해 나갔네.
궝 하라 바다를 따라 내려왔네,
달리는 붉은 먼지가
하늘을 찌르며 올라갔네.
'그들이 떠났다!' 하는 소식에
아르츠타 잔단 강의 땅을 가진
알탄 체지가 아그삭 올란[51]에 마구를 얹게 했네.
전사 삼천을 거느리고
질주하여 출발했네.
아르차 잔단 강을
따라 내려와 들어갔네.
엄청나게 큰 붉은 먼지가
하늘을 찌르며 빠르게 달렸네.
'그들이 떠났다!' 하는 소리로
하라, 차간 바다의 고장을 가진,
행길 잔단 산을 버팀대로 가진,
하브타의 (아들) 욍게 비가
호르단 보랄에 마구를 얹고
전사 삼천을 거느리고
질주해 나왔네.
'그가 떠났다!' 하는 소리로

---

51 아그삭 올란(Arcr Улан)은 '빠르고 붉은 말'이라는 뜻의 말 이름.

성주의 서른다섯 보동과,
일흔두 바다의 임금들이
바다와 같은 성주에게 새해 인사를 받들려고
부중별로 출발했네.
톨록이라는 이름의 산으로
고꾸라지듯 걸리듯 내려와
맑은 여든두 줄기 강으로
가득하게 들어왔네.
사닥 용호[르] 산으로
억조창생이 모여 들어왔네,
훌륭한 성주(聖主)의 (대궐) 바깥으로
칠만(七萬)으로, 칠억으로 모였네.
용사이신 성주의 대궐 하인들의 마을에
들어갈 수 있는 만큼 들어와
왁자지껄하고 있었네.
오른편의 여러 대신이
오른편을 찾아 앉았네,
왼편의 여러 대신이
왼편을 찾아 앉았네.
오른편, 왼편의 대신들이
'누가 우리 중에 없는가?
어떤 것이 우리 중에 없는가?' 하고
입을 벌리고 있었네.
'시케를뤽의 하류에 자리 잡은

밤바르 잔단 궁장을 가진
용력(勇力) 넘치는 붉은 홍고르[52]는 어느 것이냐?'
하고들 있었네.
밤바르 잔단 궁장에서
마흔네 개의 다리가 달린
거울 같은 은제 보좌 위에서
금란(金襴) 비단 긴 베개를
강철 같은 검은 팔꿈치로
구멍이 뚫어지도록 기대고
봄바의 아일가트의 딸
잔단 졸 하탄으로 하여금
새까만 앞머리 칼을 다듬게 하고
봄바의 붉은 홍고르가 명령했네.
"성주의 서른다섯 보동과
일흔두 바다의 임금들이
바다와 같은 성주의 곁에 있는 모양인가?
퀴켄 차간 말치기는
윌렌 쾨케 갈잔 준마에 마구를 얹어라!" 하고 말했네.
퀴켄 차간 말치기가
튼튼하고 키 작은 채브데르 말[53]을

---

52 용력 넘치는 붉은 홍고르(Базг Улан Хоңhр)에서 '용력 넘치는 붉은'(Базг Улан)은 그의 별명.

53 채브데르 말(цэвдр)은 갈기와 꼬리는 희끄무레하고 몸통은 샤르가 말과 제르데 말의 중간 빛, 즉 잘 익은 밤 빛 말.

요령 있게 마구를 얹고,
아름다운 백단향나무 간지개에
푸른 비단 밧줄을 매달고,
위용에 빛나는 붉은 홍고르가
목숨처럼 아끼는
전사 삼천 용사 가운데
삼백 용사를 골라 출발했네.
하르가트 강[54]의 상류에 자리 잡은
어마어마한 구만 마리
푸른 간자 준마들을
고함치고, 소리 질러 모았네,
퀴켄 차간 산[55]으로 넘어,
퀴데르 차간 튕그[56]의 가장자리를 밟게 하고,
퀴켄 차간 바다에서
울부짖도록 몰아붙여 물을 먹였네.
어마어마하게 멋진 쾨케 갈잔이
내닫고 싶었네.
호르(弦琴) 같은 두 귀는
하늘로 치켜세우고
예리한 두 눈은

---

54 하르가트 강(Харhат hол) 지명의 뜻은 '낙엽송 있는 강'.

55 퀴켄 차간 올(Күүкн Цahaн уул) 지명의 뜻은 '험준한 흰 산'.

56 퀴데르 차간 튕그(Күдр цahaн түнг) 지명의 뜻은 '억센 흰 나래새'.

저 너머 칠천 개의 산등성이를 보았네.
쿼켄 차간 말치기가
튼튼하고 키 작은 채브데르 말을
자꾸 벌어지는 살을
일흔두 번을 누르고
가늘고 흰 목청으로 외쳐,
길들지 않은 것들을 모으고 있네.
긴 베개 모양 황금 안장방석 위에
비껴 앉아서
아름다운 백단향나무 간지개에서
푸른 비단 밧줄을 풀어 잡았네.
조개껍질처럼 흰 손목에
칠천 번을 감아
거세마의 턱에 밀어 넣었네.
쾨케 갈잔 준마가
호르(弦琴) 같은 두 귀를 모았네,
예리한 두 눈을 반짝거리며
모양 나는 근사한 머리를
산토끼같이 멋진 앞다리로 잡고
마법의 구천만 모둠발을 시작했네.
쿼켄 차간 바다의
쿼데르 고르완 만(灣)을
연달아 껑충껑충 뛰어 건넜네.
민첩한 채브데르가

젤 되르벤 만을 껑충껑충 뛰어 건너
뒤로 들어갔네.
퀴켄 차간 바다
기슭을 따라 몰아
퀴데르 잔단 되르벤 강을
옮아가며 몰아, 길들지 않은 말들을 돌려,
퀴켄 차간 산으로 올라가게 해서
퀴데르 차간 튕그의 가장자리에서
푸른 비단 밧줄로
완벽하게 겨누었네.
가늘고 흰 손잡이 끈으로
감아 잡았네,
푸른 비단 밧줄을
솜같이 흰 등마루에
닿게 하는 법 없이 속력을 냈네,
퀴켄 차간 말치기가
민첩한 채브데르를
귀까지 잡아당기고
골수까지 채찍질해서 갔네.
여든두 대 갈비를
가느다란 흰 회초리로
팔천 번을 때리고 갔네.
푸른 비단 밧줄의
섬세한 은제 끈을

엄지와 검지로
가까스로 잡고 갔네,
갱 올란 기슭[57]을
건너게 몰아
갈윙 차간 바다를
돌아가도록 몰아
퀴켄 차간 산으로 넘게 해서
퀴데르 차간 툉그의 가장자리에서
푸른 비단 밧줄로
솜같이 흰 등마루를 때리고,
청동 은제 발걸이 밑을 잡았네.
바위를 밟고 당기자 바위가 부서졌네,
덤불을 밟고 당기자 덤불이 뽑혀 나갔네.
네 겹
발걸이 끈이 끊어지도록,
반대편 등자가 땅을 긁도록,
턱에는 쇠기둥이라도
들어 올린 양 버티고
앞가슴으로는 당겨서

57 텍스트 갱 올란 기슭(의)(hәң улан эрг(инь))의 갱(hәң)은 칼미크어를 비롯한 몽골어계 언어, 방언사전들에서 의미가 확인되지 않는 형태. 키치코프(1999: 60~61, 442행)는 [hәңге] улан эрге(hатлълhъжи туульвъ)라고 보충하고 '깊이를 알 수 없는 절벽을 (건너뛰어 갔네)'(Через бездонную пропасть перепрыгнув)로 옮김. 두게르수렝(2000: 21)은 갠지스 강의 몽골 이름이기도 한 Ганга(강가)로 읽음.

가슬랑타 채브데르를 걸어 잡았네.
사람의 몸통만 한
푸른 비단 밧줄이
핏줄처럼 되어
끊어지며 놓치고 왔네.
마시탁 보랄을 가진
말 올란 용사가
푸른 간자 준마를
빙 돌려서 내렸네.
살찐 보랄 말을
진정시켜 버리고
푸른 비단 밧줄로
건네받았네.
솜같이 흰 등마루를
쓰다듬자 윤이 났네.
펄럭거리는 앞머리 칼에
혈색 좋은[58] 다섯 손가락을 놓았네.
강한 붉은 무릎 위로
구부려 잡았네.
항갈 쾨케 갈잔 준마의
바윗돌 같은 발굽을

---

58 텍스트 Бальмин(혈색 좋은)의 어기 бальм은 балм의 오기인 듯하다.

몸에 닿게 할 것도 없이
꾸짖어 잡았네.
아름다운 사슬 은제 바굴레[59]를
던져주었네,
목덜미의 목을 때리자 머리를 흔들었네.[60]
순 은제 굴레의
부드러운 황금 재갈을 물렸네,
찌르는 일곱 길
둥근 황금 송곳니로
물어 잡았네.
고리를 묶자마자
달 모양의 은제 가슴걸이 끈이
백만 가운데[61] 짤랑거렸네.
고르게 근사한 땀받이[62]와,

---

59 『장가르 1』에서는 굴레(хазар, 2-16, 2-295, 2-300, 3-49, 6-176, 7-128, 9-96)와 바굴레(ногт, 11-9)를 구별하지 않고 모두 '굴레'로 옮겼으나 『장가르 2』부터는 재갈이 딸린 굴레와 재갈이 없는, 따라서 말에게는 속박감이 많이 덜하고 사람에게는 제어력이 떨어지는, 바굴레로 구별하기로 한다. 아래 칼미크어 속담에서도 굴레와 바굴레의 차이를 짐작할 수 있다. '가을 날씨는 굴레 쓴 말, 봄 날씨는 바굴레 쓴 말'(Намрин теңгр ноггта мөрн, хаврин теңгр хазарта мөрн).

60 텍스트 гүлгләв는 칼미크어 사전들에서 확인할 수 없는 형태이며 '흔들었네'(гүлдгләв)의 오기인 듯하다.

61 무엇의 백만 가운데인지는 미상. 예를 들어 백만 백성? 혹은 백만 마리 준마? 아니면 백만 번을? 키치코프(1999: 62~63, 102~103)는 '백만 번'(миллион раз)으로 옮겼다.

62 텍스트 делтр를 『장가르 1』에서는 '델테르'라 하였으나 『장가르 2』에서는 '땀받이'로 옮기도록 한다.

가죽끈 근사한 고삐를 놓았네.
신성한 은제 후릿고삐로 끌고
봄바의 홍고르의 문턱을 향하게 했네.
주군 홍고르의 궁장까지
어쩔 수 없이 편안하기를 생각했네.
산호같이 근사한 꼬리를 들어 올려,
덩어리진 많은 큰 똥을 쏟아
쑥 들어간 붉은 배를
안심 쪽으로 잡고,
부드러운 염통은
염통주머니를 가려내고,[63]
기도깃발 같은 흰 뱃구레[64]를
오줌보 쪽을 잡고,
귀 높이의 목덜미 비계는 홈통처럼 되고,
눈높이의 갈기는 깃털처럼 되어,
좋은 몸을 엉덩이 쪽을 잡고,
멋진 몸을 가슴 쪽을 잡고,
빠른 몸을

---

63 이 두 행의 본뜻은 알아내지 못하였다. 토다예바(1976: 405)의 '그는 심장막(=염통주머니) 쪽으로 부드러운 심장을 돌렸다'(нежное сердце обратил он к сердечному покрову)도 도움이 되지 않는다.

64 텍스트 эрвн은 엄밀하게는 '(사람이나) 짐승의 배와 옆구리에 낀 지방'으로 『장가르』에서는 거의 모든 경우에 '기도깃발(같이) 흰'(Дарцг цаһан)이 선행한다. 『장가르 1』에서는 이를 '기도깃발 같은 흰 배'로 옮겼으나 『장가르 2』에서는 '기도깃발 같은 흰 뱃구레'로 옮겨 보기로 한다.

네 개의 최고급 황금 발굽 쪽을 잡고
토끼같이 근사한 등마루,
미끈하고 근사한 뒷다리,
산토끼같이 멋진 앞다리,
아름답고 멋진 머리,
송곳 같은 멋진 눈,
널찍하니 멋진 가슴,
잿빛 푸른 비단 같은[65]
네 개의 최고급 황금 발굽을 가진
날랜 쾨케[66]를
우뚝한 홍고르의 문에서
안장을 바꿔 얹게 되었네.
세련된[67] 은제 땀받이를 놓았네,

65 텍스트 편찬자들인 비트케예프들(1990b: 475, 주17)은 '연한 은빛의'(цəəвр-буурл өңгтə), 토다예바(1976: 303)는 '움푹 들어간'(глубокосидящий)으로 풀이하였으나 일단 өл은 '파르스름한 잿빛'으로, йоңхр는 람스테트(1976: 219)의 joŋχʊr 'seidenzwirn(비단실), seide(비단)'를 이용해 직역해 본다.

66 텍스트 '날랜 쾨케를'(Дөлвлзгсн Көкиг)의 '날랜'(Дөлвлзгсн) 부분은 칼미크어 사전들에서 확인되지 않는다. 토다예바(1976: 268)는 дөлвкх라는 어휘를 '민첩하다, 날래다'(быть проворным, быстрым)로 풀이하면서 дөлвксн көкиг дүүвр Хоңһрин үүднд тохкин селгəн болв라는 구절을 '위대한 홍고르의 문에서 민첩한 푸른 말의 안장을 바꾸어 얹을 수 있었네'(пришел черед седлать проворного Сивко у дверей славного Хонгора)라고 새겼다. 텍스트 дөлвлзгсн을 토다예바의 дөлвксн과 같은 것으로 보고 위와 같이 새겼지만, 두게르수렝(2000: 23)의 '(몸가짐) 당당한'(Дүүхəлзсəн)도 의미상으로는 잘 통하는 듯하다.

67 유원수(2011: 241, 6~185)는 『장가르 1』에서 Дег мөңгəр хатхгсн делтриг тəвəд의 дег을 дел(갈기털) 혹은 дегд(엄청난)의 실수로 짐작했으나 텍스트 편찬자들인 비

고르게 은제 다래[68]를 놓았네,
모루 같은 은제 안장을 놓았네,
조여드는 엉치의 힘살 머리를
라싸식 노랑 황금 후걸이[69]가
두드리며 덮었네.
산호 같은 멋진 꼬리를
들어 올리고 있다가
엉치의 두꺼운 힘살을 따라오게 했네.
긴 베개 모양 황금 안장방석을 놓을 때
정확하게 칠천 번을 때리고,
아름다운 스물다섯 개의 끈고리가 달린 뱃대끈[70]으로
쾨케가 비명을 지르도록 당겼네.
정확하게 예순여섯 줄 뱃대끈을
기도깃발 같은 흰 뱃구레가
끊어져라 당겼네.

트케예프들(1990b: 475, 주18)은 Дег мөңгн을 '고리 모양의 금/줄이 있는 은'(дегə бəəдлтə зураста мөңгн)이라고 하였다. 한편 토다예바(1976: 259)는 дег와 дегд를 동의어라 하고 '우아하게-아름다운, 고상한, 섬세한'(изыскатнно-красивый, изящный, тонкий)이라고 하였다.

68 토홈(тохм)은 델테르(땀받이)와 굴룸(안장의 가죽 받침) 사이에 놓는 모전으로 『장가르 1』에서는 토홈이라고 하였으나 『장가르 2』에서는 『蒙語類解』 第二冊 「鞍轡」의 "馬韂 ᄃᆞ래 ○ 토홈"을 따라 "다래"로 옮기도록 한다.

69 텍스트 худрһ는 여기서 후걸이 외에 말띠드리개도 포함하는 것으로 보이나 텍스트 그대로 후걸이로만 옮김. 『蒙語類解』 第二冊 「鞍轡」의 "鞦皮 후거리 ○ 후둘가" 참조.

70 텍스트는 татур. 2-1-504의 олң(뱃대끈), 2-5-1823의 олң-татур(뱃대끈)와 동의어.

한 냥짜리 황금 가슴 가리개를,
일흔두 개 황금 단추는,
주걱뼈 부위의 검은 힘살에
(말이) 비틀거리도록 당겨 채웠네,
봄바의 붉은 홍고르의 문에서 빙 돌며 껑충거리게 했네.
봄바의 붉은 홍고르를
제대로 옷을 입혔네.
에르웽이라고 하는 킬렉,
보석을 박은 뷔시뮈드를 입었네,
너른 흰 비제를 입었네,
그의 모든 것을 압도하는
말 일흔 마리 값의
뷔케르 로당 비단[71] 허리띠를 매었네.
한 장에 집 한 채 값
남질 비단[72] 수건을
왼쪽 옆구리에 찼네.
백여덟 겹
대다리 있는 짧은 가죽 신발이

---

71 뷔케르(Бүкр)는 칼미크어 사전들에서 확인되지 않는다. 로당(луудң)은 칼미크어 사전들에서 '(특수한 종류의) 비단'(шёлк (особого сорта)이라고만 하였다. 이곳의 뷔케르 로당이나 2-5-370의 톰브 로당(тумб луудң)의 бүкр, тумб 등은 산지나 제조법을 가리키는 말일 가능성이 있다.

72 남질 비단(Намжл торһн)의 남질은 비단의 어느 종류를 가리키는 말로 티베트어 차용어(rnam-rgayl '완벽한 승리')로 보이나 구체적으로 어떤 비단인지는 미상.

뒤축 위에서 탄력을 받고
불친 세 살짜리 수송아지의 가죽으로 안을 덮어 엮고,
불친 네 살짜리 수소의 가죽으로 씌워,
면(面)이 난 오천 개의 흰 가죽끈[73]을 가진
오천 명의 장사 소년이
엇갈리게 조여 엮은,
세 손가락 두께 간격으로 흰 은으로 단추를 해서 단,
네 손가락 두께 간격으로 흰 은으로 메뚜기를 해서 단,
곧고 젊은 백단향나무 가지를 맞대어 자루를 만든,
자루와 채 끈이 어우러지게 만든 채찍을
바른손에 잡고
단단한 백단향나무 문지방을 밟고 나왔네.
바라던 쾨케 갈잔 준마가
청동 은제 발걸이를 주고 (흥분해) 떨었네,
청동 은제 발걸이에
튼튼한 황금 신발 바닥이
닿자마자
마법의 구억(九億) 모둠발로 갔네.
익숙한 홍고르가
긴 베개 모양 황금 안장방석 위로
놀이하듯 뛰어올랐네.

---

73 면이 난 가죽끈이 어떤 모양의 끈인지는 미상.

십만 천만 부처님을
돌며 선회하며 갔네.
왼쪽 재갈을 돌려
왼쪽 무릎 위로 잡고,
바른쪽 재갈을 돌려
바른쪽 무릎 위로 잡고
밤바르 잔단 궁장을
바른쪽 재갈을 눌러 나왔네.
위용에 빛나는 붉은 홍고르의
목숨처럼 아끼는
전사 삼천 보동이
전사 홍고르를 따라
질주하기 시작했네.
시케를뤽을 따라 내려가기 시작했네.
전체 삼천 용사보다
어깨 하나 더 나아가,
대오를 이끌며[74] 가네,
전체 삼천 준마보다
엘벡 쾨게 갈잔 준마가
사자 같은 흰 가슴만큼 더 비약하여

---

74 텍스트의 '이끌며'(эңкʌзх)는 칼미크어 사전들이나 연구서에서 다루지 않은 형태. эңнх '대오를 이루다, 열을 짓다'의 반복형 эңнʌзх의 오식일 가능성이 있다고 보고 일단 위와 같이 옮겨두기로 한다. 두게르수렝(2000: 25)은 자음 ʌ를 어두에 첨가하여 '비틀거리고'(Дэнхэʌзээд)로 새겼다.

시케를뤽을 따라 내려가기 시작했네.
조 잔단 강을 따라 들어갔네,
대단한 쾨케 갈잔이
뒤에 있는 삼천 용사로부터
벗어나고 싶었네.
바윗돌 같은 발굽이
빠져 달아나가도록 발을 구르고,
판금 은제 재갈이
휘도록 비약하고 있었네.
위용에 빛나는 붉은 홍고르가
가죽끈 흰 고삐를
놓지 않고 가네.[75]
타직 잔단 강을
따라 들어갔네.
가죽끈 흰 고삐를
놓아 버렸네.[76]
아름다운 노랑 얼룩무늬 안장방석[77]의 뒤를
헤아릴 수 없이 두드리고 갔네.

---

75 말의 주행 방향, 속도 등을 고삐로 제어하면서 가는 모습.

76 말이 앞만 보고 최대 속도로 달릴 수 있도록 고삐를 느슨하게 잡고 가는 모습.

77 텍스트 олнцг(ин)은 사람의 몸과 옷을 발걸이 끈과의 마찰로부터 보호하기 위한 물건이자 치레거리로 안장에 고정시킨 모전 혹은 가죽 방석의 일종으로 көвцг 또는 көвчг의 동의어 혹은 거의 유사한 기능의 물건이므로 『장가르 2』에서는 "안장방석"으로 옮겨 보기로 한다.

대명천지 밝은 날에[78]
빛나는 황금 먼지를
뒤따르는 삼천 용사가
버려 버렸네. (먼지는)
문을 가진 것들의 아래로,
지붕창 가진 것들의 위로 뻗어 갔네.[79]
주군 성주의 바깥으로 둘러싼
십만[80] 여러 중생이
밑에서 떠드는 것이네.
"시케를뤽 쪽 초원에서
유리 같은 붉은 먼지가 올라왔다,
시르케의 (아들) 홍고르[81]의 먼지일 것이다"
하고 떠드는 것이네.
준마 중에 멋진 쾨케와
사람 중에 멋진 홍고르가
닿아 왔네.
퀴지 잔단 궁장 뒤편으로,
웅성거리는 여러 대궐 하인들의 마을 앞 편으로,

---

78 '밝디 밝은 흰 날의 몸에는'(Гев-гегэн цаhан өдрин бийднь)은 마치 '날, 낮'이 유형의 것인 양 표현하였다.

79 이 두 행은 3천 군마가 달리며 일으키는 먼지를 연도의 게르들(집들)이 문 밑으로 (Үүдтин дорahур), 지붕창 위로(Өрктин деегүр) 뒤집어쓰는 장면을 묘사한 듯하다.

80 여기서는 '십만 여러 중생이'(Бум олн-эмтн)이지만 2-1-627, 632, 644 등에서는 '봄바의 여러 중생이'(Бумбин олн-эмтн).

81 또는 시르케 고장을 영지로 가진 홍고르.

쾨케 갈잔 준마를 보아하니
방목장에서 (충분히 쉬고 있던 것을) 붙들어 탄 모양으로
기운 넘치는[82] 모양으로 가네.
함 속에 있는 동안에도
일곱 개의 해의 빛을 누를 만하고,
함에서 나오면
따사로운 해의 빛을 누를 만한
찬란한 황금 둑의 그늘에서
번쩍거리는 쾨케의
청동 은제 발걸이를 잡아 벗겼네.
웅성거리는 여러 대신의 아들들이
신성한 은제 후릿고삐를 잡으려 다투었네.
모루 같은 은제 안장가리개에
가죽끈 흰 고삐를
당겨, 쉰두 번을 감아,
오천만 번을 끄덕거려 잡았네.
긴 베개 모양 황금 안장방석에서
꼬아 만든 은제 지달[83]을 빼어 잡았네.

---

82 텍스트 Базадгсн의 어간 базад-는 칼미크어 사전들이나 연구서에서 확인되지 않아 일단 위와 같이 짐작으로 옮겨보기로 한다. 두게르수렝(2000: 25)은 이 부분을 '동류(同類)에서 이제 막 붙들어 탄 것처럼 진정하지 못하고 가네.'(Ижлээс нь дөнгөж бариад унасан мэт, Тогтож ядан явна.)라고 옮겼으나 근거에 대한 설명은 베풀지 않았다. 볼드들(2008: 208)에 의하면 할하몽골어의 базаадах는 '당황하여 닥치는 대로 움켜잡다'(Сандрахдаа тааралдсан зүйлээс шүүрэн атгах)이다.

83 텍스트는 чөдр. 말이 함부로 뛰어 달아나지 못하도록 두 다리, 세 다리, 또는 네 다

지달로 세 다리를
당겨 지달을 씌우도록
연이어 팔천 번 발을 굴렀네.
신성한 은제 후릿고삐를
반대편으로 늘어뜨리고
앞 갈기로는[84] 달과 해와 함께 놀고,
털이 복슬복슬한 (네 발굽으로는) 남섬부주를 끓어오르게 했네.
봄바의 여러 중생이 떠들었네.
"어떤 암말의 망아지가
이렇게 근사하게 되는 것일까?
어떤 사람의 아들이
이렇게 멋있게 되는 것일까?" 하고
봄바의 여러 중생이 웅성거렸네.
너른 흰 비제의
아름다운 흰 소매를
어깨의 튀어나온 흰 물렁뼈 쪽으로
펄럭이게 던져 넘겼네.
모루 같은 흰 투구를
바른쪽 관자놀이에
알게 모르게 흔들거리게 하고

리에 씌우게 되어 있는 고리. 『蒙語類解』「鞍轡」의 "絆 지달 ○ 치둘" 참조. 몽. čidür(치두르); 할. чөдөр(추두르).

84 텍스트는 Саңсаһарн. 2-2-53, 2-5-74, 2-9-124의 형태로 미루어 Саңнаһарн '앞 갈기로는'의 오류.

에르웽이라고 하는 킬렉의 소매에서
끝마다 명중력 있는
곧은 열 개의 흰 손가락이
살짝 나왔네.
봄바의 여러 중생이 말하네.
"시케를뤽의 해(太陽)가 틀림없다."
오는 해[85]에는 풀어,
돌아가는 해[86]에는 가위 날을 댄,
숱 많은 검은 고수머리가
노랑 얼룩무늬 로브차[87]의 깃을 때리고
소리 나게 흔들리며 가네.
다섯 살짜리 불친 낙타도 놓칠 만한[88]
두 개의[89] 붉은 등마루 사이에서
머리 집[90]에 든 검은 땋은 머리가 채찍질하며 가네.

---

85 '오는 해'(Ирү жил)는 람스테트(1976: 210)에 의하면 칼미크 몽골어의 irǖ džil은 '길한 해'(ein günstiges jahr). 두게르수렝(2000: 26)에서는 '오는 해'(Ирэх жил)로 옮김.

86 '돌아가는 해'(Хәрү жил). 두게르수렝(2000: 26)에서는 '돌아가는 해'(Харих жил)로 옮김.

87 로브차(лувц)는 갑옷의 일종.

88 다섯 살짜리 수 낙타는 다 자라 몸집과 힘이 대단히 크고, 세다. 그런 큰 낙타도 놓쳐 안 보일 만큼 사람의 어깨, 등판이 넓다는 뜻으로 보인다.

89 텍스트는 Хошин. 토다예바(1976: 462)는 호숀(хошун)(светло-желтый; желтватвй)으르 읽고, хошун улан зооhин хоорнд를 예문으로 들면서 '노랑-붉은색 척추 사이에'(между желто-красных позвонков)라고 새겼다.

90 텍스트는 ховд. 칼, 활촉, 붓 같은 것을 담는 통(갑, 집). 땋은 머리(변발)의 어느 부분을 넣어 가지런히 하는 물건인 듯.

계속 꿈틀대는 목 정맥 부근에,
둥근 귓불에
특별한 한 냥 황금 고리에 달린
거울 같은 보석 진주 귀걸이가,
가만있지 않고, 십만의 하나로[91] 흔들리며,
대단히 붉은 뺨을 때리고,
번쩍거리며 가네.
"뒤에서 보면,
시방의 악랄한 것들이
스스로 굴복할 만하고,
앞에서 보면
번성한 여의보주의 모습을 한,
어깨[92]가 일흔한 길"
이라고들 이야기하네.
일흔두 마리 가루라 새의 힘이
교차하는 것이네.
허리로는 쉰다섯 길
사나운 악마의 힘을 완벽하게 갖춘 것이네.
한가운데로
천한 임캐[93]만큼

91 텍스트는 бумин негэр. 정확한 뜻은 알 수 없으나 '십만 번을 한 모양으로' 정도 되지 않을까 짐작해 본다.

92 주걱뼈 부위의 어깨(дал)를 가리킨다.

93 텍스트는 имкэ. 할하몽골어 얌흐(ямх)는 약 32mm에 해당하는 거리, 길이. 볼드들

타고 가며 놓치고
흔들리는 것이네.[94]
조개처럼 흰 이는
도나 거리[95]에서부터 반짝거리고,
사랑스러운 붉은 앞머리는
한낮보다 빛나고,
완벽한 눈은 반짝거리며,
독수리 같은 낮은 코는 높아져,
갈단 샤라 라마의
가샤이라는 이름의 저택을 향해 나아갔네.
소리 없이
칠천 번을 절하고
격렬하게
팔천 번을 절하고
갈단 샤라 라마의
손에 머리를 대 축복을 받고
모래 가운데 자란
뻗어 오른 백단향나무 버드나무 모양으로 흔들리면서
주군 성주(가 계신 곳)를 향해 나섰네.

(2008: 3263)에 의하면 손가락의 첫마디에서 손가락 끝까지, 혹은 팔을 두 번 벌린 길이의 100분의 1. 따라서 1,001임캐는 대략 32m.

94 이 네 행의 정확한 의미는 불상.

95 도나(дууна)는 1,067m에 해당하는 거리이고, 현대생활에서는 대략 1,000m의 대용으로 사용되기도 한다. 어원을 '소리가 들리는 거리'로 생각하는 사람들도 있다.

사랑하는[96] 홍고르가 닿아 오자
명성도 자자한 성주를 둘러싼
칠만(七萬), 칠 억에 이른
명성 자자한 여러 중생이
도나 거리에서부터 부딪히며
떠들며 일어나 갔네.
일흔 대신을 누르고,
열 대신을 밟고,
영예로운 통치자 성주께 새해 인사를 받들고,
그 가락으로 흔들거리며 나아가,
샤브달에게 새해 인사를 받들었네.[97]
그 가락으로 흔들거리며 나아가,
마흔네 개의 다리를 가진
둥근 은제 보좌의
밑에 구석을 누르고 앉았네.
모루 같은 은제 투구를 벗어
둑[98] 같은 은제 고리 위에 놓았네.

---

96 텍스트는 Дурта. 비트케예프들(1990b: 475, 주22)에서는 дурал '사랑, 좋음'.

97 텍스트 자체는 '방향 가운데서 비틀거리고(Аю дунднь hаңхад), 샤브달 안에서 새해 인사를 받들었네.(Шавдл дунднь цаhа бәрв)'이다. 토다예바(1976: 198)는 이와 유사한 аю тал hаңхад Шавдл дунднь цаhа бәрв라는 예문에서 '샤브달과 친구들에게 눈길을 돌리고 동아리에게 흰 것(유제품)을 선물했다'(направил взор в сторону Шавдл и других и совершил круг подношения белого (т. е. молочного продукта))로 새겼다.

98 텍스트 Туг은 '둑(纛)'. 비트케예프들(1990b: 475, 주23)은 Дурта — туг (дүг)

"사원의 여러 라마와,
온 세상의 여러 임금과,
주군 성주의 밝음과,
모든 부중이
모두 건강하고 평안하며 안녕하소서!" 하고
용력 넘치는 붉은 홍고르가
혈색 좋은 손가락을
번쩍거리며 있네.[99]
왼편의 선두에서
꿈풀이 통치자 귐베가
"이리로, 홍고르!" 하고 불러 잡았네.
왼쪽 무릎 위를 잡고,
왼뺨에 입 맞추고,
오른쪽 무릎 위를 잡고,
오른뺨에 입 맞추고,
껴안고 있었네.
백 나라를 멈춰 세울 만한

мөңгн — дуһу бәәдлтә мөңгн이라고 하였다. '좋아하는/사랑하는 — 톡 (뒥) 은 — 둥근 모양의 은'이라는 뜻인데 Дурта가 조금 난데없고, туг (дүг)이 '둥글다'를 뜻하는지도 의문이다. 바르다예프들(2004: 707~708)의 칼미크어-러시아어 사전은 төөрүл이라는 항목에서 이 대목과 흡사한 дөш мөңгн дуулхиг туг мөңгн төөрүл деер тальвб을 예문으로 들고 '그는 자신의 튼튼한 투구를 순 은제 고리 위에 놓았다(он положил свой твёрдый серебряный шлем на круг из чистого серебра)'고 풀이하였다. 그렇다면 туг을 '순(純)'으로 옮긴 폭이다.

99 축원을 올릴 때 하는 손동작일 수도 있다.

의지에 찬 홍고르.
여섯 나라를 파괴할 만한
능력이 있는 홍고르.
'잡아라!'고 한 것을 잡고,
폭발하듯 공격하는 홍고르를,
영예로운 통치자 성주께서,
'조심해서 다녀라'고 하셨네.
퀴르민 임금의
살대의 노랑 살촉의 끝이
으스러뜨리는 소리를 내며 올 때
길고 흰 강철 검을
어깨[100] 위로 던져 올리고,
'어느 진(陣)으로 들어갈까, 내가?
어느 진으로 나갈까, 내가?' 하고 다니는,
앞에 있는 붉은 홍고르를,
'조심해서 다녀라!'고 하셨네,
주군 통치자 성주의 자리가 움직이며,
미소 지으며 계셨네.
꿈풀이 귐베의 왼쪽 겨드랑이에
왼편의 일원인 홍고르가 앉았네.
"오른편을 이끄는 사람은

100 빗장뼈 부위의 어깨.

누구인가?" 하게 되면
용사 봄바의 나라에서
지혜로 빼어난
바인 뎅케의 (아들) 알탄 체지가
이끌고 앉았네.
그의 바로 다음에 앉은 것은
용사 봄바의 나라에서
조언자로 뛰어난
퀄렉의 아들 몽흘라가 앉네.
그의 다음에 앉은 사람은
누구인가 하면
용사 봄바의 나라에서
점쟁이로 뛰어난
보사드 알다르 임금의 아들
보르 망나가 앉네.
그로부터 시작하여,
열일곱 보동이
동아리를 이루고 앉네.
용사 성주의 오른편, 왼편의 대신들이
문까지 칠만(七萬)으로
동아리를 이루고 앉는데,
"왼편을 이끄는 사람은
누구인가?" 하면
꿈풀이로 뛰어난

꿈풀이 통치자 굄베가
이끌고 앉았네.
그의 바로 다음에는
용사 봄바의 나라에서
담대함으로 뛰어난
용력 넘치는 붉은 홍고르가 앉았네.
그로부터 시작해
열일곱 보동이 동아리를 이루고 앉았네.
왼편의 대신들은
왼쪽 문까지
칠만으로 동아리를 이루고 앉았네.
당겨 버린
부드러운 비단 휘장 앞에
영예로운 통치자 장가르가 앉네.
남긴 머리[101]에서 쿼지 향내가 퍼져 나오고,
목 부위에서는 참외 냄새, 향 냄새가 퍼져 나오고
이마에서는 미륵불의 빛이 퍼지고,
숫구멍에는 쫑카와[102]의 빛이 퍼지고
정수리에는 오치르 와니[103]의 빛이 퍼졌네.

101 땋은 머리(辮髮)에서 앞머리와 좌우에 남겨 놓은 부분. 땋은 머리 전체를 가리키기도 한다.

102 16세기 말부터 칼미크를 비롯한 몽골 사람들의 주된 신앙이 된 티베트 겔룩바 불교, 속칭 황모파(黃帽派) 불교 또는 황교(黃敎)의 창시자 쫑카바(1357~1419).

103 금강수보살(金剛手菩薩) (〈 산. Vajra-pāni).

꿈 같은 성주의 왼편 겨드랑이에
열일곱 보동의 위편에
지는 해의 자리 쪽에서부터
오록 욘돈 산의 이쪽 편에서부터 모셔 온
퀴슬렝태 퀴지 잔단 임금의 딸[104]
세 살 나이의 샤브달[105]이 앉네.
치렁치렁한 겨드랑의 두 갈래 머리는[106]
한 아름을 가득 채우고도 남고,
여덟 개의 긴뼈와[107]

---

104 비트케예프들(1990a)이 편찬하여 유원수(2011)의 『장가르 1』로 나온 엘랜 오블라의 10마당에서는 장가르의 아내 샤브달은 놈 퇴게스 임금의 딸이었다.

105 세 살 나이의 샤브달(Һунхн наста Шавдл)은 비트케예프들(1990a)이 편찬하여 유원수(2011)의 『장가르 1』로 나온 엘랜 오블라의 10마당에서는 장가르의 아내 샤브달이 16살이었다. 2-3-583의 Һунхн Улан Шовшур гиж нер өгв(공한 올란 쇼브쇼르(세 살 박이) 멧돼지)라고 이름을 지어 주었네)로 미루어, Һунхн наста(세 살 박이)는 나이가 아니라 이름의 일부 혹은 별명일 가능성이 있다. 몽골계 민족들은 아이의 이름을 세 살 박이(망아지, 송아지, 낙타, 멧돼지)라고 짓는 경우가 흔하다. 아마도 건강하게 잘 자라난, 그러나 귀엽고 천진한 모습을 간직하고 있는 상황을 연상케 하는 이름이 아닌가 한다.

106 텍스트 Сумбл сүүhин хойр үсньに 대한 우리말 번역 '치렁치렁한 겨드랑의 두 갈래 머리는'에서 '치렁치렁한'은 сумбл이 칼미크어 사전들이나 연구서에서 확인되지 않아 주해자가 지어 넣은 것이다. 람스테트(1976: 339)는 이 행을 die zwei langen(?) flechten (der königin), 즉 '(그 왕비의) 두 갈래의 긴(?) 땋은 머리'라고 옮겨 그 역시 Сумбл сүүhин에 대해 짐작만 할 따름이라는 것을 알 수 있다. 한편 두게르수렝(2000: 30)은 '꽂을대가 곧바른 두 머리칼은'(Сүмбэн шулуун хоёр үс нь)이라고 옮겼는데 Сумбл сүүhин을 '꽂을대(처럼) 곧바른'(Сүмбэн шулуун)으로 본 이유에 대해서는 설명을 베풀지 않았다.

107 텍스트 Совдл нәәмн чимгнләнь에서 совдл은 칼미크어 사전들이나 연구서들에서 확인되지 않고 다른 몽골어계 언어들의 사전들에서도 비슷한 형태를 찾을 수 없다. 비트케예프들(1990b: 475, 주24)은 행 전체를 '마디로 느슨한 8대의 긴뼈'(үйәрн

휘감기어 있네.
부드러운 비단 철릭을
허리에 감았네,
나르민[108]이라는 이름의 라브식을 걸쳤네,
일왕[109]이라는 이름의 할왕 모자에
달완{달왕}[110]이라는 이름의 술이
어깨의{찬란한}[111] 빛을 거느리고 있네.
어둠 속에서 잘랐지만 비뚤어짐이 없네,
소매 속으로 바느질했지만 흠이 없네,
그녀의 통찰력에는 틀림이 없고,
그녀의 편안한 살핌에 사람들은 기뻐하네.
계속 꿈틀거리는 목 정맥 부위에
둥근 귓불에
칠천 호 값이 나가는
특별한 한 냥짜리 황금 귀걸이에서
돌리라는 이름의 귀고리가

сулхн нәәмн чимгн)라고 주석하여 이를 '마디로 느슨한' 혹은 '마디마디가 느슨한'으로 새긴 것처럼 보인다. 두게르수렝(2000: 30)은 '진주(로 된) 8개의 장식들과는'(Сувдан найман чимэглэлтэй нь)이라고 하여 문제의 совдл을 '진주'로, чимгн은 '장식'으로 읽은 것을 볼 수 있다. 근거에 대한 설명은 베풀지 않았으나 뜻이 더 잘 통하는 것 같기도 하다. 정답을 찾을 때까지 совдл에 대한 번역을 일단 비워 두기로 한다.

108 뜻은 확인되지 않는다.

109 뜻은 확인되지 않는다.

110 텍스트 Далвң은 칼미크어 사전들이나 연구서에서 확인되지 않는 형태로 '넓은, 큰'의 뜻이다.

111 텍스트 Далын '어깨(빗장뼈 부위)의'는 Долвң '찬란한'의 오류일 가능성이 있다.

칠천 번을 철썩대고
팔천 번
커다란 벼랑 같은
몹시도 붉은 뺨을 때리고
반짝거리고 있네.
고른 마흔 개의 흰 이빨에,
나긋나긋 흰 열 손가락에,
봉숭아 같은 붉은 입술에,
머우 공작새 같은 머리에,
여든두 지혜와 모범[112]이 아주
분명하게 완정(完整)된
다법의 아름다운 목소리를 가진
유일한 장가르의 하탄이
머리를 끄덕이며 앉네.
쿤가의 여러 중생이
와글와글 이야기했네.
'여러 중생을 지배해 마땅한
전생의 축복으로 만난
공주와 통치자라는 것은 이것이다!' 하고
이야기했네.
토손[113] 태생의

112 여든두 가지 지혜와 모범이 무엇인지는 미상.

113 이름이 샤라(노랑)인 어느 책임자의 출신 지역이나 부중(部衆)의 이름인 듯. 그런

마시 말의 (아들) 샤라 두목이
서른다섯 마리 가라 간자 씨수말을 역마로 몰고
톨락이라는 이름의 통[114]을 가지고
톤지르라는 이름의 강의 상류에 있는
수없이 많은 백성 가운데서
증류하는 이들을 증류케 하고
거드는 이들을 거들게 해
톨락이라는 이름의 통을 채웠네.
두 개의 쟁쟁(錚錚)한 은 마개로 막고
용사 봄바의 궁장을 향했네.
서른다섯 마리 검은 간자 씨수말이
당당하게[115] 왔네.
흥분한 여러 중생과
혼잡한 여러 대궐 하인들의 마을을 돌아
성주의 대문에 닿아 왔네.
튼튼한 백단향나무 문지방을 넘길 수 없어
서로서로 보며 서 있었네.

데 아버지의 이름이 마시 말(대단히 아마유(亞麻油))이라는 것과 결합하여 고의적인 우스개처럼 들린다.

114 텍스트 бедр는 러시아어 ведро의 차용일 가능성이 있다.

115 텍스트 Чивчхлзж는 чив-, чивчх-, чивчхлз- 모두 칼미크어 사전들이나 연구서에서 확인되지 않는다. 바르다예프들(2004: 901)의 чивэх '가라앉히다', чивх '가라앉다' 모두 완결(-чих-), 반복(-лз-)의 의미를 더하여도 어울리는 뜻을 생각해 내기 어렵다. 비워둘 수는 없어 일단 두게르수렝(2000: 31)의 할하몽골어 번역 Жавхалзаж '당당하게 움직여, 우아하게 움직여'를 옮겨 둔다.

그러다
애트의 (아들) 열다섯 살 난
장사(壯士) 사날이라는 통치자가
보석을 박은 뷔시뮈드의 소매를
팔꿈치까지 걷어붙이고
달려가 힘을 쓰기[116] 시작했네.
톨락이라는 이름의 통을
돌린 것이네.
두 개의 마개를 뽑고,
한 겨드랑에 끼어 잡더니
자신의 강한 붉은 무릎에도 대지 않고
용사 성주의 곁에 들였네.
일곱 살 먹은 도니 게렐과
다섯 살 먹은 탕삭 게렐이
술잔을 받들었네.
주군으로부터 시작해
한 순배를 돌리고 왔네.
다시 다섯 순배를 돌렸네.
왼편의 여러 대신이
자신들의 절따말을 칭송하고

---

116 동사 теркд-는 칼미크어 사전들이나 연구서에서 확인되지 않는 형태. 형용사 теркә '강력한, 진정되지 않는'의 전성동사로 보고 위와 같이 새겨둔다. 두게르수렝(2000: 31)의 тэрхдэж의 тэрхдэх 역시 할하몽골어 사전들에서 확인되지 않은 형태.

오른편의 여러 대신이
자신들의 성주를 다투어 찬양했네.[117]
"붉게 타오르며 오는
자나무[118]의 붉은 들불을
두려워 말자!
흘러서 오는
장긴 하라 바다를
두려워 말자!
퍼부어 오는
퀴르민 임금의 도검의{살대의}[119]
노랑 살촉의 끝을
두려워 말자!
세월과 나이를
창끝에 절하고 드리자!
헌신과 기쁨을
오직 정복되지 않는 성주에게만 드리자!"
주군 성주의 곁에서

---

117 텍스트에서는 다음과 같이 각행의 첫 운이 З와 З, Б와 Б로 압운하는 것이 뚜렷하다.
Зүн (талк) олн сәәдүд 왼편의 여러 대신이
Зеерд-юуһан магтлдад, 자신들의 절따말을 칭송하고
Барун (талк) олн сәәдүд 오른편의 여러 대신이
Богд-юуһан буульлдад 자신들의 성주를 다투어 찬양했네.

118 텍스트 자(заа)는 중앙아시아 건조초원에 자라는 키 작은 나무. 학명은 Saksaul, Haloxylon.

119 11-740에서처럼 мөсин '살대'일 경우 좀 더 자연스러울 듯하다.

성주의 서른다섯 보동이
성대한 붉은 아르자 술잔치를 벌였네.
그러다가
위용에 빛나는 붉은 홍고르가 주정을 했네.
"황금 물린 둑[120]의 대좌(臺座)[121]에,
공평무사한 성주의 곁에,
열두 전사 가운데,
위용에 빛나는 붉은 홍고르라고 하면
나의 쾨케 갈잔을 이길
준마가 없다고!
이 몸을 이길
단 한 명의 좋은 태자[122]
왕자도 없다고!
나의 쾨케 갈잔에게

---

120 『장가르 1』에서는 '기, 깃발' 등으로 옮긴 칼미크어 туг을 『장가르 2』에서는 '둑(纛)'으로 옮기기로 한다.

121 『장가르 1』에서는 '바닥' 등으로 옮긴 칼미크어 йозур를 『장가르 2』에서는 '대좌(臺座)'로 옮기기로 한다.

122 텍스트 тәәж는 두 가지 가능성을 갖고 있다. 하나는 한어(漢語) 태자(太子[tàizi])에서 유래하며 우리말의 태자와 같은 개념으로 할하몽골어에서는 타이즈(тайз)로 표기된다. 다른 하나는 청대 한문 자료에서 臺吉[táijí]로 표기되는 형태로 칭기즈칸과 그 남자 형제들의 남자 후손들로서 전근대 시기 몽골 사회의 귀족 계급을 구성하는 인물들을 가리키며 할하몽골어에서는 тайж로 표기된다. 『장가르 1』에서도 칼미크어 형인 "태제"를 노출시키지 않고 "태자"로만 적었는데 후자, 즉 臺吉[táijí]일 가능성도 무시할 수 없어 보인다. 왜냐하면 『장가르』가 형성되고 활발하게 연창될 무렵 臺吉[táijí]은 몽골계 민족들 사이에서 널리 알려진 칭호였을 것이기 때문이다.

따라잡히지 않고 이길 준마가 있으면,
가리켜 달라고!
나의 사내다운 몸에 잡히지 않고
이기고 갈 사내가 있으면
가리켜 달라고!
안 가리켜 주어 버리면
너의 아르츠타 잔단 산을 뽑아 버리고,
알탄 체지라는 네 이름을
단절시켜 버린다고, 내가!"라고 했네.
그러자
알탄 체지가 말했네.
"지는 해의 자리 쪽에서
오록 욘돈 산의 이쪽 편에서부터
오트 차간의 사자(使者)
올린 샤라 비르멘[123]이 접근해 온다.
'위용에 빛나는 붉은 홍고르를
황금 물린 둑의 대좌에서부터,
열두 전사 가운데서,
목에는
사람이 감당할 수 없는 사슬을 채우고,

---

123 텍스트 бирмн '악령, 적' 〈 몽. biraman '바라문, 브라흐만' 〈 산. brahman '바라문, 브라흐만'. 그러나 할하몽골어의 бярман(바라문, 브라흐만)에는 부정적인 뜻이 없는 듯하다.

팔다리를 가죽으로 싸서 묶어,[124]
쾨케 갈잔의 꼬리에다 매달아
끌고 돌아가겠다!'면서 돌아다닌다"(고 했네.)
위용에 빛나는 붉은 홍고르가 말했네.
"찾아 돌아다니는 붉은 홍고르라고
시케르 바다에서
아이들과 부인들의 축제가 열려서,
팔다리를 가죽으로 싸서 묶게 하고 있느니[125]
'사내대장부의 죽음은
아무도 없는 광막한 황야에서'라고 한다"고 하고,
길들지 않은 암말들의 젖이 푸진 붉은 아르자를
일흔두 잔을 때리고[126]
기도깃발 같은 흰 문을
어깨 위로 넘겨 던져 버리고 나왔네.[127]
푸른 간자 준마가
청동 은제 발걸이를 주고 (흥분해) 떨었네.
튼튼한 황금 신발바닥이 닿자마자
마법의 한 모둠발로 갔네.

---

124 죄수, 포로가 도망가지 못하도록 팔을 몸통에 붙이고, 다리도 모으도록 하여 목 아래 부분을 가죽으로 말아 묶어 두는 형벌로 감금 방법의 일종. 타인의 도움 없이 도망을 치려면 자신의 몸을 굴려 가는 수밖에 없다.

125 '아이들, 부녀자들의 놀이 감이나 되어 주느니' 혹은 '아이들과 아내에게 속박되어 사느니' 등으로 추측되나 정확한 의미는 미상.

126 즉, 마시고.

127 (거적문이나 발과 같이) 들치고 드나드는 모습을 연상하기 바람.

오른쪽 재갈을 당기고 나갔네.
봄바 바다라고 하는 바다를
안개처럼 자욱한 먼지로 누르고 건넜네.
알던 여든두 강을 건너갔네.
날랜 쾨케로
윈데르 차간 산의 궁장으로
위로 올라갔네.
앞쪽을 보네.
아무것도 보이지 않네.
쾨케 갈잔 준마를
진정시켜 버리고 앉네.
다시 잠시 앉아 버렸네.
그러고 있을 무렵
지는 해의 자리 쪽에서
힘센 준마의 먼지가 올라왔네.
'이것이 무슨 먼지인가?' 하고
보고 있자니
왼쪽 재갈을 누르고,
왼쪽 무릎 위로 눌렀네,
오른쪽 재갈을 구부려,
오른쪽 무릎 위로 잡고,
사자 같은 노랑 얼룩무늬 준마가
사자 같은 흰 가슴께로 구부리고
흥분해 달려가네.

위용에 빛나는 붉은 홍고르가
올란 쾨케 위에
비껴 앉아서 불렀네.
"백 나라의 여행자인가?
여섯 나라의 간첩인가?
고삐를 당겨라,[128] 소년이여, 인사를 나누자!"고 말했네.
노랑 얼룩무늬 준마의
오른쪽 고삐를 돌려 당아 왔네.
"내 (전할) 말이 급하고,
내 용무가 긴급하다.
어서 말하라!" 하고 왔네.
"타고 다니는 쾨케 갈잔 준마가
내 (말들의) 빛깔이네.
씨수말과 함께 열일곱 마리 준마들이
(말 떼에서) 벗어났네.
먼 고장에서부터 다니는 형, 그대가
어렴풋하게나마 보았나, 어쨌나 하고
불렀네, 내가." 하고 말했네.
"이 봄바의 나라에서
말 떼로 핑계를 대는
이 무슨 어리석은 녀석인가?" 하고 꾸짖었네.

---

128 말을 멈춰 세워라!

"(전할) 말은 급하고, 용무는 긴급한
무슨 사연이 있는 사람인가?" 하고 홍고르가 물었네.
"지는 해의 자리 쪽
오록 욘돈 산의 이쪽 편에 있는
오트 차간의 사자
올린 샤라 비르멘이다, 나는.
'황금 물린 둑의 대좌에서부터
공평무사한 성주의 곁에서부터
위용에 빛나는 붉은 홍고르에게
난봉꾼 백 명 속에서[129] 목에다
사람이 감당할 수 없는
사슬을 채워
끌고 돌아가겠다!' 하고 다닌다, 나는."
위용에 빛나는 붉은 홍고르가
목이 메어 웃었네.
올린 샤라 비르멘이 물었네.
"우는 까닭을 알게 하라,
웃는 까닭을 물어라 했다.
부리며 있는
나의 오트 차간을 가지고 조롱하는 거냐, 네가?
부림 받아 다니는

129 텍스트는 Аля зүн дундань.'하잘것없는/쓸모없는/방탕한 그의 친구 백 명이 (지켜보는) 가운데'.

올린 샤라 비르멘
나를 조롱하는 거냐?"고 말했네.
"부리고 있는
네 오트 차간을 가지고
조롱하지 않았네, 나는.
부림 받아 다니는
너를 가지고도
조롱하지 않았네, 나는.
황금 물린 둑의 대좌에서부터
위용에 빛나는 붉은 홍고르를
잡는다고 하니
네 턱과 머리는
어째서 안 떼어 놓고 가는지[130]
해서 웃었네, 나는."
올린 샤라 비르멘이 말했네.
"타고 다니는
네 쾨케 갈잔 준마가
위용에 빛나는 붉은 홍고르의 준마라고
착각되니 어찌한다?
네 몸이

---

130 턱과 머리를 떼는 것은 사냥감이나 가축을 도살, 손질하는 초기 과정 가운데 하나. 따라서 턱과 머리가 분리된 존재는 이미 죽은 자를 뜻한다. 홍고르에게는 비르멘의 기도가 마치 죽은 놈이 산 사람을 잡겠다고 설치고 돌아다니는 것처럼 어처구니도 없고 실현할 수 없는 기도로 보여 비웃은 듯하다.

봄바의 붉은 홍고르라고
착각되니 어찌한다?" 하고는 제 말을 끌고 출발했네.
"말 떼를 찾아 헤맨 소년이
필요하면
데려가 주어라!" 하고 따라갔네.
"위용에 빛나는 붉은 홍고르를
찾게 되면
공평무사한 성주의 곁에 있다.
홍고르라고 어떻게 알겠는가, 내가?" 하고
놔두어 버리고,
성주(聖主)의 궁장을 향해 떠났네.
속으로 칠만 가지 자신감이 더해져
하싱 쾨케 갈잔 준마를 뒷다리에 채찍질을 해
올린 샤라 비르멘의 뒤로 들어갔네.
되실겐에서 아랫다리(에) 쾨케가
발걸이를 연결해 주었네.[131]

---

131 텍스트 Дөшлһндњ дәвүр Көк [줄바꿈] Дөрә холвад өгв에서 дөшлһндњ의 어기(語基)에 해당하는 дөшлһн은 칼미크어 사전들이나 연구서, 다른 몽골어계 사전들에서 확인되지 않는다. 그래서 다음 행까지 어떤 목적의 어떠한 행위가 일어났는지 불분명하다. 일단 문자 그대로 옮겨 보기로 한다. 이 대목을 키치코프(1999: 94~95)는 '그리고 노련한 쾨쾨 갈잔(푸른 간자말)이 (적을) 따라잡아 [줄바꿈] 발걸이를 나란히 하고 달렸네.'(И бывалый Кёкё-Галзан, [врага] настигнув, [줄바꿈] Стремя в стремя бежал.)로 옮겨 우리의 Дөшлһндњ дәвүр가 '그리고 노련한'(И бывалый)으로 녹아든 것을 볼 수 있다. 두게르수렝(2000: 35)의 '오르막에서는 다위오르(안장 방석과 말 탄 사람의 오금 언저리)에 후흐(푸른 말)가 [줄바꿈] 발걸이를 연결해 주었네.'(Өгсөхөд нь давиур Хөх [줄바꿈] Дөрөө холбоод өгөв.)에서는 Дөшлһндњ이

주걱뼈 부위를 빛에[132]
일흔두 번을 때리고 갔네.
겹겹이 입은
일흔 겹
다르위[133] 노랑 얼룩무늬 올와[134]의
일흔두 개 황금 단추가
풀어지도록 때렸네.
날랜[135] 쾨케는
일흔두 번 겅중거려 지나갔네.
올린 샤라 비르멘이
위용에 빛나는 붉은 홍고르를 엄습하여,
주걱뼈 부위를 빛에
일흔두 번을 때리고 갔네.

'오르막에서는'(Өгсөхөд нь), дэвүр가 '다위오르(안장방석과 말 탄 사람의 오금 언저리)'(давиур)로 새겨진 것을 볼 수 있다. 세 번역 모두 석연치 않다.

132 텍스트 Дальннь герлд(주걱뼈 부위를 빛에)와 이어지는 Далн хойр дарад одв(일흔두 번을 때리고 갔네)에서 герлд(빛에)는 뭔가 어울리지 않거나 불충분한 요소로 보인다. герл-д를 '밝은 데서, 빛 속에서'로 옮길 여지도 없지 않으나 이 역시 충분해 보이지 않는다. 같은 표현이 2-2-283, 2-2-294에서도 발견된다.

133 텍스트 дарви는 칼미크어 사전들이나 연구서, 다른 몽골어계 언어들에서 확인되지 않는 어휘. 두게르수렝(2000: 36)의 Далбан(예복)은 근거를 알 수 없음. 2-1-1580에서는 дарвис, 2-2-287에서는 дэрв의 형태.

134 올와(улв)는 뾰족한 무기로부터 사람을 보호하기 위한 목적으로 갑옷 아래 입는 양모 등으로 만든 조끼 모양의 옷.

135 텍스트 Далвзгсн은 칼미크어 사전들이나 연구서, 다른 몽골어 사전들에서 확인되지 않는 형태. 2-1-488, 950에 나오는, 역시 확인되지 않는 Дөлвлзгсн의 오류일 수 있음. 2-1-488의 주석 참조.

겹겹이 입은
일흔 겹
다르위 노랑 얼룩무늬[올와/로브차]의
일흔두 개 황금 단추가
벗겨지도록 때렸네.
일흔두 번 겅중거려 지나갔네.
가죽을 단단하게 감은 검은 채찍의
메뚜기가 끊어지도록 때렸네,
그림 같은 흰 이마를
육천 번을 서로 때렸네.
신성한 머리를
십만 번을 연달아 서로 치고받고,
노랑 강철 검이
꼬챙이가 되도록 때리고,
노랑 강철 검이
푸른 쇠가 되도록 때렸으나,
세 이레 스무하루를
승패를 가르지 못하고 있었네.
"어머니, 아버지가 만드신
민감한 흰 뼈를
까닭 없는 곳에다
바치지 말자.
오치르타한 윈데르 차간 산의
기슭에 바치자!" 하고

두 준마의 가슴 밑에서
옷을 벗어부쳤네.
타키 들말 가죽 바지를
오금까지 접어 올리고,
사슴 가죽 바지를
장딴지까지 걷어붙이고,
뷔케르 로당 비단 허리띠를
지혜와 영예의 허리[136]에 매고,
벗어 던진 몸은
네 살짜리 낙타의 모습을 하고,
우지끈 껴안고 잡으니
다섯 마리 망가스의 힘을 가진
위용에 빛나는 붉은 홍고르도 놀라 정신을 차리지 못하고 일어섰네.
올린 샤라 비르멘이
벗어 던진 몸은
가공할 몸을 가진 열두
해악의 무리를 누르고 일어섰네.
서로 좋은 틈을 얻지 못해,
서로 돌아가다가

136 '지혜와 영예의 허리'(Билг алдр таша)가 어떤 허리인지는 미상. 키치코프(1999: 96~97)의 Билег алдър таша талан бүсләд에 대한 '허벅다리에 강철을 매고'(Повыше бедра подпоясываться стали)에서도 Билег алдър таша가 무엇인지는 불분명.

서로 좋은 기회를 얻지 못해
서로 놓고 가네.
우지끈뚝딱 맞붙었네.
연달아 서로 들어 올리고,
미쳐 날뛰며 들어 올리고,
너 나 할 것 없이 발버둥치고,
세 이레 스무하루를
서로 이기지 못하고 있었네.
그러다가
올린 샤라 비르멘이
위용에 빛나는 붉은 홍고르를
불문곡직하고
거대한 은제 옆구리에[137]
신음소리 나게 잡고 갔네.
퀴켄 차간 산의 기슭에서부터
무거운 백단향나무 같은 발바닥이
번쩍이도록 때렸네.
푸르른 흰 바위가
부싯돌이 되도록 때리고,
사방의 바다가
흔들리도록 때리고,

137 텍스트는 Хаңгин мөңгн ташадан. 옆구리가 어떻게 은제(銀製)일 수 있는지는 의문이고, 은으로 만든 띠를 맨 허리가 아닐까 짐작된다. 혹은 은같이 빛나는 허리?

여든두 바다의 백단향나무가
흔들리도록 때리고,
날카로운 흰 통찰력이
안개가 되도록 때리고,
무거운 백단향나무 같은 머리가
혼이 나가도록 때리고,
모든 수단을 다 빼앗고,
열 개의 흰 손가락이
가는 대로 때렸네.[138]
굵은 흰 모래에
엎어 놓고
무거운 백단향나무 같은 머리가
일곱 척
아래까지 닿도록[139] 팔꿈치로 받치고
목에는 사람이 감당할 수 없는
사슬을 채워, 끌고 출발했네.
다시
잠깐 동안
끌고 갔네.
그렇게 가는데,

138 텍스트는 Арвн цаһан савринь [줄바꿈] Аю дахулад цокв. 비르멘의 열 손가락이 가는대로 홍고르를 때린 것인지, 홍고르의 열 손가락을 비르멘이 되는대로 때린 것인지는 사실 분명치 않다.

139 땅속에 박히도록.

용사 장가르의 고장에서
바깥 바다 고장으로
갈단 임금의 고장에 가서
동냥을 하러 다니던
갈기 없는 두 살짜리 조류 망아지를 탄[140]
고아 거지 소년이
홍고르를 끌고 가는 것을 보았네.
마음속으로 생각하였네.
'시르케의 (아들) 붉은 홍고르라는 사람을
본 것이 아니었던가, 내가?
남이 말하는 것을 듣지 아니했던가, 내가?
봄바의 붉은 홍고르와 같은 (사람인) 것인가?' 하고
이틀을 따라가며 소리 질렀네.
"머리에는 모자도 얹지 않은
다섯 살짜리 노랑 얼룩무늬 독수리를
어디서 끌고 가느냐? 놓아라!" 하고
고함치고 가네.
"잡으라고 한 것을 잡고,
폭발적으로 공격하는
종결자 노랑 얼룩무늬 독수리를

140 텍스트 Далвh уга кер дааhга에서 далвh은 칼미크어 사전들이나 연구서에서 확인되지 않는 형태. 이 행을 키치코프(1999: 98~99)는 '갈기 없는 두 살 난 조류말 위에'(На безгривой гнедой двухлетке), 두게르수렝(2000: 38)은 '지느러미도 옆구리도 없는 두 살짜리 조류 망아지를 가진'(Далбага харцагагүй хээр даагатай)이라고 옮김.

놓아라!" 하고 고함쳤네.
"우주의 퀴렐 차간 바다를
건너지 않고
가애(嘉愛)하는 장가르께 소식을 전하겠다!"고 고함쳤네.
갈기 없는 두 살짜리 조류 망아지를 뒷다리를 채찍질해
힘센 장가르의 궁장을 향했네.
명성도 자자한 성주의 하인들의 마을로 들어왔네.
두 살짜리 조류 망아지의 고삐를 안장에 매어 두고[141]
주군 성주의 궁장에 들어왔네.
주군 성주의 앞에 무릎 꿇고 앉았네.
"모두를 끌어올리는 이, 임금 통치자 장가르시여,
당신의 고장에는 저 말고 고아가 없지요?
저 말고 다른 고아는 없지요?
갈단 임금의 고장에서
동냥을 하고 다니노라니
그대의 봄바의 붉은 홍고르를
목에는 사람이 감당할 수 없는
사슬을 채우고,
쾨케 갈잔의 꼬리에 묶어
힘센 한 악령의 사람이
끌고 가는 것을 보았습니다, 제가."

141 고삐를 안장에 묶어 놓으면 말이 크게 움직일 때 코가 아파서도 멀리 가지(=달아나지) 못하다.

주군 통치자 성주가 말씀했네.
"소년이여, 너에게
태블가트 강의 하류에
오백만 호를 주도록 하마, 내가."
주군 통치자 성주가 말씀했네.
"우주의 퀴렐 차간 바다를
길게 싸매 놓은
황금 노랑 다리를
건너지 않고
위용에 빛나는 붉은 홍고르를
구해 준 사람에게
마흔네 가지 허물을 용서하겠다.
서른세 가지 원하는 것을 주겠다!"고 했네.
한 사람도 나오지 않았네. [그러자 장가르가]
"보사드 알다르 임금의 아들, [보르 망나는][142]
봄블로의 (초원에 있는) 내 멋진 제르데를 (매어) 두어라!"고 하네.
아름다운 사슬, 은제 바굴레를 들고,
순 은제 굴레를 들고
봄블로 강의 초원 가운데
젊은 나무 말뚝을
백단향나무 무거운 방망이로

142 [보르 망나(잿빛 이마/선봉)는] 부분은 2-1-766~767, 2-2-87~88 등을 참고하여 주해자가 텍스트에 [Бор Мацна,]를 보충하여 옮김.

남섬부주의 나라가
흔들리도록 박고 (제르데를) 매어 두었네.
젊고 훌륭한 제르데의
직물 은제 바굴레를 벗기고
아름다운 순은 사슬
바굴레로 바굴레를 씌웠네.
고리를 묶자마자
백만 개의[143] 은제 가슴걸이 끈이
백만 가운데 절렁거렸네.
곧은 백단향나무 밑동에
부드러운 붉은 모래밭에
이레를 매었네.
아란잘의 제르데가 진정이 되어서 왔네.
진정이 된 모양이
어떠한가 하면
쏙 들어간 붉은 배를
안심 쪽으로 잡고,
부드러운 염통은 염통주머니를
가려내고 왔네.
기도깃발 같은 흰 뱃구레는
오줌보 쪽을 잡고,

143 텍스트는 Сай(백만). 2-1-478 등에서는 Cap '달 (모양)'.

귀 높이의 목덜미 비계는
홈통처럼 되고,
눈높이의 갈기는
깃털처럼 되어,
좋은 몸을
엉덩이 쪽을 잡고,
멋진 몸을
가슴 쪽을 잡고,
빠른 몸을
네 개의 검은
발굽 쪽을 잡고,
토끼같이 근사한 등마루에
미끈하고 근사한 뒷다리에
산토끼같이 멋진 앞다리에
송곳같이 근사한 눈에
잿빛 푸른 비단 같은 황금의
네 개의 검은 발굽을 가졌네.
우뚝한 성주의 문에서
안장을 갈게 되었네.
세련된 은제 땀받이를 놓았네,
고르게 다래를 놓았네,
모루 같은 은제 안장을 놓았네,
조여드는 엉치의 힘살 머리를
라싸식 노랑 황금 후걸이가

두드리며 덮었네.
산호 같은 멋진 꼬리를 들어 올리고
엉치의 두꺼운 힘살을 따라오게 했네.
한 냥짜리 황금 가슴 가리개와
일흔두 개 황금 단추는
어깨의 검은 힘살에
당겨 채웠네.
신성한 은제 후릿고삐를 잡고
성주의 문에서 빙 돌며 껑충거리게 했네.
주군 통치자 성주가
조화롭게 옷을 입었네.
에르웽이라고 하는 킬렉,
보석을 박은 뷔시뮈드를 입었네,
너른 흰 비제를 입었네,
다섯 살짜리 말 일흔 마리 값의
뷔케르 로당 비단 허리띠를 매었네,
한 장에 집 한 채 값
남질 비단 수건을 끼웠네,
대다리 있는 짧은 가죽 신발이
뒤축 위에서 탄력을 받았네,
가죽을 단단하게 감은 검은 채찍을
바른손에 잡았네,
기도깃발같이 흰 문을
어깨 위로 넘겨 던져 버리고 나왔네.

튼튼한 백단향나무 문지방을
밟고 나오자마자
바라던 제르데가
청동 은제 발걸이를 주고 (흥분해) 떨었네.
튼튼한 황금 신발바닥이 닿자마자
쏜살같이 솟구쳤네.
익숙한 성주가
긴 베개 모양 황금 안장방석 위로
놀이하듯 뛰어올랐네.
바른쪽 재갈을 돌려
바른쪽 무릎 위에 (고삐를) 잡았네,
봄바의 퀴지 잔단 궁장을
바른쪽 재갈을 당겨 나갔네.
봄바의 왼데르 차간 산의 기슭에
서른다섯 흰 보동들과 모였네.
봄바의 홍고르의 자취를
찾아 나설 차례가 되었네.
그러고 있을 때
'장가르의 묑겐 게렐 따님이
산달 임금에게로 납실 때
백만, 천만 구렁 간자 불친 말의
제 샌 퀴렝 말이
다리를 절며 왔습니다.
장가르여, 이 행보에 저는

갈 수가 없습니다,
제 말이
다리를 절고 있습니다'고 하는
사와르의 말을
주군 성주에게 전했네.
"나의 봄바의 홍고르가
남의 손에 들었다고 하는데,
제 말이 다리를 전다고 하는
나쁜 놈! 너를!
봄바의 홍고르를 데리고 와서,
사와르라고 하는 네 이름을
끊지 않는다면!"
하고 말하고, 봄바의 홍고르의
자취를 따라 질주했네.
사와르가 말했네.
"퀴렝 갈잔 말아,
주군 성주의 진노가
맹렬하게 되어 갔다.
톨록이라는 이름의 산으로
고꾸라지듯 들어가
통과 내린[144]

144 텍스트는 Тоң нәрн хойр. 2-1-300에서는 '맑은 여든두 강을'(Туң найн хойр hолан).

잔단 강을 넘어,[145]
젊은 성주에게
가느다란 붉은 먼지를
보일 것도 없이 먼저
봄바의 붉은 홍고르에게
데려다 다오!" 하고
뒷다리를 채찍질해 갔네.
톨록이라는 이름의 산으로
고꾸라지듯 들어가 가노라니
아주 가느다란 붉은 먼지를
젊은 성주에게 보일 것도 없이 갔네.
우주의 퀴렐 차간 바다가
길게 싸매 놓은
황금 노랑 다리의 어귀에
당도해 왔네.
명치께에 보관한
큰 도끼를 빼들었네,
팽팽한 은제 사슬이
휘도록 치켜들었네.
올린 샤라 비르멘을
입을 벌리는 첫 번째 목뼈를

145 텍스트는 Зандн hолинь давад. 2-1-301에서는 '가득하게 들어왔네'(Дүүрәд орв).

열다섯 번을 때리고 갔네.
곡선형 은제 자루가
동강이 났네.
고르니[146] 은제 손잡이 끈이
탁 튀어 나갔네.
올린 샤라 비르멘이
긴 베개 모양 황금 안장방석 위에서
안정하지 못하고 튀면서 가며
통 샤라 초호르의
갈기를 끌어안고 갔네.
무거운 검은 채찍으로
다시 때리니 사와르를
홍고르가 불러 잡았네.
"오트 차간에게 몰래 한 가지 거짓말을 하자!" 하고
홍고르의 목에 있는 사슬을 부서뜨리고
샤라 비르멘의 뒤에서 나와서 갔네.
다시 잠시 달리게 해 버렸네.
오트 차간의 유리 가루라 대궐이
보이고,
위쥐르-쾨쉬르 큰 고장이
눈에 들어왔네.

---

146 고르니 은(hурни мөңгн)에서 고르니(hурни)의 뜻은 미상. 2-5-122의 '귀시 은으로 만든 손잡이가 있고'(Гүши мөңгн салдрhта)처럼 은의 종류를 가리키는 것으로 짐작된다.

나라의 가장자리로
들어왔네.
오트 차간의
노랑 얼룩무늬 둑의 대좌에
두 준마의 고삐를 안장에 묶고
봄바의 붉은 홍고르가
들어왔네.
일흔 명의 대신을 누르고,
열 명의 대신을 밟고[147] 앉았네.
위편을 보아하니
마흔네 개의 다리가 달린
둥근 은제 보좌 위에
오트 차간이 앉았네.
일반 여러 대신은
성대한 붉은 아르자
술잔치를 벌이고
왁자지껄하고 있었네.
그러다가
오트 차간이 말했네.
"외방 봄바의 나라의 소년의
음료를 갖다 주어라!"고 했네.

147 텍스트 ахлад(이끌고)는 2-1-700의 형태로 미루어 алхад(밟고)의 잘못.

"까닭을 묻자!"고 했네.
음료를 갖다 주자
검은 기도깃발 아르자를
일흔일곱 잔을 때리고
매우 붉은 땀을
뚝뚝 떨어뜨리기를 마치고,
(황금) 한 냥짜리 노랑 얼룩무늬 수건으로
새빨간 얼굴을 문질러 버리더니
용력 넘치는 붉은 홍고르가
오른편 주위에
해처럼 솟구쳐 올라앉았네.
위용에 빛나는 붉은 홍고르가
까닭을 말했네.
"그대가 지는 해의 쪽을 차지하시오,
우리는 떠오르는 해의 쪽을 차지하겠소!"
하고 있었소이다. 우리는.
그러나 그대는 전쟁을 일으키고,
사신을 보냈소이다.
우리 성주의 윤음이 계셨소이다.
"다섯 해의 조세[148]를 다오!

148 텍스트는 татлhн. 속민 또는 속방이 주군 또는 종주국에 내는 어떤 물질적, 신체적 가치인 듯하고, 알완(алвн '조세와 부역')과의 차이는 불분명하다. 할하몽골어에서는 татлага는 алба татлага와 같이 복합어의 형태로 사용되었으며, цэрэг татлага(징병)와 같은 표현은 지금도 사용된다. 우리의 주해에서는 조세(租稅)로 옮기도록 한다.

십 년의 조공[149]을 다오!"라고 하셨소이다.
오트 차간이 말했네.
"이제 사흘이 지나면,
나의 소식을 주마, 내가.
뒤로 나가
준마를 쉬게 하라!"고 했네.
기도깃발 같은 흰 문을
어깨 위로 던지고 나왔네.
두 준마에게로 가서
왼데르 차간 산의 기슭에 와서
길들지 않은 것들을[150] 떼어 놓고
푸짐한 붉은 아르자를 마시고 누웠네.
사흘이 지날 무렵
오트 차간의 군대가
대나무처럼
둑의 끝이 소용돌이치며
갈대처럼
창끝이 번쩍거리며
흙보다 촘촘한
개미보다 많은 적이

---

149 텍스트는 алвн. 주군에 대한 속민, 종주국에 대한 속방의 물질적, 신체적 의무. 우리의 주해에서는 조공(朝貢)으로 옮기도록 한다.

150 혹은 암말들을?

포위해 버렸네.
둘이서
중군영(中軍營)으로 돌진해 들어갔네.
좋은 자, 나쁜 자를 가려 베고,[151]
궁수대를 때리고 베고,
중군(中軍)의 둑을 위시해
서른두 개의 둑을 부러뜨리고
삼천 개의 진지를 파괴하고 갔네.
풍부한 검은 피는 음료가 되고,[152]
용감한 흰 살갗은 갑옷이 되어,[153]
이 두 소년이
이레를 베었네.
이레를 베고 나서,
적진의 가장자리로 나와
둘이 상처를 소독하고 있었네.
그렇게 처음에는 있는데
용사 장가르가
빛나는 노랑 황금 둑의
끝을 흔들거리며,
서른다섯 몸으로

151 신분이 높은 자와 낮은 자를 가려 베고.

152 자신의 피로 갈증을 달래도 될 만큼 피를 흘리며 싸웠네.

153 하도 상처를 많이 입어 피부가 갑옷처럼 보일 정도로 분전했네.

들어왔네.
홍고르와 사와르에게
닿아 왔네.
닿아와 말했네.
알탄 체지가 말했네.
"울타리가 없어 싸울
수 없습니다, 우리는."
안에 샘물이 있는
무거운 흰 바위로
울타리를 삼았네.
왼편을 이끄는
통치자 귐베가
잔 타와 해슨 하라를 뒷다리에 채찍질하여
열일곱 몸으로
왼편 진영으로 돌진해 들어갔네.
이레 밤, 이레 낮을 같이 베고
오른쪽 재갈을 당겨 나왔네,
뒤에서는
오트 차간의 진영에서
서른다섯 길
고이하[154] 잔단 창을 잡고

---

154 텍스트 hyйx는 사전들에서 어울리는 뜻이 확인되지 않는다. 키치코프(1999: 112~113)는 이 행을 '탄력성 있는 백단향나무 창을'(Гибкое сандаловое копье)로,

다시 한 노랑 악령이
뒤로 들어왔네.
(그 악령이 아군) 진영에 닿을 것도 없이 따라잡아
튼튼한 여덟 갈비를[155]
쿡 쑤시고 나아갔네.
그 노랑 악령의 뒤에서
알탄 체지가
고이하 잔단 창을
잡고 들어갔네,
진영까지 그 노랑 악령이
당도할 것도 없이
가느다란 흰 갈비 사이로
여린 붉은 대동맥에 닿게 해
팔천 번을 쑤시고 나왔네.
뒤에서는 이교도의 흰 검을 가진
태제 차간이라는 악령이
고이하 잔단 창을 잡고
뒤로 들어왔네.

두게르수렝(2000: 45) 역시 '탄력성 있는 백단향나무 창을 잡고'(Уян зандан жадаа аваад)로 옮긴 것으로 보아 이 어휘를 '탄력성 있는, 유연한'으로 이해한 듯하나 근거는 확실치 않다. 토다예바(2001: 107)에 실린 신장 오이라드의 hуйха, 할하몽골어의 гуйх는 '원하다, 바라다, 부탁하다, 조르다' 등의 뜻을 갖는 동사이다.

155 텍스트 '튼튼한 여덟 갈비를'(Күдр нәәмн хавсинь)의 여덟 갈비가 인체의 12쌍의 갈비 중 어느 것인지는 분명치 않다.

진영까지 닿을 것도 없이
여든두 번을 쏘시고
나아갔네.
그 뒤에서는
용력 넘치는 붉은 홍고르가
하싱 쾨케를 뒷다리를 때려 들어갔네.
진영까지 닿을 것도 없이
가느다란 흰 갈비 사이로
여린 붉은 대동맥에 닿게 해
돌리고 갔네.
작열하며, 적진을 향해 질주해 나갔네.
뒤에서는 오트 차간이
서른다섯 길
고이하 흰 창을 잡고
햇빛같이 달리는
내르한 샤르가를 뒷다리를 채찍질해 들어왔네.
진영에 닿게 할 것도 없이
튼튼한 흰 갈비 틈으로
퀼왠[156] 붉은 대동맥까지 찔러

156 텍스트는 Күлвән. 칼미크어 사전이나 연구서에서 확인되지 않는 어휘. 키치코프(1999: 114~115)는 '짧은'(короткую(короткий의 대격))으로 옮겼으나 근거는 명확하지 않음. 두게르수렝(2000: 46)은 гулбин으로 옮겼으나 할하몽골어 사전들에서도 확인되지 않는 형태.

퀴브치[157] 삼천 번을
쏘서 잡았네,
작열하며 나왔네.
뒤에서는 주군 통치자 성주가
애게르 백단향나무 창을 잡고
아란잘 제르데를
뒷다리를 채찍질해 들어왔네,
오트 차간을
꽁무니뼈 부위를 창으로 찌르고,
준마의 다듬은 적 없는 갈기와 함께
연달아 창으로 찔러 흔들었네.
되셸겐 산에서
왕성한 제르데가
마흔네 번
고꾸라지고 있었네.
익숙한 성주가
놓치는 일 없이 잡고 갔네.
햇빛같이 달리는
내르한 샤르가가
한 번 발을 굴렀네,

157 텍스트는 Кувч. 칼미크어 사전이나 연구서에서 확인되지 않는 어휘. 키치코프(1999: 114~115)는 '억지로'(с усилием)로, 두게르수렝(2000: 47)은 '위에서 아래로'(гуд)로 옮겼으나 근거는 명확하지 않음.

두 번 발을 굴렀네,
애게르 백단향나무 창을
동강을 내고 갔네.
주군 통치자 성주가
위용에 빛나는 붉은 홍고르에게 말했네.
“창이 없어 공격할 수 없다, 나는,
서른다섯 보동을
어떻게 할지 알아서 해라!”
하고 말하고 떠났네,
해가 지는 쪽을 향해 달려 나갔네.
다시 잠시 동안 달리게 해 두었네.
달려가노라니
바른쪽 발걸이 밑에서
망치와 모루
소리가 나고 있네.
어마어마한 붉은 구멍으로
달려 들어갔네.
들어가서 가려다 보니
오천 용사의 아들들이
무기를 만들게 하고
나오고 있는 것이,
오천 용사의 아들들이
들어가고 있는 것이 보였네.
새하얗게 머리가 센

흰 노인이 만들고 있네.
풀무를 누르고, 장가르가
이레를 지나 버렸네.
노인이 말했네.
"위젱의 고아 장가르여,
그대를 알아보지 못하고,
풀무를 누르게 하고 있었소이다, 내가." 하고는
망치와 모루를 던져 버리고
백 가지 맛이 완정한
음식을 차려 주었네, 장가르에게.
"장가르여, 무엇을 찾으시오, 그대는?" 하고 말했네.
"내 창이 부러졌습니다.
창을 찾고 있습니다, 제가" 하고 말했네.
"그대 부친이, 그대 아버지가[158]
억센 노랑 망가스와 싸우고 다닐 때
한 자루 창을 빼앗은 것이 … " 하고는
준비된 애게르 백단향나무 창을
내주었네.
"아저씨, 안녕히 계십시오!" 하고
제르데 위에 올라
서른다섯 보동들을 향해 출발하기를,

158 두게르수렝(2000: 47)은 '그대의 할아버지가'(Өвөг аав чинь)로 옮겼다.

제르데를 뒷다리를 채찍질해서 출발했네.
다시 잠시 동안 달리게 하고 나서
서른다섯 보동의
모습을 보자 하니
쾨케 차간 바위를
내주지 않고
가여운 홍고르 혼자
교전하고 있네.
위용에 빛나는 붉은 홍고르가
아란잘 제르데의
가느다란 붉은 먼지를 보고는,
올린 샤르 비르멘을
징글 묑겐 꺽대기에서
예순두 번을 때리고
일흔 겹
다르와스[159] 노랑 얼룩무늬 [올와를/로브차를]
이중으로 움켜잡고 갔네.
주군 통치자 성주는
오트 차간을
적 진영을 세 군데나 지나며 쫓아

---

159 텍스트는 Дарвс. 칼미크어 사전들이나 연구서, 다른 몽골어계 언어들에서 확인되지 않는 어휘. 두게르수렝(2000: 48)의 Дарвас 역시 볼드들(2008: 672)에는 дарвас хийх(입이 튀어나온/길쭉한 것이 날카롭게 움직이는 모양)로 풀이되어 이 대목에 적확한 뜻을 추려낼 수 없다.

꽁무니뼈 부위를 창으로 찔러
모루 같은 은제 안장의 가리개를
이중으로 창으로 찔러 흔들었네.
익숙한 제르데가
되셸겐 (산)에서
마흔네 번
고꾸라지고 있었네.
익숙한 장가르가
놓치지 않고, 데리고 나와서 갔네.
무거운 흰 바위에
데리고 와서
튀어나온 흰 발바닥을
엉덩이 위로 놓아 묶고,
오트 차간의 대신들을 모이게 해
두 줄로 마주 보게 했네.
앉히고, 오트 차간부터
"용사 장가르의"라는
밤바의 황금 낙인을 찍었네.
오트 차간의 이름을 단절시켜
"용사 장가르의"라는 이름을 부르게 하고,
서른다섯 몸으로 성주를 필두로
고향을 향해
질주하기 시작했네.
잠깐 달리게 하여

봄바 바다에 닿아 왔네.
주군 통치자 성주가
마흔네 개의 다리를 가진
둥근 은제 보좌 위로 올랐네.
성주의 서른다섯 보동과,
일흔두 바다의 임금들이
바다와 같은 성주와 나란히
길들지 않은 암말들의 젖,
성대한 붉은 아르자
술잔치를 받들었네.
이 봄바의 나라가
평온한 것이었네.

2. 퀴렐 에르덴 망가스 임금을 성주 장가르가 굴복시킨 마당

장가르의 용사들이 굳건한 십이 경의
축복을 받은 것이었네.[1]
그러고 있는데
주군 성주의 말치기
샤라 망가스가 들어왔네,
주군 성주가 검을 뽑았네.
"적이다!" 하고 말했네.
"내가 거듭하여 상을 주마,
절따말 떼를 도둑이 훔쳐 갔다고만
하지 마라!"고 했네.
망가스가 기절해 쓰러졌네.
왼편의 선두에서
꿈 같은 붉은 홍고르가

---

1 굳건한 십이 경(бат арвн хойр ном)은 티베트-몽골 불교의 주요 경전들일 것으로 짐작되나 하나하나가 어떤 경전들인지는 미상. 경전의 축복을 받는 의식에는 라마들의 염불송경, 시주(축복받는 자)들이 경전에 자기 머리를 대는 행위가 포함되었을 것으로 추측된다.

망가스를 일으켜 잡았네,
길들지 않은 암말의 젖
푸짐한 붉은 아르자를
일흔두 잔을 주고,
영문을 물었네.
망가스가 말했네.
"해질 무렵에
아르샨 차간 바다에서 물을 먹이고
아르타 차간 산의 기슭으로
흩어져 올라갔습니다.
새벽에 해가 뜰 무렵
칠만 암말이 있는,
가운데 절따 씨수말이 있는,
말 떼를 (찾을 수) 없었습니다.
'힘없는 악령이 훔쳐 간 것이 아니라,
힘 있는 악령이 훔쳐 간 것이리라' 하고
다리를 끌지 않고,
가애하는 장가르께
보고 드리자고 왔습니다" 하고 말했네.
주군 성주 통치자가
날카로운 흰 통찰력이
안개가 되고,
무거운 백단향나무 같은 머리는
혼이 나가 버렸네.

"한때의 시운으로
벗어난 절따 말 떼가
때가 되면 다시 올 것이다!
아래 세계의 일곱 나라의
소망이 되어 있는[2]
내가 겨우 이 정도였는가?
위 세상의 열두 나라의
꿈이 되고, 나와 같은
서른다섯 보동과
나보다 나은 위용에 빛나는 붉은 홍고르와
나의 이 이름을 듣고 있으면서,
힘없는 악령이 훔쳤을 리 없다!
그대들은 사랑하는 봄바의 나라에 (수비를) 보강하라!"고 했네.
봄바의 붉은 홍고르가 발언했네.
"위용에 빛나는 붉은 홍고르와
있으면서
아르 봄바의 나라에 (수비를) 보강했다고 하는 것은
천겁(千劫)의 오명(汚名)이오!"
주군 통치자 성주가 말씀했네.
"나의 말 떼를
어느 쪽으로 데려갔느냐?

2 아래 세계 일곱 나라에서 선망의 대상인.

알탄 체지가
낱낱이 말해 다오!"라고 했네.
열이틀 동안
알탄 체지가 알아내지 못하고 있었네.
주군 통치자 성주가 말씀했네.
"옛날 옛적에
아무도 없는 황무지였을 적에
아래 세상의 일곱 나라를
귀순시키고,
나의 준마가 고통스러워하고
나의 힘도 빠져,
돌아왔다, 내가.
내가 오는데[3]
마흔네 개의 머리를 가진
된데[4] 검은 괴물이 마주쳐 왔다.
머리 마흔 개는 탁 때려 버리고
엠질[5]이라는 이름의 간은
쑥 당겨 뽑아 버리고,
기민한 제르데로
도망쳐 나왔다.

---

3 내가 돌아오는 길에.

4 텍스트는 Дөнд. 칼미크어나 다른 몽골어 사전들, 연구서들에서 확인되지 않는 형태.

5 텍스트는 Эмжл. 칼미크어나 다른 몽골어 사전들, 연구서들에서 확인되지 않는 형태.

그 괴물이 내 뒤에서
목숨이 나가면서
'위젱의 고아 장가르,
이 원수를 네게
안 갚겠는가!' 하고
맹세를 하고 악을 쓰고
목숨이 나갔다.
그가 어디로 가서 다시 태어난 것일까?
보사드 알다르 임금의 아들
보르 망나는
봄블로[초원]의 둑의 [대좌에]
아름다운 나의 제르데를
매어 놓아라!"고 했네.
보르 망나가
아름다운 사슬로 된 은제 바굴레를 들고,
순 은제 굴레를 들고,
달려서 나갔네.
봄블로의 초원에
용솟음치는 네 개의 잔단 강의 합류점에
젊은 나무 말뚝을
백단향나무 무거운 방망이로
남섬부주[6]의 고장이
흔들리도록 박아 매어 두고
젊고 아름다운 제르데를

편안히 살 오르게 하고,
밧줄로 매어 두고 품질 좋은 은제 바굴레를
당겨 벗기고,
지혜의 순 은제 굴레의
부드러운 황금 재갈을 물리자
찌르는[7] 일곱 길
둥근[8] 황금 송곳니로
물어 움켜잡았네.
고리를 묶자마자
달 모양의 은제 가슴걸이 끈이
백만 가운데[9] 절렁거리고,
고르게 근사한 갈기 위에는
가죽끈 근사한 고삐를 놓고,
신성한 은제 후릿고삐로 끌고
곧은 백단향나무 밑동에
부드러운 붉은 모래밭에
이레를 매었네.
제르데가 진정이 되어 왔네.
진정이 된 모양이
어떠한가 하면

---

6 텍스트는 Замб Түвд(ин). 2-1-2, 2-1-1206에서는 Замб Төвд(эн).

7 텍스트는 Адг. 2-1-454의 Хадг '찌르는'을 참고하여 교정.

8 텍스트는 Дүгр. 2-1-455에서는 Дукр.

9 무엇이 백만이 있고, 그 가운데인지 명확하지. 백만 [마리 말 떼] 가운데?

쏙 들어간 붉은 배를
안심 쪽으로 잡고,
기도깃발 같은 흰 뱃구레는
오줌보 쪽을 잡고,
귀 높이의 목덜미 비계는
홈통처럼 되고,
눈높이의 갈기는
깃털처럼 되어,
좋은 몸을 엉덩이 쪽을 잡고,
근사한 몸을 가슴 쪽을 잡고,
빠른 몸을 네 개의 말뚝 황금 같은
발굽 쪽을 잡고
토끼같이 근사한 등마루에
미끈하고 근사한 뒷다리에
산토끼같이 멋진 앞다리에
송곳같이 근사한 눈에
널찍하고 근사한 가슴을 가진
날래고 근사한 제르데를
우뚝한 장가르의 궁장을 향하게 했네.
안장을 바꿔 얹게 되었네.
세련된 은제 땀받이를 놓았네,
고르게 다래를 놓았네,
모루 같은 은제 안장을 놓았네,
조여드는 엉치의 힘살 머리를

라싸식 노랑 황금 후걸이가 두드리며 덮었네.
산호 같은 멋진 꼬리를 들어 올리고 있다가,
엉치의 두꺼운 힘살을 따라오게 했네.
한 냥짜리 황금 가슴 가리개를
일흔두 개 황금 단추를
어깨의 검은 힘살에
(말이) 비틀거리도록 당겨 채웠네,
신성한 은제 후릿고삐를 잡고
성주의 문에서 빙 돌며 껑충거리게 했네.
주군 통치자 장가르가
조화롭게 옷을 입었네.
에르웽이라고 하는 킬렉을 입고,
보석을 박은 뷔시뮈드를 입고,
너른 흰 비제를 입고,
이것을 모두 묶는데
다섯 살짜리 말 일흔 마리 값의
뷔케르 로당 비단 허리띠를 매었네,
한 장에 집 한 채 값
한 냥짜리 노랑 얼룩무늬 수건을 끼웠네,
전쟁의 여러 벌 로브차를 입었네,
겹겹으로[10] 여러 갑옷을 입었네,

10 텍스트는 дегнэн. 사전들이나 연구서에서 확인되지 않는 형태.

온갖 무구를 휴대했네,
서른 마리 불친 소의 가죽으로 안을 덮어 엮고,
일흔 마리 불친 소의 가죽으로 씌워,
세 손가락 두께 간격으로[11] 흰 은으로 단추를 해서 단,
네 손가락 두께 간격으로 흰 은으로 메뚜기를 해서 단
젊은 백단향나무를 맞대어 자루를 만든,
자루와 채 끈이 어우러지게 만든 채찍을
바른손에 잡고
튼튼한 백단향나무 문지방을 밟고 나왔네.
바라던 제르데가 청동 은제
발걸이를 주고 (흥분해) 떨었네,
청동 은제 발걸이에
튼튼한 황금 신발바닥이
닿자마자
바라던 제르데가
쏜살같이 솟구쳤네.
명성도 자자한 여러 대궐 하인들의 마을을
빙 돌아서 갔네.
바른쪽 재갈을 돌려,
바른쪽 무릎 위에 잡고,
봄바의 퀴지 잔단 궁장을

11 텍스트는 hypy haзp. 2-1-531에는 hopy haзp.

바른쪽 재갈을 당겨 나갔네.
위용에 빛나는 붉은 홍고르가
하싱 쾨케를 뒷다리를 채찍질해 따라왔네.
알탄 체지가
아그삭 올란을 뒷다리를 채찍질해 따라왔네.
(몸길이) 스물다섯 길
호르단 보랄 말을 뒷다리를 채찍질해,
휘블게틴 하브타의 (아들) 욍게 비[12]가 따라왔네.
퀸데 가르타 사와르[13]가
퀴렝 갈잔 뒷다리를 채찍질해 따라왔네.
뜨거운 봄바의 고장에서
외방 봄바의 고장을 향하는
성주(聖主)를 비롯한 다섯 소년[14]이
여유 있게 절따말 떼의 자취를 따라갔네.
알지 못하는 여든두
잔단 강을 건넜네,
알던 여든두
잔단 강을 건넜네,

---

12 휘블게틴 하브타(Хүвлһтин Хавтын '마력의 명중력이 있는')의 (아들) 욍게 비(Өңг бий '색깔 몸, 色身').

13 텍스트 사와르(савр)는 동물의 손, 발, 나무의 가지를 가리킨다.

14 장가르, 홍고르, 알탄 체지, 욍게 비, 사와르 다섯 사람을 다섯 소년이라고 일컫는 것으로 보아 소년(көвүн)은 단지 소년, 아들, 젊은이뿐 아니라 남성 일반을 가리키기도 한다.

에르뎀태 잔단 산으로
돌아 들어갈 무렵
뒤의 네 소년에게서
아란잘 제르데가 벗어났네.
다시 잠시 뒤에
속력을 내어버렸네,
쉰두 갈래를 가진
타브창 잔단 산의 정상을[15]
향해 원기 왕성한 제르데가 올라왔네.
주군 성주 통치자가
뒤쪽을 보네,
아무것도 보이지 않네.
앞쪽을 보네,
아무것도 보이지 않네.
아란잘 뒷다리를 채찍질해 달리게 했네,
뒤의 네 소년의
모습을 잃고,
세 이레를 달리게 했네,
해르한 차간 산의 정상을[16]
향해 올라왔네.
앞쪽을 보네.

---

15 텍스트 ɵprəp를 ɵprʌ로 고쳐 읽음.

16 텍스트 ɵprəp를 ɵprʌ로 고쳐 읽음.

보고 있으려니
말 떼의 모습을 잡아 주었네.
사랑스러운 절따말 떼를
퀴켄 차간 바다에서 물을 먹이고,
네 악령이 몰고 가네.
뒤에는 벌판만 한
쾨케[17] 갈잔 준마를 가진
퀴치태 퀴렐 에르덴 임금이
뒤로 반 바탕 거리에서 혼자서 가네.
주군 통치자 성주의
날카로운 흰 통찰력이
안개가 되고, 무거운 백단향나무 같은 머리는
혼이 나가 버려,
아란잘 제르데를 뒷다리를 채찍질해
애게르 백단향나무 창을 잡고
들어가려다가
(자신이) 아르 봄바의 나라에는
꿈인 것을 생각했네,
(자신이) 위용에 빛나는 붉은 홍고르에게는
소망임을 기억했네,
말 떼의 모습을 놓치고,

17 텍스트 Kөл(퀼)을 Kөк(쾨케)로 고쳐 읽음.

열이틀을
두려워하며 있었네.
하싱 쾨케를 뒷다리를 채찍질해
위용에 빛나는 붉은 홍고르가 뒤에서
"성주여, 아무것도 보이지 않습니까?" 하고 왔네.
"말 떼의 모습을 보고,
열이틀을
두려워하고 있었다, 내가" 하고 말했네.
홍고르가 소리를 지르며 갔네.
"아란잘을 타고 가면서,
애게르 백단향나무 창을 잡고 가면서,
뒤에는 위용에 빛나는 붉은 홍고르를 비롯해
네 소년이 따라가는데
'두려워하고 있었다, 내가'라고 하다니
천겁의 이름을 어떻게 하려는 거요?
나의 아란잘의 제르데를 주오!"라고 했네.
영예로운 통치자 장가르의
마음속 칠만 가지 자신감이 겅중거리고
[마음] 밖의 팔만 가지 자신감이 고동쳐
자신의 제르데 위로 올랐네.
절따말 떼의 자취를 따라 질주했네.
조여 맨 예순여섯 개 죔쇠의 뒤를
헤아릴 수 없이 눌렀네.[18]
아란잘의 제르데가 잠깐 만에

속력을 내어 버렸네,
사랑스러운 제르데가
말 떼의 모습을 잡아 주었네.
아란잘의 뒷다리를 채찍질해
“용사 봄바의 샤르트 잔단
만세”를 부르고 돌진했네.
앞에서는
퀴렐 에르덴 임금이
벌판만 한 쾨케를 뒷다리를 채찍질해 돌진해 왔네.
주군 통치자 성주가
주걱뼈 부위를 빛에
일흔두 번을 때려 버렸네,
겹으로 입은
일흔 겹
대러브[19] 노랑 얼룩무늬 로브차의
일흔두 개 노랑 황금 단추가
풀어지도록 때렸네.
비틀대던 제르데가
일흔두 번을 경중거려 지나갔네.
퀴렐 에르덴 임금이

---

18 말의 질주를 조종하는 동작의 하나로 추정.

19 텍스트는 дәрв. 칼미크어 사전들이나 연구서, 다른 몽골어계 언어들에서 확인되지 않는 어휘. 두게르수렝(2000: 72)의 Даргар(뻣뻣한, 굳어진, 펼쳐진)는 근거를 알 수 없음. 2-1-1053에서는 дарви의 형태.

벌판만 한 쾨케로 돌진하여,
주걱뼈 부위를 빛에 바다와 같은 장가르를
일흔두 번 때리고 갔네.
겹겹의 여러 로브차를
탁 때리고,
주걱뼈 부위의 검은 힘살이
뭉개지도록 때리고 갔네.
비틀대던 샤라 초호르[20]가
일흔두 번을 경중거려 지나갔네.
가죽을 단단하게 감은 검은 채찍의
메뚜기가 끊어지도록 때렸네.
가장자리[21] 흰 이마를
육천 번을 서로 때리고
소리 울려 퍼지는 은제 정수리를
예순 번씩 연달아 서로 때리고
풍부한 검은 피가
음료가 되도록 서로 두들겨 패고,
용감한 흰 피부는
갑옷이 되도록 서로 두들겨 패면서,

---

20 텍스트의 이 부분이 석연치 않다. 왜냐하면 바로 앞의 관형절과 뒤 행의 내용으로 보아 샤라 초호르(노랑 얼룩무늬)는 말이어야 하는데 장가르의 말은 아란잘 제르데(불같이 붉은 말)이고 상대방인 쿼렐 에르덴의 말은 쾨댄 칭게 쾨케(벌판만 한 푸른 말)이기 때문이다.

21 텍스트는 Зулг. 2-1-1069에서는 이 자리의 어휘가 Зург(그림).

이 두 보동이
열이틀을
싸워 이기지 못한 것이네.
주군 통치자 성주가
편안하게 제르데로 돌아서
뒤로 나와 주었네,
애게르 백단향나무 창으로
꽁무니뼈 부위를 창으로 찌르고
모루 같은 은제 안장의
가리개를 연달아 창으로 찔러 흔들었네.
되실겐에서는[22] 왕성한 제르데가
마흔네 번을 고꾸라지고 있었네.
익숙한 장가르가
놓치는 법 없이 잡고 나왔네.
애게르 백단향나무 창의 끝에는
잡았지만
열 개의 흰 손가락에는
잡을 수가 없었네.
뒤의 네 소년 쪽을 보았네.
쾨케 갈잔 준마가
한 번 발을 굴렀네. 부서지는 소리가 났네,

22 텍스트는 Дөшлгнднь. 2-1-1511에서는 Дөшлһнднь.

두 번 발을 굴렀네. 으스러지는 소리가 났네,
애게르 백단향나무 창이
천둥소리처럼 으스러지는 소리를 내고,
부러져 갔네.
영예로운 통치자 장가르가
뒤의 네 소년을 향해 달음질쳤네.
언덕진 곳으로 기민한 제르데가
올라갔네.
언덕지지 않은 곳에서
쿼치태 쿼렐이 따라잡아 가네.
그렇게 가는 모습을
봄바의 붉은 홍고르가 보았네.
"위용에 빛나는 붉은 홍고르가 갈 때까지 꼼짝 마라!" 하고 고함쳤네.
홍고르가 닿아 왔네. 닿아 왔지만
쿼렐 에르덴과 장가르를
찾지 못하고 있었네.
위로 올라간 것을 보지 못하고 있었네,
세상으로 간 모습을 찾지 못하고 있었네.
위용에 빛나는 붉은 홍고르를 비롯한
네 소년이
영예로운 장가르를
사방으로 찾았으나 찾지 못했네.
할 수 없이 아르 봄바의 자기들 나라를 향했네.

향해서 돌아왔네,
장가르의 곳에 닿아 와
홍고르에게 봄바의 나라를
지키도록 해 버리고
영예로운 장가르를 찾아 나섰네.
장가르를 데드 봄바의 나라의
퀴치태 퀴렐 에르덴 임금이
홍고르의 목소리를 듣고
임금 가루라 새로 변신하여
데드 봄바의 나라로 잡아간 것이네.
사람의 가슴만 한
청동 강철로 하삭 철제 수레[23]에 결박하여
팔천 악마의 손에 주었네,
날마다 팔천 번을 때리고
팔천 번 단근질을 하고 있었네.
숨 쉴 때마다 열두 지옥의 고통을
장가르가 당했네.
아르 봄바의 나라가
꿈이 되고,
위용에 빛나는 붉은 홍고르가
소망이 되어 있었네.

23 즉 '카자호식 철제 수레'(хасг төмр тергн)로 대형 수레의 일종.

그 힘센[24] 퀴렐 에르덴 임금은
세 명의 하탄이 있었네.
장가르가 말했네.
"팔천 악마가
단근질하러 오자마자
여린 나의 붉은 대동맥에
닿았다.[25]
퀴렐 에르덴 임금과 대면케 하라!"고 했네.
"저를 죽이지 못해 하고 있는데,
임금과 대면케 하라!"고 한다고,
"지져라!" 하고 명령하며 왔네.
퀴렐이 오자마자
검은 강철 결박을 끊어버리고,
고함을 지르고, 퀴렐 에르덴 임금을
향해 달렸네.
퀴렐 에르덴 임금에게 와서
신성한 검은 머리로
십만 번을 한숨에 부딪혀 절하고 아뢰었네.
"다섯 해의 조세를 드리겠소,
십 년의 조공을 바치겠소,
아르 봄바의 나라 쪽으로 놓아 주시오!" 하고 절했네.

---

24 이 대목에서 소문자(күчтэ)로 시작되어 일반 형용사로 해석하였다.

25 내가 곧 죽게 되었다. 나는 죽은 목숨이다.

(쿼렐 에르덴 임금이) "지껄이고 주절대는
악독한 협잡꾼을 묶어라!"고 했네.
장가르가 말하고 나갔네.
"나라고 한 분복(分福)이 없겠느냐?
나라고 때가 한 번은 오지 않겠느냐?
너의 날개 위로
한 번은 올라가게 될 것이다!" 하고 나왔네.
하삭 철제 수레에
팔천 악마가 다시 결박하고 단근질을 했네.
결박에서 겨우
집게손가락이 느슨하게 나왔네,
그것으로 초르 피리[26]를 불었네,
아르 봄바의 나라를 (마음속에) 들이고
초르 피리를 불고 있네.
쿼렐 에르덴의 작은 하탄
나르니 쿼켄이
그 초르 피리 소리를 듣고,
이낙이라는 시종을
"이 사람의 이름을 알아 오라!"고 보냈네.
이낙 시종이 와서,

---

26 초르(цур, цуур)는 대개 구멍 세 개를 낸 세로피리. 주로 낙엽송이나 버드나무를 반으로 갈라 속을 파내고 다시 붙여 실로 묶은 뒤 양의 밥줄을 씌워 사용하며 이중의 소리를 냄. 림베(лимб)가 티베트에서 전래한 데 반해(< 티. glin-bu) 초르는 몽골의 전통 악기.

장가르에게 물었네.
“우리 나르니 쿼켄 작은 하탄이
‘어느 봄바의 나라의
누구라는 사람의
아들인가, 그대는? 하고
이름을 알아오라’고 했소.”
“지옥의 숱한 고통을
겪었지만
여자 사람에게 사연을 말하는
사람의 후예가 아니다, 나는.
소년 몸인 너에게 말하마.
하탄에게서 상(賞)을 받고 와라!” 하고
소년을 보냈네.
소년이 가서 말했네.
“여자 사람에게 사연을 말하는
사람의 후예가 아니다, 나는.
소년 몸인 너에게 말하마.
하탄에게서 상을 받고 와라!”고 했습니다.
하탄이 말했네.
“마흔네 번의 허물을 용서하마,
서른세 가지 원하는 것을 주마!” 하고,
소년을 다시 보냈네.
소년이 장가르에게 와서 말했네.
장가르가 말씀했네.

"아래 봄바의 나라의
흉맹한 장가르라는 사람이었다,
내 말 떼를 찾아서 오는데
뒤에서 추격해 와
내 몸에 지옥의 고통을
겪게 하고 있는 것이 이것이다."
하탄에게 소년이 와서 말했네.
"'위젱의 고아 장가르라고 하는
사람이다, 나는'이라고 합니다" 하고 말했네.
하탄이 듣고,
어두워지자
검은 강철 가위를 소매에 넣고
장가르에게 달려왔네.
검은 강철 결박을 가위로 잘라 놓았네.
장가르가 말했네.
"여자 사람을 시켜 놓아 주게 해서 나갔다고 할
천겁의 (더러운) 이름이 될 것이다,
묶었던 것을 묶어라,
묶지 않으면
나와 함께 지옥의 고통을
겪을 것이다, 그대는" 하고 말했네.
하탄이 앞에서 말했네.
"당신의 안장과 굴레, 무기는
큰 하탄의 베게 밑에

임금의 곁에 있소.
퀴렐 에르덴 임금,
그 임금은 마력을 갖고 있소.
한 눈은 자고,
한 눈은 깨어 있소.
밤의 한가운데까지
반쪽 몸은 자고,
반쪽 몸은 깨어 있소.
이 임금의 곁에서
무기를 가져오겠소."
하고 나가서 갔네.
밖으로는 팔천
악마 파수꾼이 있는
퀴렐 에르덴이 있네.
하탄이 팔천
악마를 "지혜의 악령의 다라니"라는 주문으로 잠들게 하고,
임금에게 와서
"지혜의 악령의 검은 다라니"라는 주문으로
퀴렐 에르덴을
이튿날 한낮이 되도록 깨어나지 않게
어두운 검은 잠에 잠재웠네.
무기, 안장, 굴레를 지고 나왔네.
지고 나올 때 노래를 부르고 나왔네.
"수말의 제르데는

고향을 그리워하지 않게 되었네,
남자 사람 장가르는
고향을 그리워하네, 나는."
문도 없고, 지붕창도 없는
삼중 쇠 게르에,
타키 들말, 홀란 들말과 결박된,
지옥의 세 지달이 채워져 있던
제르데가 들어 버렸네.
탁발을 굴러 버렸네,
타키 들말, 홀란 들말을 떼어 버렸네.
연달아 발을 굴러 버렸네,
삼중 쇠 게르를
탁발을 굴러 (벗어) 버렸네,
젊은 장가르에게 달려왔네.
아란잘 제르데를
예의 그 하탄이 진정시켜 안장을 얹고,
장가르의 발에 절하고 갔네.
세상의 노랑 해가
솟구쳐 나오기에 이르렀네.
"나가면, 여러 중생이 볼 것 아닌가?
내가 임금의 명령을 어기는 것 아닌가?
여자 사람을 시켜 풀려 나왔다고 함은
천년의 (더러운) 이름이 될 것이다" 하고
장가르가 말에 오르지 않고 있었네.

하탄이 말했네.
"장가르여, 그대는 이것을
나 때문에 못해 내고 있는 모양이오.
이 임금의 목숨을.
여기서 나가서 가시오, 그대는.
이 큰길로 가시오, 그대는
어두운 검은 숲[27]이 나올 것이오,
거기서부터는 당신의 준마가 고통스러워하고,
활시위 같은[28] 그대의 몸도 약하게 될 것이오,
큰 흰 산이 하나 있을 것이오,
그 산의 꼭대기에서
한 마리 암사슴이[29]
내려올 것이오.
그것이 보기보다 나올 것이 많소.
그것을 쏘아 쓰러뜨리면
그의 배 안에
새끼가 일곱 마리가 있을 것이오,
이 임금의 목숨은 그것이오."

---

27 어두운 검은 숲(Балр хар модн)은 지명일 가능성이 있고, 그 경우 발라르 하라 모돈이라고 적을 수 있겠다.

28 텍스트 Көгчн을 Көвчн으로 고쳐 읽음.

29 텍스트 маж-марл-hүлдн의 маж(들소), марл(큰사슴 혹은 암사슴)은 사전들에서 확인되나 hүлдн은 확인되지 않음. 비트케예프들(1990b: 475)은 күүкн (эм) марл, 즉 '암 큰사슴'이라고 풀이. 두게르수렝(2000: 77)은 мэгж-марал-доргын эрлийз(암퇘지-암사슴-오소리의 튀기)라고 옮김.

그 하탄이 계속 이야기했네.
"내가 그대에게 은혜를 베푸는 까닭은
나는 나르니 쿼켄이오.
여기 꽃을 꺾으며 놀고 다니는데
나를 마흔네 개의 머리가 달린
될뒤[30] 검은 괴물이
삼켜 버린 것이었소.
그대가 그 괴물을
마흔 개의 머리를 탁 때리고,
엠질이라는 이름의 간을 쏟아 버렸소.
그 괴물의 배에서 나와
해를 보게 되어 그대를 돕는 것이오, 나는."[31]
장가르가 큰길로
달려 나갔네.
잠시 달리다가,
한정 없이 달리다가,
어두운 검은 숲을
열이틀 만에
겨우 빠져나왔네.
거기서 더 달려 나갔네,
다시 잠시 달려갔네.

---

30 텍스트 Дөлдү는 사전들에서 확인되지 않음. 2-2-73에서는 같은 자리에 Дөнд.

31 2-2-64부터 86까지의 사연 참조.

우주의 윈데르 차간 산의 기슭에
닿아 왔네.
제르데를 진정시켜 버리고,
벌판만 한 푸른 활에 살을 메겼네.
그 산에서 한 마리 암사슴이
내려왔네.
장가르가 붉은 대동맥을 탁 맞추어 쓰러뜨렸네.
엠질이라는 이름의 간을 쑥 당겨
쓰러뜨려 버렸네.
일곱 마리 새끼를
떨어져 오는 것을 잡아 받았네.
여섯 마리를 불 지르고,
한 마리를 장화 바닥 아래 넣고
퀴렐 에르덴 임금을
도로 향했네.
퀴렐 에르덴 임금에게 닿아 왔네.
"퀴렐 에르덴은 있는가?" 하고 불렀네.
"나의 때가 되었다.
너의 날개 위로
내가 올라갈 모양이 되었다"고 했네.
퀴렐 에르덴이 말했네.
"근래 내 몸이 편치 않았다.
너를 만나고 나서 영 편치 않다"고 하고
나와서, 장가르의

옷자락을 잡고서,
뒤를 이억(二億) 번을 때리고 갔네.
그렇게 때리고 가려 하자,
오른편 가죽장화의 발바닥 밑에
새끼를 으스러져라 밟고 갔네.
퀴렐 에르덴이
여린 붉은 대동맥이 끊어져,
일흔 줄기 강의 나무를 덮치고 쓰러졌네.[32]
바다의 사루기 떼에 밥으로 던졌네.
장가르가 작은 하탄에게 왔네.
아르자 호르자의 술자리에 들었네.
퀴렐 에르덴이라는 이름을 끊었네.
명성도 자자한 장가르라는 이름을 부르게 했네,
이낙이라는 시종, 나르니 퀴켄
작은 하탄을 합치게 해
남편과 아내로 만들었네.
'이 고장을 그대 둘이 다스리라!' 하고
자신은 고향을 향했네.
아래 세상으로 내려갈 방법을 찾지 못하고 다니네.
그렇게 다닌다고 다니노라니
텡기스 큰 바다 기슭에

---

32 텍스트 унв는 이 밖에도 '넘어졌네.', '빠졌네.'로도 해석될 수 있는 형태.

임금 가루라 새의 둥지가 있네,
그 둥지에 임금 가루라 새의
세 딸이 사네.
그 세 딸을
독이 있는, 몸통은 적갈색이고 이마는 흰, 뱀이
사냥하려고 왔네.
장가르가 그 적갈색 흰 이마의 뱀을
세 번을 탁 때려서
세 딸에게 잡도록 해 버렸네.
이 세 딸이
"우리의 목숨을 지켜 준
은혜에 은혜를 베푼,
도움에 도움을 준 오라버니,
우리 어머니가 화가 나 있소" 하더니
황금 둥지 밑에 품어 버리고
감추고 앉았네.
임금 가루라 새가 이르러 왔네,
한쪽 편에 오백 마리
사슴 고기를 지고 왔네.
"이 뱀을 누가 죽였느냐,
어떻게 해서 살아 있느냐, 너희들은?"
"어머니, 그대가 먹어 버릴 거예요.
살아서는 우리는 가리켜 주지 않을 거예요."
"은혜에 은혜를 베푼,

도움에 도움을 준 소년을
내가 왜 먹겠느냐?"
세 딸이 나와 주었네.
임금 가루라 새가 소년에게 말했네.
"한 해에 세 아이를 낳고 있었다, 나는.
그 아이들을
해마다 이 뱀이 잡아먹고 있었다.
소년이여, 이제 내게서
원하는 세 가지를 받아라!"고 말했네.
소년이 말했네.
"아래 세상 봄바의 나라의
흉맹한 장가르라는 사람이오, 나는.
나를 아래 세상에 내려 주시오!"라고 했네.
임금 가루라 새가 양식을 준비해서,
장가르를 제 위에 앉게 하고
아래로 움직여 날아갔네.
다시 잠시 날아 버렸네.
식량은 떨어지고, 몸은 수척해져서
겨우
아래 세상에 닿았네.
아래 세상에서 임금 가루라 새가
식량을 준비해서
장가르에게 말했네.
"위 세상에

나의 임금 가루라 새 누나가 있다고 생각하고 다녀라!
아래 세상에
나는 장가르 아우가 있다고
생각하고 다니겠다" 하고
위로 날아서 갔네.
장가르가 그리고 나서 몸을
옴에 걸린 부스럼투성이 사내아이로 변신하고
제르데는 갈기도 없는
두 살짜리 절따 망아지로 둔갑시켜,
알탄 귀르귀 임금의 고장으로
들어왔네.
뒤에 있는 고향에 대해 물었으나
한 사람도
'장가르의 나라'를 모르네.
수단이 다해, 장가르가
알탄 귀르귀의 대궐 하인들의 마을에
아들도 없고,
딸도 없는
마누라와 영감에게
아들이 되어 지냈네.
마누라와 영감은
하루에 세 번 장가르를 어루만져 주고 있었네.
"어머니, 어머니, 대궐 하인들의 마을을 돌아
나가 놀다 올게요" 하고

나와서 달렸네.
달려가려는데
큰 관원의 아들,
가운데 관원의 아들,
작은 관원의 아들 셋이서
황금을 하나씩 걸고 주사위로
놀고 있네.
소년이 달려서 돌아왔네.
아버지에게 말했네.
“세 명 관원의 아들이
황금을 하나씩 걸고 주사위로
놀고 있어요.
저라고 한 번은 분복이 없겠습니까?
저라고 한 번은 때가 없겠습니까?
그들과 함께 놀겠습니다!” 하고 말했네.
“무엇을 참아서 웃음거리가 되는
것이 아니다, 놀지 마라!”고 했네.
어머니가 말했네.
“아이의 바람인데 다투지 말아요!
가서 놀아라!”고 했네.
소년이 주사위 두 개를 소매에 넣고 나가서 갔네.
세 명 관원의 아들에게 와서
“형님들, 형님들, 그대들의 내기를
나도 좋아하오. 나도 같이 놉시다!”라고 했네.

큰 관원의 아들이 말했네.
옴에 걸린 부스럼투성이 녀석아, 꺼져라!
너와 놀지 않는다!"고 했네.
가운데 관원의 아들이 말했네.
"놀이를 우리가 처음 시작하지 않았지,
전통이 있는[33] 놀이야,
놀이에서는 사람을 쫓지 않는다고.
"얘야, 놀아라!"고 했네.
소년이 주사위 두 개를 던져 주었네.
두 주사위가 맞추는 판마다 맞춰,
소년이 놓치지 않고 쏘아,
큰 관원의 아들에게서
열 수레의 금을 쓸었네.
가운데 관원의 아들에게서
여섯 수레의 금을 쓸었네.
작은 관원의 아들에게서
세 수레의 금을 쓸었네.
"판돈이 많으면 다툼이 나게 되어 있소,
(이제 그만하고) 돈을 주시오!" 하고
주사위를 모아들고 나갔네.
큰 관원의 아들이,

---

33 텍스트 Занга(장가)를 Занта(장타)로 고쳐 읽음.

"근본을 모르는 놈과 놀다가는
이렇게 다툼이 나게 되어 있지!" 하고
한번 쥐어박았네.
작은 관원의 아들이
"내 주사위를 던져라![34]" 하고
한번 쥐어박았네.
가운데 관원의 아들이
"남의 돈을 주지 않고
오히려 때리는 것이냐, 너희가?" 하고
옆에서 보고 섰네.
이 옴쟁이 소년이
큰 관원의 아들과
작은 관원의 아들을
패버리고
알탄 귀르귀 임금을 향해 달렸네.
임금에게 와서 고했네.
"그대의 고장에 나보다 가난한
사람은 없습니다.
나보다 고단(孤單)한 사람도 없습니다.
큰 관원의 아들에게서
열 수레의 황금을 쓸었습니다, 제가.

---

34 내 주사위로 다시 해보자!(?)

가운데 관원의 아들에게서
여섯 수레의 황금을 쓸었습니다, 제가.
작은 관원의 아들에게서
세 수레의 황금을 쓸었습니다. 저는.
'내 수레를 달라'고 하자
두 관원의 아들이
저를 패버렸습니다.
저의 이 말이 거짓인지는
가운데 관원의 아들이 증인입니다" 하고 말했네.
임금이 가운데 관원의 아들을
이리 오라고 하게 해서 불러들였네.
임금이 분부했네.
"이 옴쟁이 소년의
이 말이 사실이냐?" 하고 물었네.
"사실입니다!" 했네. 임금이 분부했네.
가운데 관원의 아들에게 말했네.
"그 열아홉 수레의 황금을
네가 다 거두어서 주어라!"고 했네.
가운데 관원의 아들이
저물녘에
그 수레 황금을 가져다주었네.
그 옴쟁이 소년이
가운데 관원의 아들과
친구가 되어, 여섯 수레

황금을 받지 않고 돌려주었네.
저물녘에
열세 수레 황금을
노파와 노인에게 보냈네.
노파와 노인은
물 꾼과 땔감 꾼을 붙잡고
즐거워하고 있었네.
그 알탄 귀르귀 임금의 고장은
희고 억센 노랑 망가스의 나라에
해마다 삼천 명의 소녀,
삼천 명의 소년을 주고 있었던 것이었네.
그 억센 노랑 망가스의 나라에서
윙게 차간 장사(壯士)를 비롯한
오백 명의 사람이 와서
"주던 삼천
소녀 소년을 다오!
주지 않으려면
이 장사와 싸워라!" 하고 보냈네.
알탄 귀르귀 임금의 나라는
소녀와 소년을 주려고 모았네.
그 옴쟁이 소년이 임금에게 갔네.
"이 소년 소녀를
모아 주고 있느니
이 장사와 한 소년이

겨루게 하십시오!"라고 했네.
"사람이 겨뤄서
될 일이 아니다.
어마어마한 힘을 가진 것이다"고 했네.
"그대의 수호신에게 빌고,
이자와 제가 겨루겠습니다!"고 했네.
"오냐, 소년이여, 겨뤄라!" 하고 말했네.
임금이 욍게 차간 장사에게 말하게 했네.
"내일 한낮에 겨루게 되니
몸을 다스리고 있어라!" 하고 말하게 했네.
욍게 차간 장사가,
"돌아갈 사람에게
하루의 농담거리[35]"라고 하고
껄껄대고 웃고 있었네.
이튿날 오정에
이 두 소년이
겨룰 차례가 되었네.
둘이
타키 들말의 가죽 바지를
오금 위로 걷어붙이고
사슴 가죽 바지를

35 또는 '하루치 식사거리'.

장딴지 위로 걷어붙이고
우지끈뚝딱 맞붙었네.
연달아 서로 들어 올리다
왕게 차간 장사를
용사 장가르가
둘로 찢어
두 진영 쪽에 던져 버렸네.
이 옴쟁이 소년을
알탄 귀르귀 임금이 사랑하여
묑겐 게렐이라는 아들에게
새 시종으로 만들어 주었네.
잠시 그렇게 지내게 되었네.
새 시종이 묑겐 게렐에게 말했네.
"거세마가 살이 올랐을 때 세상을 알라고 하오,
아버지가 살아 있을 때 사람을 사귀라고 하오,[36]
한 열 명 소년이
유람을 다녀옵시다"라고 했네.
묑겐 게렐을 비롯한 열 명의 소년이
거세마가 살이 올랐을 때 세상을 알기 위해
아버지가 살아 있을 때 사람을 사귀기 위해

36 표현이나 어휘 선택, 배열에 약간씩 차이가 있지만 기본적으로 "거세마가 있을 세상을 알아두고, 아버지가 있을 때 사람을 사귀어라!"는 칼미크-오이라드는 물론 할하, 부리야드 등 몽골계 민족 사이에서 두루 사용되는 속담이다.

출발했네.
잠시지만 유람하고 다녔네.
몇몇 바다를 건너고.
몇몇 산을 넘어
열 마리 준마가 지치도록 다녔네.
그렇게 가다가
말 떼의 모습을 찾았네.
아르타 차간 산을 알아보았네.
거기서 더 저쪽으로 유람하며 갔네.
쉰두 개의 등성이를 가진
쉰두 타브창 잔단 산(장엄한 백단향나무 산)을 알아보았네.
거기서 더 저쪽으로 유람을 한다고 했네.
"새 시종, 여기서부터는 어디로 가느냐?" 하고
뭥겐 게렐이 물었네.
"저기 한 아름다운 임금의 나라가 있소.
그것을 보고 돌아갑시다"고 했네.
"그러자!" 하고 나아갔네.
다시 잠시 더 갔네.
봄바의 차간 산이 보이고,
봄바라고 하는 바다가 보이고,
봄바의 흰 궁장이 눈에 들어왔네.
용사 장가르가 더욱
볼품 흉한 소년으로 변신하여
뭥겐 게렐 통치자의

오른편 재갈을 당기고 있었네.
뭥겐 게렐을 비롯한
열 명의 소년이 줄을 지어 갔네.
들어가 앉았네.
위편을 보니
마흔네 개의 다리를 가진 보좌 위에
세 살 나이의 샤브달 하탄이
지친 백발 노파가 되어 앉았네.
마실 것을 내다 주었네.
사연을 물었네.
"어느 봄바의 나라의 소년들이오, 그대들은?" 하고 물었네.
"알탄 귀르귀 임금의 소년들이오, 우리는.
거세마가 살이 올랐을 때 세상을 알자하고
다닙니다, 우리는" 하고 말했네.
샤브달이 말했네.
"그대들에게서 한 종잡을 수 없는
떠돌이에 대해 묻고자 하오.
용사 장가르라고 하는
나의 사람을 잃어버린 지 몇 달,
몇 해가 되었는지
알지 못하오.
용사 장가르라고 하는 사람이
돌아다닌다고 하는 소문을
들으셨는지, 그대들은?" 하고 말했네.

"아니오, 우리는 그런 것을
들은 적이 없습니다" 하고 말했네.
문에 앉은[37] 옴쟁이 소년이 말했네.
"주군이 없는 고장의 누구의 이름을 기억하겠소?
돌아갑시다!"고 했네.
열 명이 함께 출발하여 나왔네.
잠시 유람을 하고 다니네.
알탄 귀르귀 임금의 고장에
닿아 왔네.
알탄 귀르귀 임금의 궁장에서
길들지 않은 암말의 젖,
성대한 붉은 아르자 술잔치가 벌어져
왁자지껄하고 있었네.
그러다가
용사 장가르가 본모습으로 정돈했네.
아란잘 제르데가
본 모습으로 정돈했네.
알탄 귀르귀 임금의 나라가
장가르와 제르데에
경탄하고 있었네.
장가르가 말했네.

37 몽골계 유목민의 게르에서는 지위가 높은 사람이 출입문에서 맞은편 끝에(칼미크어 хөөмр), 낮은 사람이 문(칼미크어 үүд) 가에 앉는다.

"뭥겐 게렐이여!" 하고 말했네.
바로 앞서의 고장은 나의 고장이다.
삼천을 이루어 출발하여
우리나라에 가서 손님이 되자!" 하고
용사 장가르(의 나라)를 향해 나섰네.
잠시 달리게 하고,
잠시 동안 유람도 하고,
용사 장가르의 나라로 들어왔네.
그렇게 다닐 때
위용에 빛나는 붉은 홍고르,
쾨케 갈잔 준마가
허리에는 쉰 개의 화살 통을
걸만해지고,
허벅다리에는 여섯 명이
가부좌를 틀고 앉을 만해진
장가르를 찾다 못하고
돌아다니는 것과 마주쳤네.
홍고르와 장가르가
이레 동안
지나간 이야기를 나누었네.
두 이레를
고통과 행복을 이야기하고
갈단 샤라 라마의
가샥[38]이라는 이름의 저택을 향해 나갔네.

격렬하게 팔천 번을 절하고,
소리 없이 칠천 번을 절하고,
갈단 샤라 라마의 손에 대고 축복을 받고,
퀴지 잔단 궁장을 향해 떠났네.
사랑하는 장가르를 위시해
웅성거리던 여러 대신이 들어왔네.
한때의 시운으로 벗어났던
젊은 통치자 장가르가
다시 때가 되어
보좌 위로 올랐네.
죽음이 없는 영원의 나라가 우뚝 솟고
겨울 없는 여름의 나라가 우뚝 솟고,
성주의 서른다섯 보동과,
일흔두 바다의 임금들이
바다와 같은 성주의 곁에서
길들지 않은 암말의 젖,
성대한 붉은 아르자 술잔치를 벌였네.
용사 봄바의 나라가 평안한 것이었네.

---

38 텍스트 가샹(hашн)은 사전들에서 확인되지 않고, 2-1-683, 2-3-1701, 1703에서는 '증서, 칙서'라는 뜻의 가샤(hашr)이므로 hашr의 잘못일 가능성이 아주 높다.

3. 흉맹한 노랑 귀르귀 임금을 유명한 붉은 쇼브쇼르가 타도하는 마당

세상의 노랑 해가
솟구쳐 나올 무렵에
주군 통치자 장가르가 기지개를 펴고 일어났네.
호르단 차간 공양주[1]가
수라를 준비해 왔네.
주군 통치자 장가르가
수라를 젓수지 않고
곰곰이 생각에 잠겨 있었네.
호르단 차간 공양주가
서른다섯 보동에게
서른다섯 사자(使者)를 내었네.
일흔두 바다의 임금들에게는
일흔두 사신을 내어

1 호르단 차간은 '빠른 흰색'이라는 뜻으로 '빠른'은 별명, 차간은 이름. 그러나 비트케에프들(1990b: 71)의 텍스트에는 차간이 소문자로 시작하고 있다. 수라간의 책임자를 대사원의 공양간의 우두머리를 뜻하는 용어로 가리키는 것은 장가르를 나라의 임금이자 종교의 수장으로 여겼기 때문일 것으로 짐작된다.

바다와 같은 장가르의 곁에 모이게 했네.
용사 성주의 궁장에
들어갈 만큼 들어왔네.
오른편, 왼편의 대신들이
오른편, 왼편을 찾아 앉았네.
오른편을 이끄는
바인 뎅킨 알탄 체지가
주군 통치자 장가르에게 아뢰었네.
외방의 큰 적이 있습니까?
곤란한 큰 일이 있습니까?
그대의 영명한 밝은 통찰 안에 있는 것을
말씀해 주소서!
그래도
주군 통치자 장가르는
분부를 주지 않았네.
그러자
다르와드 알탄 임금의 아들
달라 질왕이
척하고 앉아 아뢰었네.
"쉉 바다[2]와 같은 임금 장가르여!

---

2 칼미크어에서 쉉(сөн)은 대체로 ① 쌍으로 이루어진 것 가운데 어느 한 쪽(예를 들어 쌍둥이 가운데 어느 하나), ② 축배, 잔치에서 쓰는 술잔, ③ 빙산, 거대한 덩어리 등으로 정리할 수 있다. 그러나 이 대목에서처럼 쉉 바다(Сөн дала)라는 항목은 사전에서 확인되지 않는다. 불교, 힌두, 혹은 자이나교의 우주관의 8대 바다의 하

수미산의 상상봉이신 장가르여!
뜨는 해의 자리에서부터,
오록 욘돈 산의 이쪽 편에서부터,
퀴셀렝트 퀴지 잔단 임금에게서
이르러 모셔 온
세살 박이 샤브달이
편찮으신 것이면[3]
편안하게 여러 보동에게
말씀을 내려 주소서!"
대답을 주지 않고 있었네.
그러자 질왕이
"두려워하지 않고 아뢰겠습니다.
숨도 쉬지 말고 주목해 주십시오.
주군 장가르의 사랑의 덕분이었습니다.
샤라 골의 세 임금[4]과 송사를 해서,
시련 없이 송사를 이기고 나왔습니다, 제가.

나인 Kshiroda (Ocean of milk) 혹은 티베트-몽골 불교의 7대 바다의 하나인 술의 바다(Архины далай) 혹은 젖의 바다(Сүүн далай)의 칼미크식 재해석일 수도 있겠다. http://en.wikipedia.org/wiki/Jambudvipa(접속 2013. 5. 13.), 볼드들(2008: 644-645) 참조.

3 유원수(2011: 234)에서는 1-6-45의 Бас му гиж хәәлвт?를 '또한 못생겨서 우십니까, 그대가?'로 옮겼으나 이 역시 '또한 편찮아서 우십니까, 그대가?'로 옮길 수도 있을 것으로 보인다.

4 샤라 골의 세 임금은 『게세르』의 시라이 골의 세 임금과 같은 기원으로 보인다. 시라이 골의 세 임금에 대해서는 유원수(2007: 263~417) 등을 참조.

그대의 사랑 덕분이었습니다.
'서른세 번의 허물을 용서해 주마,
마흔네 가지 찾는 것을 주마'고 했습니다.
없다고 해서, 찾을 것을 찾지 않았습니다.
고아가 되었다고 해서, 친척을 구하지 않았습니다.
제가 원하는 것이 하나는 이루어지게 하소서!
그대의 영명한 흰 의식에 있는 것을
말씀하여 저에게 내리소서!"
대답을 주지 않았네.
다시 질왕이
착함으로 겁주려 합니까, 그대는?
착함이라고 하면, 홍고르가 있습니다!
아름다움으로 겁주려 합니까, 그대는?
아름다움이라고 하면 밍얀이 있습니다.
지혜라고 하면 알탄 체지에게 있습니다.
그대의 서른다섯 보동이
있지만 차이가 없는
임금들의 아들들입니다, 우리는!" 하고
기도깃발 같은 흰 문을
두 살짜리 망아지가 경주하듯 당겨 버리고 나갔네.
웅성거리던 여러 보동이
차례차례 나가서 갔네.
그러자
주군 통치자 장가르가

"말치기 보로 망나[5]!" 하고 불렀네.
"봄블로의 멋진 제르데를 매어 놓아라!" 하고 말했네.
아름다운 사슬로 된 은제 바굴레를 들고,
순 은제 굴레를 들고,
달려서 나갔네.
봄블로의 초원에서
용솟음치는 네 개의 잔단 강의 합류점에
밧줄에 매인 제르데를
사슬로 된 은제 바굴레를 씌우고,
고리를 묶자마자
달 모양의 은제 가슴걸이 끈이
백만 가운데 절렁거리고,
곧은 백단향나무 밑동에
부드러운 붉은 모래밭에
세 이레 동안 매었네.
아란잘 제르데가 진정이 되어 왔네.
'진정이 된 모양이 어떠한가?' 하면
기도깃발 같은 흰 뱃구레를
오줌보 쪽을 잡고,
귀 높이의 목덜미 비계는
홈통처럼 되어 왔네.

5 앞서 보르 망나(잿빛 이마/선봉)는 Бор Маңна. 음운 형태는 비슷하지만 여기서는 Буру Маңна(잘못된 이마/선봉).

눈높이의 갈기는
깃털같이 되어서 왔네.
좋은 몸을
엉덩이에 지니고,
멋진 몸을
가슴에 지니고,
빠른 몸을 네 개의 황금 말뚝[6] 같은
발굽에 지니고
토끼같이 근사한 등마루를 한
미끈하고 멋진 뒷다리를 한
산토끼같이 멋진 앞다리를 한
아름답고 멋진 머리를 가진
송곳같이 근사한 눈을 가진
널찍하고 근사한 가슴을 가진
잿빛 푸른 비단 같은 네 개의 말뚝 황금 같은 발굽을 가진
여든 길 산호같이 근사한 꼬리를 가진,
여든 길 진주같이 근사한 갈기를 가졌네.
준마들의 다래를 가진,
칠백 마리 암말을 가진,
바람둥이 제르데 씨수말을 가진,
씨수말의 만망아지

6 텍스트 алтн hашг(황금 말뚝)은 2-2-133에서는 hашг алтн(말뚝 황금).

기민하고 근사한 제르데를
명성도 자자한 장가르의 궁장 쪽으로 향하게 하고 나섰네.
주군 장가르의 문에서
안장을 바꿔 얹게 되었네.
세련된 은제 땀받이를 놓았네,
고르게 은제[7] 다래를 놓으면서,
고르게 마흔네 번 빙빙 돌게 해 잡았네,
모루 같은 은제 안장을 놓을 때
조여드는 엉치의 힘살 머리를
라싸식 노랑 황금 후걸이가 두드리며 덮었네.
산호 같은 멋진 꼬리를 들어 올리고
엉치의 두꺼운 힘살을 따라오게 했네.
긴 베개 모양 황금 안장방석을 놓을 때
아름다운 스물다섯 개 끈고리 달린
흰 은제 뱃대끈으로 당겼네.
부드러운 제르데가 비명을 지르도록 당겼네,
섬세한 은제 끈을
긴 베개 모양 황금 안장방석 아래
고정시켜 던졌네.
한 냥짜리 황금 가슴 가리개
일흔두 개의 노랑 황금 단추를

7 텍스트 мицhн(1,000)을 мөнгн(은)으로 고쳐 읽음.

어깨(주걱뼈 부위)의 검은 힘살에
말이 비틀거리도록 당겨 채웠네,
모루 같은 은제 안장가리개에
가죽끈 흰 고삐를 걸어 버렸네.
신성한 은제 후릿고삐를 잡고,
성주의 문에서 빙 돌며 껑충거리게 했네.
주군 통치자 장가르가
조화롭게 옷을 입었네.
에르웽이라고 하는 킬렉을 입고,
보석을 박은 뷔시뮈드를 입고,
너른 흰 비제를 입고,
이것을 모두 묶는 데는
다섯 살짜리 말 일흔 마리 값의
뷔케르 로당 비단 허리띠를 매었네,
한 장에 집 한 채 값인
남질 비단 수건을 끼우고,
백여덟 겹
대다리 있는 짧은 가죽 신발이
뒤축 위에서 탄력을 받아,
모루 같은 은제 투구를 쓰시고,
서른 마리 불친 소의 가죽으로 안을 덮어 엮고,
일흔 마리 불친 소의 가죽으로 씌워,
면(面)이 난 오천 개의 흰 가죽끈을 가진
오천 명의 장사 소년이 조여 엮은,

뱀 같은 은세공이 있는
여든 달 동안 말린
곧고 젊은 백단향나무 가지를 맞대어 자루를 만든,
세 손가락 두께 간격으로 흰 은으로 단추를 해서 단,
네 손가락 두께 간격으로 흰 은으로 메뚜기를 해서 단
자루와 채 끈이 어우러지게 만든 채찍을
오른손에 잡았네.
튼튼한 백단향나무 문지방을 밟고 나왔네.
바라던 제르데는
청동 은제 발걸이를 주고 (흥분해) 떨고 있었네.
청동 은제 발걸이에
튼튼한 황금 신발바닥이
닿자마자
하늘에 닿도록 솟구쳤다가
제자리에 떨어졌다가
마법의 한달음으로 경중거려 갔네.
익숙한 장가르가
긴 베개 모양 황금 안장방석 위로
놀이하듯 뛰어오르자
바른쪽 청동 은제 발걸이가
소리도 내지 않고 맞아들었네.
기민한 제르데가
명성도 자자한 여러 대궐 하인들의 마을을
둥글게 돌아서 갔네.

왼쪽 재갈을 돌려,
왼쪽 무릎 위에 잡고,
바른쪽 재갈을 돌려,
바른쪽 무릎 위에 잡고,
밤바[봄바]의 쿼지 잔단 궁장을
바른쪽 재갈을 당겨 나갔네.
튼튼함을 위해
한주먹 길이[8] 백단향나무로 붙여서 자루를 한
아름다움을 위해서
조각 백단향나무로 자루를 한
다람쥐의 팔천 휘파람 소리가 나는
애게르 백단향나무 창을
열두 개의 낫이 쩔렁거리도록 뽑아 잡았네.
봄블로 강을 따라 내려와서 질주했네.
시케를뤽을 따라 내려와서
찾아 돌아다니는 홍고르의 밤바르 잔단
궁장에 닿아 왔네.
"홍고르 있나?" 하고 불렀네.
"있습니다!" 하고 나왔네.
영예로운 통치자 장가르가 분부했네.
"그릇으로 하나의 피를

8 텍스트 барим(바림)은 주먹을 쥐었을 때 다섯 손가락이 모여 만드는 길이.

어느 산의 기슭에서
쏟을지는 나도 모른다.
열 개의 흰 뼈가
어느 산의 기슭에서
빛이 바랠지는 나도 모른다.
경박한 검은 영혼이
어느 지옥의 바닥을
향할지는 나도 모른다.
아르 봄바의 나라를 지켜라!"
하고 말하고 질주했네.
알지 못하는 여든두
잔단 강을 건너,
그렇게 가려는 순간
오른편의 열일곱 보동이
알탄 체지를 필두로 (와서 아뢰었네.)
"영예로운 통치자 성주여, 잠시 멈추소서!
드릴 말씀이 있습니다.
첫째로는
저의 불만은,
입의 헛김을 내리셨습니다, 그대는.[9]
둘째로는

9 대략 '부당한 명을 내렸다 또는 부당한 영향력을 행사했다'는 뜻인 듯하다.

나와 같은 홍고르에게
자신을 주도록 하라는 것은 무슨 말씀입니까?
셋째로는
봄바의 나라가 그대에게 필요 없게 되었으니
제게도 필요가 없습니다." 하고 아뢰었네.
영예로운 성주가
'잘 있어라!' 하고 말하고는
해가 뜨는 서남쪽을[10] 향해
지향 없이 질주했네.
알던 여든두
잔단 강을 건너 질주했네.
왼편의 열일곱 보동이 닿아 왔네.
꿈풀이 통치자 귐베를 필두로 (와서 아뢰었네).
"영예로운 성주여, 잠시 멈추소서!
드릴 말씀이 있습니다.
첫째로는
저의 한 가지 불만은
입의 헛김을 내리셨습니다, 그대는.
둘째로는
나와 같은 홍고르에게
자신을 주도록 하라는 것이 무엇입니까?

---

10 텍스트는 Нарн hархин барун үд(해가 뜨는 서남쪽을). 두게르수렝(2000: 114)은 Нар гарахын зүүн зүг(해가 뜨는 동쪽을)로 고쳐 읽음.

셋째로는
봄바의 나라가 그대에게 필요 없게 되면
제게도 필요 없습니다."
해가 뜨는
동쪽을 향해 질주했네.
주군 통치자 성주가
뜨는 해의 자리 쪽
간딕 알탄 산[11]을 넘어
지향 없이 질주했네.
아르 봄바의 나라에는
동무 없이 위용에 빛나는 붉은 홍고르만 남았네.
아래, 위로 메아리가 되어 퍼져 갔네.
탁월한 은빛 머리에
붉은빛 도는 은빛 솜털뭉치에
수범의 염통에,
사나운 독수리의 움킬 힘을 가진,
보통 빠르기의 노랑 얼룩무늬 이틀렉 매가
한 번에 날아올라 갈 때,
아흔 베래[12]를 날아오르는 데,
그런 이틀렉 매가 새끼를 낳아 가며 가도 도달하지 못할

11 텍스트는 Һаньдг Алтн уул(마력의 알탄 산, 마력의 황금 산). 2-4-1111, 2-5-66에서는 Һаньдг Алта үул(마력의 알타이 산).

12 이틀렉 매의 비상거리는 한 번에 135~180km 범위일 듯.

악마의 임금 흉맹한 노랑 귀르귀에게
소식이 메아리쳐 닿아 갔네.
소문을 들은 즉시 흉맹한 노랑 귀르귀가
이레 동안 수라를 전폐했네.
마력이 있는 샤라 관원이
“흉맹한 노랑 귀르귀 임금, 그대시여
수라를 왜 전폐하셨습니까?” 하고 물었네.
“나의 샤라 관원이여, 들어라!
여기, 뜨는 해의 자리 쪽
간딕 알탄 산의 이쪽 편에
위젱의 고아 장가르라고 있다.
자신과 같은 서른다섯 보동이 있고,
자신보다 나은 위용에 빛나는 붉은 홍고르가 있다.
위용에 빛나는 붉은 홍고르 혼자서 있다고 한다.
성주를 위시하여 서른다섯 보동이
종적이 없다고 한다.
아르 봄바의 나라를
공격하면 어떻겠는가?
봄바의 차간 산을 허물고,
봄바 바다를 물을 말리고
봄바의 붉은 홍고르를
칠층(七層) 지하에
사나운 붉은 바다[13]의 바닥에 던져,
팔천 악마의 손에

주면 어떻겠는가?"라고 하네.
그러자 마력 있는
호르단 샤라 관원이 말하네.
"분부가 지당하고 사실입니다." 하고
"지당한 불만을 그대에게 아뢰겠습니다.
열두 가지의 마력이 있는
영예로운 통치자 성주가
살아서 나가 다니는 것이면
원래 (그렇게) 쉬는 것인지도 모릅니다."
"장가르가 그렇게 마력이 있다면,
나 역시 그만한 마력이 있다." (하고 말하고)
큰 신호를 보내서
큰 군대를 모으고,
가운데 신호를 보내서
가운데 군대를 모으고,
작은 신호를 보내서,
작은 군대를 모아
흙보다 촘촘하고,
개미보다 많은 군대를 모아
끊어낸 수를 오백만 정도로
여유 있게 장가르를 향해 나갔네.

---

13 독신 올란 텡기스(Догшн улан тенгс)는 고유지명일 것이다.

벌판이 크다 하여도 풀을 주지 않고,
바다가 크다 하여도 물을 주지 않고,
다시 잠시 이겨내게 해 버렸네.
용사 장가르의
욍게 차간 바인의 영지로 들어왔네.
바다가 크다 해도
물을 주지 않고 간 군대에게
술과 고기로
열두 달 치 군량이 준비되었네.[14]
그랬어도 장가르의 나라는 주의하지 않았네.
밍얀을 공격했네.
아르타 잔단 강을 따라 내려와,
알탄 체지의 고장을 결딴냈네.
귕 하라 바다를 따라 내려와
귐베의 고장을 파괴했네.
그래도 아르 봄바의 나라는 신경 쓰지 않았네.
오정 무렵에
용사 장가르의 궁장에 있던
용력 넘치는 붉은 홍고르에게
불안한 소식이 메아리쳐, 이르러 왔네.

---

14 대규모 침략군이 12개월 동안 먹을 술과 고기가 있을 정도로 이 고장이 풍요롭다는 뜻. 아니면 대규모 침략군의 12달치 군량에 맞먹는 술과 고기를 징발하는 소동이 있었다는 뜻.

홍고르의 날카로운 흰 통찰력이
안개가 되고,
무거운 백단향나무 같은 머리는
혼미해지고[15]
한 번은 사원 쪽으로 달렸다가,
한 번은 장가르의 궁장 쪽으로 달렸다가,
사원의 호르단 차간 게브귀[16]에게
달려갔네.
일흔두 바다의 장인들을
독신 차간 소라고둥으로
불러 주소서!
소라고둥꾼 차간 만자[17]가
소라를 여섯 번 불었네.
일흔두 바다의 장인들이
장가르의 궁장에 이르러 왔네.
주군 성주의 궁장에서
경화(硬化)시킨 검은 강철 울타리를 두드렸네.

---

15 텍스트 Дуунг болад(혼미해지고)는 2-1-1130에서 Диинг болтл(혼이 나가도록).

16 호르단 차간 게브귀(Хурдн Цаһан гевгү)에서 호르단(빠른)은 스님의 별명, 차간(흰)은 이름, 게브귀는 소임. 티베트어 dge-bskos의 차용인 게브귀는 사찰의 의식을 지휘하고, 범죄를 막고, 법을 집행하는 소임.

17 소라고둥꾼 차간 만자에서 소라고둥꾼(소라고둥 부는 이)은 그의 소임, 차간(흰)은 그의 이름, 만자(초발심 또는 행자)는 그의 지위를 나타내는 것일 가능성이 있다. 다만 만자가 그의 지위를 나타내는 말이라면 소문자로 적혔어야 하지 않을까 하는 의문이 남는다.

홍고르가 장가르의 궁장으로 달려 들어갔네.
푸른 노랑 얼룩무늬 물건을 쏟았네.
위젱 알다르 임금 이후로 지금까지
벌인 일이 없는
강건한 차간 화살 통을 잡았네.
살을 시위에 메기고 당기려면 성주를 비롯한
오백 명 장사 소년이 (힘을 합쳐야)
겨우 당길 수 있었네.
위용에 빛나는 붉은 홍고르
혼자 몸으로는 당길 수 없었네.
그렇게 하고 다니는 동안
대나무처럼 둑의 끝을 번쩍거리며
갈대처럼 창끝을 번쩍거리며,
흉맹한 노랑 귀르귀의 군대가
명성도 자자한 성주의 궁장을
칠만 병력으로 포위했네.
명성도 자자한 붉은 홍고르의
속의 칠만 가지 투지가 끓어올라
퀴데르 차간 활을
혼자 몸으로 구부려 잡았네.
억센 세 개의 시위를 걸어 버렸네.
퀴데르 차간 화살을
들어갈 만큼 오늬에 메겨
당기고 또 당겼다 놓네.

쉰 명 적병의 머리가
일제히 떨어지네.
명성도 자자한 장가르의 궁장을
이레를 내 주지 않고 싸우네.
퀴데르 차간 화살을
들어갈 만큼 오늬에 메겨
당겨 펴고 또 폈다가 놓네.
일제히 여든 명 적병의 머리가 떨어지네.
명성도 자자한 장가르의 궁장을
다시 세 이레를
내주지 않고 적병을 두드려 팼네.
흉맹한 노랑 귀르귀의
마력 있는 호르단 샤라 관원이
일흔두 진영의 저편에서
바다와 같은 붉은 홍고르를 쏘았네.
날이 새도록 당기고,
번개가 치도록 당겨서,
명중한 곳이
빨간 불꽃이 튀도록 당겨서,
붉은 대동맥을 향해 놓아 버렸네.
화살이 이곳에 소리를 내며 와서
오른손을 길게 쏘고 갔네.
용력 넘치는 붉은 홍고르가 비명을 지르며 잡았네.
팔천 개의 산을 넘어간,

여든두 개의 바다를 건너간,
젊은 통치자 장가르를 불렀네.
가늘고 흰 목소리를
윌 쾨게 갈잔 준마가 들어 버렸네.
장가르의 궁장으로 달려 들어왔네.
장가르의 샤브달 하탄이
용력 넘치는 붉은 홍고르를
오른손을 싸매 주었네.
용력 넘치는 붉은 홍고르가 나와
명성도 자자한 장가르의 궁장에서
원을 그리며 활을 쏘아대고 있었네.
쾨케 갈잔 준마가
홍고르의 궁장으로 달려, 닿아 왔네.
홍고르의 밤바르 잔단 궁장이
다 쓰러지게 되었네.
잔단 졸 하탄이
들어갈 구멍, 나갈 곳을
찾지 못하고 달음질쳐 돌아다니네.
쾨케 갈잔 준마가
하탄에게 달려 이르러 왔네.
쾨케 갈잔 준마를
요령 있게 마구를 얹었네.
모루 같은 은제 안장의 가리개에
길고 흰 강철 (검)을 걸고,

네 개의 검은 발굽에 머리를 대고 절했네.
"주군 성주가 필요 없다고
버린 나라를 지키려 들다가
여린 붉은 대동맥을[18]
바치게 될까 두렵다!
봄바 바다와 같은
바다도 찾아낼 것이다,
봄바의 나라와 같은
나라도 하나 찾아낼 것이다.
나와 같은
한 시녀, 하탄도 얻을 것이다.[19]
그저 젊디젊은 붉은 목숨을
산 채로 데리고 나가 보거라!" 하고
놓아 버렸네.
쾨케 갈잔 준마가
가엾은 홍고르를 향해 나섰네.
일반 여러 악마가
줄지어 뒤로 들어왔네.
일상의 여러 악마가
안장 뒤로 들어왔네.

---

18 목숨을.

19 『몽골비사』 55절의 납치의 위험에 처한 후엘룬이 신랑 예케 칠레두를 도망하도록 설득하는 장면을 연상시킨다. 유원수(2004: 36~37) 참조.

신성한 은제 후릿고삐를
십만 번을 한숨에 움켜 물고
봄바의 붉은 홍고르에게 닿아 왔네.
홍고르의 속에서는
칠만 가지 투지가 끓어오르고
"용사 봄바의
샤르트 잔단 만세"를 부르고
긴 강철 (검)을 빼어들고
중군영(中軍營)으로 돌진해 들어갔네.
좋은 자, 나쁜 자를 가려 베고
궁수대를 때리고[20] 베고,
여든두 근위병을 밀어붙여 베고,
뒤를 돌아보려니
용사 장가르의 궁장 쪽으로
십만 대군이 몰려가네.
쾨케 갈잔 준마의
황금 고삐를 돌려
용사 성주의 궁장을 내주지 않고 베었네.
명성도 자자한 붉은 홍고르가
속으로 곰곰이 생각했네.
"칠층 지하에

20 텍스트는 савн. 2-1-1426에서는 сэвн.

사나운 붉은 바다로 향하기 전에,
흉맹한 노랑 귀르귀 너를
먼저 겨우 명성이 있는
너의 붉은 얼룩무늬 둑을 부러뜨리고
소리 울려 퍼지는 은제 정수리를
예순두 번을 때리고
겹으로 입은
일흔 겹
다라브[21] 노랑 얼룩무늬 [올와를/로브차를]
겹으로 움켜잡으면,
뒤에 있는 영예로운 장가로의 궁장은 어찌할 것인가?
앞에 있는 노랑 귀르귀는 어찌할 것인가?" (하고)
흉맹한 노랑 귀르귀의 진영으로 들어갔네,
붉은 얼룩무늬 둑을 부러뜨리고 갔네.
소리 울려 퍼지는 은제 정수리를
예순두 번 때리고 갔네.
겹으로 입은
일흔 겹 노랑 얼룩무늬 [올와를/로브차를]
겹으로 움켜쥐고 갔네.
위용에 빛나는 붉은 홍고르의

---

21 텍스트 Дарв는 칼미크어 사전들이나 연구서, 다른 몽골어계 언어들에서 확인되지 않는 어휘. 두게르수렝(2000: 119)의 Даравгар 역시 볼드들(2008: 672)에는 дарвас хийх(입이 튀어나온/길쭉한 것이 날카롭게 움직이는 모양)로 풀이되어 이 대목에 적확한 뜻을 추려낼 수 없다.

한쪽으로 굽은
여든두 대 갈비에
팔천 개의 갈고랑쇠[22]가 맞았네.
(다른) 한쪽으로 굽은
여든두 대 갈비에
팔천 개의 갈고랑쇠가 맞았네.
정수리에는 육천 자루 검의 날이
부서지는 소리를 내며 왔네.
오춤보의 머리에는 일흔두 개 창끝이
부서지는 소리를 내며 왔네.
바다와 같은 성주를 부를 수도 없이 비틀거렸네.
'봄바의 붉은 홍고르가
남의 손의 든다고 어찌 생각이나 하겠는가!' 하고
쾨케 갈잔 준마를 뒷다리를 채찍질해 갔네.
쾨케 갈잔 준마가 비약하여 가노라니
팔천 바가르 갈고리가 부서져 나갔네.
비틀거리던 홍고르가
연약한 붉은 대동목까지 닿은
팔천 곳의 상처를 받고 나왔네.
산을 돌고

22 텍스트는 багр дегэ. 2-3-1046에서는 Баhр мөңгн дегэ(바가르 은제 갈고리). Багр~баhр는 할하몽골어 багуур(갈고리 달린 무기)로 미루어 원래 몽골어일 가능성이 높으나, 러시아어 багор(갈고랑막대기)의 차용일 가능성도 있다.

물을 건너
붉은 대동맥과 함께 비틀거리며
지체 없이 구백만 군대를 끊어 잡았네.
뒤에서 깔깔대고 웃었네.
"(나 같은) 이런 자가 임금이 되느니,
(차라리) 바보가 임금이 되어라!
뒤에 있는 성주를 비롯하여
나의 서른다섯 보동은
어쩌자는 것일까?" 하고 생각했네.
날카로운 흰 통찰력이 안개가 되어,
가엾은 홍고르가 의식을 잃고 쓰러졌네.
흉맹한 노랑 귀르귀가 와서
하삭 철제 수레와
사람의 가슴만 한
검은 강철로 결박했네.
팔천 악마의 손에 주었네.
날마다
팔천 번을 때려라,
팔천 번을 단근질하여라!
숨 쉴 때는 열두 지옥의
어귀에서 한 것보다 더 큰 고통을 겪게 했네.
"칠층 지하에,
사나운 붉은 바다의 바닥 아래 던져라!"고 했네.
"일흔두 해를 지켜라!"고 했네.

어마어마한 붉은 구멍으로
데리고 들어갔네.
명성도 자자한 봄바의 나라를 공격했네.
명성도 자자한 장가르의 절따말 떼로
한 큰길을 내었네.
명성도 자자한 봄바의 나라(의 온 백성)를
일곱 길로 내몰았네.
굶주린 개 한 마리
고아 아이 하나도 남기지 않고 몰았네.
주군 성주의 하탄을 비롯한
일흔두 임금의 하탄들을
한 사슬로 묶어 몰았네.
봄바의 차간 산을 허물고,
봄바 바다를 물을 말려,
명성도 자자한 장가르라고 하는 이름을 끊고,
몰아서 데리고 갔네.
흉맹한 노랑 귀르귀가 앞으로 나아갔네.
"장가르의 고장(의 백성)을
호르트 바다와 슈트 바다 사이에 있는
홈하 차간 베트케에서 목영케 하라!" 하고 갔네.
옛날 옛적에
이 봄바의 나라를 태평한 시절에 벗어난
주군 통치자 장가르는 어느 한 가지에도 이르지 않았네.
찾아 돌아다니는 제르데의

정강이의 붉은 비계가 없어지도록 유람했네.
위용에 빛나는 붉은 홍고르를 잊고 유람하다가,
아르 봄바의 나라를 잊고 유람하다가, 그렇게 다니려니,
황금 노랑 대궐이 마주쳐 왔네.
마법의 백단향나무로 창문으로 보았네.
보게 되어
저리로 보니
저쪽 빰의 빛에
저쪽 방향의 백단향나무를 밤에도 헤아릴 수 있을 만하고,
이쪽 빰의 빛에
이쪽 방향의 백단향나무를 밤에도 헤아릴 수 있을 만한,
천녀[23] 아가씨만 홀로 사네.
남질 비단 수건을 가지고
장난을 치며 빛을 발하며 앉았네.
장가르가 마법의 백단향나무 창문으로 들어갔네.
조개처럼 흰 손을 잡아
앞섶에 넣고 나와 버렸네.
제르데 위에 올라갔네.
잠시 달리게 하고,
우주의 퀴렐 차간 바다의 기슭에
큰 흰 돌로 대궐을 지었네.

23 텍스트는 рагни. 2-3-1354, 1355 등의 арагни, арагнь 등과 와 비교할 때 어두의 a가 첨가되기 이전의 형태이거나 탈락한 형태인 듯하다.

부부가 되었네.
그에게 고향이 되었네.
그 하탄이 임신이 되었네.
열 달이 지나, 아들이 나왔네.
빌긴 샤르왕[24]이라는 이름의 검으로
검은 강철 같은 탯줄을 끊고 받았네.
아들이 사흘을 지나고,
골장 제르데[25]를 타고 사냥을 했네.
사냥을 해서 아버지 어머니를 봉양하고 있었네.
어머니와 아버지가
귀여워하다가
세 살배기 올란 쇼브쇼르[26]라고 이름을 지어 주었네.
해가 뜨는 동쪽 들판에서
사냥하고 다니는데
강력한 준마의 먼지가 올라갔네.
그 먼지를 소년이
앞에서 맞이하여 나갔네.
닿아오려고 하는데

---

24 빌긴 샤르왕(Билгин Шарвң)은 바르다예프들(2004: 929)를 참고하면 대략 '지혜의 실수 없는 타격'(поражающий без промаха)이라는 뜻이 될 듯하다.

25 골장 제르데(Һульжң Зеерд)는 대략 '제어되지 않는 절따말'이라는 뜻이다.

26 공한(һунхн '말, 소 등 가축의 세 살짜리')도 쇼브쇼르(шовшур, 세 살 백이 멧돼지)도 세 살이라는 의미가 있다. 몸집은 다 자랐지만, 그래서 힘은 거의 완벽하지만, 생각과 행동에는 천진하고 귀여움이 묻어나는 대상임을 뜻하는 것 같다.

열일곱 보동의 준마가 고삐를 안장에 매인 채 있네.
'우두머리의 준마일 것이다' 하고 생각했네.[27]
잔 타왁
해슨 하라 준마가
고삐를 안장에 매인 채 있네.
그 준마의 가슴 밑 그늘에서 쉬며
열일곱 보동이 앉았네.
'그 준마의 주인일 것이다' 하고 생각했네.
열일곱 보동의
상석에 앉은 귐베가
소년이 닿아오자
아란잘 제르데를 알아보았네.
살아 있는 악령 소년은 알아보지 못하였네.
'나의 영예로운 통치자 장가르의
열 개의 흰 뼈를
어느 산의 기슭에서 빛바래게 해 버렸는고?
아란잘을 타고 다니는 너를
무슨 수로 방법을 한다?'고 생각하며 일어나서 수인사를 했네.
"어느 봄바의 나라의 소년인가?
누구라는 사람의 아들인가?" 하고 물었네.
소년이 말했네.

27 텍스트의 마지막 어휘 6и(나)는 불필요한 듯. 《Ахлгч күүнә күлг билтә》, — гиж санв би:

"어느 봄바의 나라인지도 모릅니다.
누구라고 하는 사람의 아들인지도 모릅니다.
사람 없는 황야에서
어머니, 아버지와 세 식구가 삽니다" 하고 말했네.
소년이 물었네.
"그대들의 준마들이 지쳤습니다.
무슨 사연이 있는 아저씨들입니까?"
"우리는 여기 있는
나란 귀식 잔단 임금의 보동들일세.
해가 뜨는 서쪽 초원에 있는
샤라 골의 세 임금의
조공을 받아 돌아가고 있네, 우리는.
받게, 소년이여.
이것을 아버지께 갖다 드려라" 하고
말 한 마리를 주었네.
저녁 늦게 돌아왔네.
아버지가 앞에서 맞아 나왔네.
"훌륭한 아버지의 이름을
못된 아들이 훼손한다는 것이 이것이로구나!
너를 목영지에 뒤처진
남의 두 살짜리 망아지, 세 살짜리 암망아지를 모아
오라고 했느냐, 내가?"
독 묻은 갑옷의 자락을 잡고
뒤를 스무 번 때리고,

앞을 열 번 때려 버렸네.
아들이 떨어진 모루 같은 은제 투구를
집어쓰고,
아란잘을 물을 먹이고, 밧줄에 매어 놓고 잤네.
아침에 일어나 아란잘을 타고,
해가 뜨는 서쪽 초원에서
길짐승, 날짐승을 쏘고 다니려니
힘센 준마의 먼지가 보였네.
맞이하여 이르러 왔네.
열일곱 마리 준마가 고삐를 안장에 매인 채 있네.
'우두머리의 준마일 것이다' 하고 생각했네.
아그삭 올란 준마가 고삐를 안장에 매인 채 있네.
아그삭 올란 준마의 그늘에
열일곱 보동이 앉았네.
우두머리 쿵캔 알탄 체지가
속으로 곰곰이 생각을 하네.
아란잘 제르데를 알겠네,
살아 있는 악령 소년은 모르겠네.
'나의 영예로운 통치자 장가르가
열 개의 흰 뼈를
어느 산의 기슭에서 빛이 바래게 하고
아란잘을 타고 다니는가?' 하고 생각하고 수인사를 했네.
"어느 봄바의 나라의 소년인가?
누구라고 하는 사람의 아들인가?"

소년이 말했네.
"어느 봄바의 나라인지도 모릅니다.
누구라고 하는 사람의 아들인지도 모릅니다.
사람 없는 황야에서
어머니, 아버지와 세 식구가 삽니다."
"받아라, 소년아, 이것을
아버지께 갖다 드려라" 하고
벌판만 한
푸른 활과 화살을 주었네.
화살을 받고, 아들이 돌아왔네.
앞에서 장가르가 맞이해 나왔네.
앞에서는 아들이
벌판만 한
푸른 활과 화살을 드렸네.
그 화살을 알아보아 버리고,
아르 봄바의 나라가 기억이 났네.
위용에 빛나는 붉은 홍고르가 기억이 났네.
"아들아, 누가 어제 네게
어떤 사람이 말을 주었느냐?"
"해 뜨는 동쪽 초원에서
제가 길짐승 날짐승을 쏘고 다니는데
강력한 준마의 먼지가 올라갔어요.
제가 앞에서 맞이해 갔지요.
가자 하니,

열일곱 마리 준마가 고삐를 안장에 매인 채 있데요.
열일곱 마리 준마의 그늘에서
열일곱 보동이 이야기하며 앉았데요.
'우두머리의 준마일 것이다' 하고 생각했지요, 저는.
잔 타왁 해슨 하라 준마가 고삐를 안장에 매인 채 있데요.
'그 준마의 주인일 것이다' 하고 생각했어요, 저는.
열일곱 보동을
이끌고 앉았데요.
그 자신이 주군은
아닌 모양이었어요.
위에 주군인 사람이 있을 것이다 하고 생각했지요, 제가.
왼편의 업무를
힘쓰고 있다가
주군에게서 인정받고 나가던 노인인 모양이에요."
"여기 있는 화살을 네게
어떤 사람이 주었느냐?"
해가 뜨는 서쪽 초원에서
길짐승, 날짐승을 쏘고 다니는데
강력한 준마의 먼지가 올라갔어요.
맞이해 닿아 오려니
열일곱 마리 준마가 고삐를 안장에 매인 채 있네요.
'우두머리의 준마일 것이다' 하고 생각했지요, 저는.
아그삭 올란 준마가 고삐를 안장에 매인 채 있네요.
펴는 쪽에는 갈기가 있고,

쏘는 쪽에는 꼬리가 있고,
오른쪽 뒷다리에는
봄바의 황금 국새가 있고,
자나무 (있는) 네 산을 넘어가도
땀을 흘리지 않고,
거대한 네 바다를 건너도
지치질 않을 모양입니다.
'그 준마의 주인일 것이다' 하고 생각했습니다. 저는.
오른편을 이끌고 있고,
오른편의 일을 힘쓰는 것이
주군에게서 인정받고 나가던 노인인 모양이에요."
앞에서 용사 장가르가 말했네.
"그것은 나의 서른다섯 보동이었다,
봄바 바다라는 바다가 있었다,
봄바의 차간 산이라는 산이 있었다,
일흔두 임금의 나라를 차지하고 있었다, 나는
나의 행복이라는 행복은
위의 일곱 나라에는 없는 것이었다,
아래의 일곱 나라의 소망이었다,
봄바 잘로 임금의 고손이다, 나는
보동 잘로 임금의 증손이다, 나는
메르겐 토르치 임금의 손자,
위젱 알다르 임금의 자식이다, 나는
위협하는 적을 반드시 진압하였다, 나는

약속한 나의 명령은 반드시 운명적으로 이루어졌다,
영예로운 통치자 장가르라는 사람이다, 나는.
불 위에서 혼자였다, 나는
땅 위에서 고아,
혼자뿐인 장가르라는 사람이다. 나는.
내 행복에서 부족한 것은 너였다.
너를 찾아 나섰다, 나는,
아르 봄바의 나라와 바꾸고 얻은
나의 공한 올란 쇼브쇼르여!" 하고는,
"위용에 빛나는 붉은 홍고르와 바꾸고 얻은
나의 공한 올란 쇼브쇼르여!" 하고는
기도깃발 같은 흰 뱃구레에 끌어안았네.
앞에서 쇼브쇼르가 말했네.
"불 위에서 혼자라고 하셨습니다.
두 이야기의 사이에 들어 있는
홍고르는 어떤 사람입니까?"
"위용에 빛나는 나의 붉은 홍고르의
어느 어느 것을 이야기할까?
내가 가난에 시달릴 때 홍고르는 나의 가축이었다,[28]
내가 고아로 자랄 때 나의 동기간은 홍고르였다.
전장에서 나의 울타리가 홍고르였다,

---

28 유목민의 유일한 재산은 가축. 따라서 '내가 가난하던 시절 홍고르는 나의 전 재산이었다.'

내가 비틀거리는 쪽의 버팀목이 홍고르였다.
말을 할 때 혀가 빨개지는 홍고르였다.
들을 때 귀가 빨개지는 홍고르였다.
'잡아라!'고 한 것을 반드시 잡았다,
반드시 폭발적으로 공격하였다.
어느 어느 것을 이야기할까, 내가?"
밖에 있던 제르데가
일흔두 번 울부짖었네.
"사내 사람은 고향을 그리워하지 않았어도
수말인 나는 봄블로의 초원을 그리워했네, 나는."
장가르가 안장을 끌고 나갔네.
아란잘 제르데를 편안하게 안장을 얹고
전쟁의 여러 로브차를 껴입고
제르데 위로 올랐네.
속으로 곰곰이 생각했네.
'위용에 빛나는 붉은 홍고르를 어찌할 것인가?
뒤에 있는 공한 올란 쇼브쇼르를 어떻게 하나?'
공한 올란 쇼브쇼르를 불렀네.
오른손을 잡고 말했네.
"저 푸르러진 푸른 망사르 산을 보고 있느냐?
네 어머니의 친정,
너의 외가, 샤진 데왜라는 임금의
어머니의 친정에 보내드리고,
아버지에게서 아들이 나온다,

아르 봄바의 나라를 지켜라!" 하고 질주했네.
내리 긴 밧줄에 매어
여러 해 안장을 얹은 채 놓아둔
봄블로의 멋진 제르데가
조 잔단 강을 따라 내려 들어왔네.
육천 산등성이를 몇 번 머리를 쳐들고 갔네.
밝은 낮의 몸에다[29]
밝은 황금 먼지를 버려 버렸네.
잠시 달리게 하여,
에르치스 봄바[30]의 나라로
급히 들어왔네.
시케를뤽 강을 따라 내려 들어왔네.
시르케의 고장으로 돌진해 왔네.
황금 노랑 대궐의 터에
애게르 노랑 명아주가 자라 있네.
자신의 밤바의 퀴지 잔단 궁장으로 들어왔네.
무성한 노랑 명아주가 자라 있네.
말을 물을

---

29 2-1-584의 각주 참고.

30 현대지도 위의 이르티시 강 유역이라면 칼미크-오이라드 사람들의 본향으로 수많은 몽골, 튀르크계 부족이 각축하던 고장. 강은 현재 중국령 알타이 산맥에서 발원하여, 카자흐스탄, 러시아 영토를 흐름. 칼미크어 에르치스(Эрцс), 할하몽골어 에르치스(Эрчис), 러시아어 이르틔슈(Иртыш), 카자흐어 에르티스(Ertis/Ертіс) 타타르어 이르테슈(Иртеш/İrteş), 한어 에르치스(额尔齐斯).

고아 아이 하나도 없고,
굶주린 개 한 마리조차 없네.
'은혜로운 봄바 바다가 아니었는가?
은총이 넓은 장가르가 아니었는가?
말을 물어볼 사람 하나
어찌하여 남지 않은 것인가?' 하고 생각하며 가네.
한 오두막에서 연기가 피어오르고 있네.
닿아 가자니
누추한 검은 오두막이네.
"집에 맞이할 사람이 있소?" 하고 불렀네.
"위젱의 고아 장가르가
왔구나!" 하고 나왔네.
새하얀 수염이 난 아저씨네.
"아저씨, 이 나라가 어찌된 거요?"
"어느 어느 것을 말하리까?
명성도 자자한 그대의 봄바의 나라를
흉맹한 노랑 귀르귀가
칠백만 군대로
명성도 자자한 그대의 봄바 나라를 공격했다오.
그대의 기민한 홍고르를
칠층 지하에
사나운 붉은 바다의 바닥에 던졌소.
잡아간 구멍의
어귀 위에 사오, 내가."

"아저씨, 이 말 좀 데리고 계세요." (하고는)
호주머니에서 두 개의 황금 걸쇠를 꺼내
넓은 데서는 두 개를 걸고,
좁은 데서는 하나를 걸고, 들어갔네.
뒤에 있던 공한 올란 쇼브쇼르는
봄블로 (강을) 따라 내려와 들어왔네.
말을 물어볼
고아 아이 하나 없고,
굶주린 개 한 마리조차 없네.
그렇게 돌아다니는 사이
애게르 백단향나무 창의 끝이 보였네.
달려 닿아 왔네.
제르데 위로 뛰어올랐네.[31]
"집에 사람이 있거든,
말의 후릿고삐를 놔주시오!
살아서
내 아란잘의 후릿고삐를 놔줄 사람이 없네!" 하고는 나와서
"십 년 된
거미의 자취를 따라가오, 나는.
스무 해 된
벌레의 자취를 따라가오, 나는.[32]

---

31 아버지가 타고 와 맡겨 놓고 간 말이다.

32 거미가 십 년 전에 남긴 자취를 따라, 벌레가 이십 년 전에 남긴 자취를 따라.

다시 봄바의 나라의 자취를 따라가오, 나는.
빠른 제르데의 후릿고삐를 놓아주시오!" 하고 말했네.
"근본 없는 사람의 후손이 아닌 모양이구나, 너는!
근본 있는 사람의 후손인 모양이다, 너는!
아란잘의 황금 고삐를 돌려
아저씨에게 기쁘게 오너라!" 하고 주었네.
아란잘 제르데가 제 코를 땅에 대고, 냄새를 맡고 나왔네.
명성도 자자한 봄바의 나라를 몰고 간
일곱 길을 횡단했네.
가운데 길로 들어가 비약해 갔네.
아란잘 제르데가 넓은 강을 한 번에 밟고 건너 질주했네.
한 해 걸릴 곳을
한 달 안에 잡고,
한 달 걸릴 곳을
하루 안에 잡아 속력을 냈네.
용사 장가르의 백성들에게로 들어왔네.
용사 봄바의 나라의
아란잘 제르데를 알아보았네.
소년을 알지 못했네.
한때의 시운으로 벗어난
젊은 통치자 장가르가
반드시 올 것이다 하고 있었다, 우리는.
이제는 오지 않는 것이다, 이것은.
이 소년을 알지 못한다.

사랑하는 장가르를 죽여 버리고,
아란잘을 타고 다닌다!" 하고
괴로워 울고 있었네.
"이 나라가 누구의 것이오?" 하고 소년이 물었네.
"전에는 용사 장가르의 것이었네, 우리는.
이제 흉맹한 노랑 귀르귀의 것이
되었네, 우리는." 하고 말했네.
"흉맹한 노랑 귀르귀의
궁장이 얼마나 머오?" 하고 소년이 물었네.
"석 달 걸리는 곳이네." 하고 말했네.
소년이 흉맹한 노랑 귀르귀의
궁장을 향해 질주했네.
그렇게 가고 또 가노라니 앞에서
가느다란 붉은 먼지가 올라갔네.
까마귀보다 빠른
두 살짜리 조류 얼룩[33] 망아지를 탄 소년이
인사도 차리지 않고 옆으로 지나갔네.
공한 올란 쇼브쇼르가 불렀네.
"멈춰라, 소년아, 인사를 나누자!" 하고 말했네.
"내(가 전할) 말이 급하고,

33 텍스트는 Кер алг. 『蒙語類解』 第二冊 「走獸」의 "커걸 모리(조류몰, 棗騮馬)와 아락 모리(얼럭몰, 花馬)" 참조. 1-2-584에서 아스만 케르(Асмн Кеер(эн))의 형태로 나온 것을 (불친) 조류말로 옮긴 바 있다.

내 용무가 긴급하네, 어서 말하게!"
"자네의 (전할) 말이 급한 것을 알고,
영문을 묻자 하고 불렀네, 내가."
소년이 앞에서 말했네.
"옛날 용사 장가르 고장의
소년이었네, 나는.
이제 흉맹한 노랑 귀르귀의 곁에
있게 되었네.
우리의 서른다섯 보동이 와서
흉맹한 노랑 귀르귀와
전투를 논하고 있네.
우리 편이 오면,
(흉맹한 노랑 귀르귀를) 잡는다고 하지 않는가![34]
(승리가 완연하니) 뒤에 있는 목영지를 (원래의 터전으로) 옮기자 하고 가네, 나는."[35]
"소년아, 다시 자세히 이야기해라!"고 했네.
"흉맹한 노랑 귀르귀가
어떤 모양으로 있느냐?"(고 했네.)
"위용에 빛나는 붉은 홍고르의 헌물(獻物)이다" 하고
검은 경화 강철 울타리를 치고,

34 '흉맹한 노랑 귀르귀가 우리 편을 잡는다고 하지 않는가!' 하는 해석도 가능해 보인다.

35 (그래서 패색이 짙으니) '뒤에 있는 목영지를 다른 곳으로 옮기자 하고 가네, 나는.' 이라는 해석도 가능해 보인다.

그 바깥 편으로는
커다란 흰 돌로 울타리를 치고,
그 바깥 편으로는
바자울, 널판 울타리를 치고
그 바깥 편으로는
흙보다 촘촘하고,
개미보다 많은
악마와 망가스의 군대가 있네.
"소년아, 우리 아버지가 말씀하시곤 했다.
태블가 강의 상류에
오백만 가호가 있다고 하셨다.
너의 것이 되게 하마!
봄바의 나라를 찾고 와서
다시 상을 주마.
물 없는 메마른 곳이 아닌
사람 없는 곳으로 모두 옮기게 하라."
하고 말하고 나아갔네.
아란잘 제르데에게 말했네.
"내일 오정의 초까지 데려다 주어라!
못 데려다 주게 되면
너의 네 개의 검은 발굽을 탈구시키겠다!"
제르데가 말했네.
"내일 오정의 초까지
슬픔의 네 바다[36]를 들썩거리게 하고,

어마어마한 형세의
일만 병력의 소리를 가진
젊은 제르데의 먼지일 것이다 할 만큼
가장자리에 있는 병사의 심장이 떨리도록
데려다 주마!
바자울, 널판 울타리를 부수고,
큰 흰 돌 울타리를 부수고,
대동맥 있는 로당 비단 둑[37]의 끝을 비롯한
서른두 개의 기를 부러뜨리고,
삼천 개의 진지를 파괴하고,
흉맹한 노랑 귀르귀의
지붕창틀의 쟁쟁(錚錚)한 은제 가로막대를
못 빼앗게 되면
연약한 네 흰 목을 내게 다오!" 하고
말하고 속력을 내었네.
쏜살같이 소리를 내며,
메마른 곳의 노랑 도마뱀처럼 움직여,
어마어마한 형세의
일만 병력의 소리를 가진
젊은 제르데의 먼지일 것이다 할 만큼

---

36 텍스트는 һаслңгин дөрвн дала(가슬랑긴 되르벤 달라). 고유지명이므로 번역하지 않는 것이 옳을지도 모른다.

37 һолт луудң туг을 위와 같이 옮겨 보았다.

가장자리에 있는 병사의 심장을 떨게 하고
닿아 갔네.
앞에는 서른다섯 보동이
상처를 헤아리며 나오고 있네.
알탄 체지가 말하고 있네.
"아란잘의 먼지가 맞는 모양이다.
아란잘과 맹세를 하고 다니는 것일 터이다,[38]
울타리에 닿기 전에 잡을 수 있을 것이다.
사와르는 멋진 쿼렝 갈잔으로
가서 잡아 보라!" 하고 출발케 했네.
지체 없이 쿼렝 갈잔이
도와주어, 따라잡아 고삐를 잡았네.
"아란잘로 맹세를 했소, 나는
놓으시오!" 하고 소리를 지르고 있었네.
서른다섯 보동에게
데려왔네.
서른다섯 보동이
차례로 쓰다듬고 있었네.
소년이 말했네.
"그대들을 내가 쓰다듬을 곳도 찾아낼 것이요,
그대들이 나를 쓰다듬을 곳도 찾아낼 것이요.

---

38 사람은 말에게 발굽을 탈구시키겠다고 하고, 말은 사람에게 목을 내놓으라는 맹세.

먼저 전쟁의 법도대로 합시다!" 하고 말했네.
귐베가 잔 타왁 해슨 하라를 뒷다리를 채찍질해
왼편 진영으로 돌진해 들어갔네.
알탄 체지가
아그삭 올란을 뒷다리를 채찍질해
오른편 진영으로 돌진해 들어갔네.
아란잘을 뒷다리를 채찍질해
공한 올란 쇼브쇼르가
중군영으로 돌진해 들어갔네.
좋은 자, 나쁜 자를 가려 베고
궁수대를 때리고 베고,
양쪽 끝을 모아[39] 베고.
여든두 근위병을 밀어붙여 베고,
마흔네 개의 둑을 부러뜨리고,
마흔네 곳의 관문을 파괴하고 갔네.
서른다섯 보동의
풍부한 검은 피는
음료가 되어 갔네.
용사의 흰 피부는
갑옷이 되어 갔네.
연약한 붉은 대동맥에 닿아[40]

---

39 텍스트는 хөмнн[хомнн]. 2-3-1601에서는 хүмн[хомнн].

40 적의 무기에 심장의 대동맥까지 찔려.

비틀거리는 쇼브쇼르에게로 모여 왔네.
젊은 올란 쇼브쇼르가
"용사 봄바의 샤르트 잔단 만세"를 부르고,
애게르 백단향나무 창을
들어갈 만큼 찌르고
두 측면 사이로 파고들어
바자울, 널판 울타리를 부수고,
큰 흰 돌 울타리를 부수고 갔네.
검은 경화 강철 울타리 문은
부술 방법이 없었네.
세 이레를 베었네.
그에게 적이 촘촘하게 되고,
서른다섯 보동은 적진 각 곳으로 흩어져 갔네.
공한 나스타 쇼브쇼르와 알탄 체지만
남아 있었네.
공한 올란 쇼브쇼르가 외쳤네.
"내 아버지가 없을 적에,
내 몸이 태어나기 전에,
나의 아르 봄바의 나라를 공격해 빼앗고,
주인이 왔는데,
여자의 치마폭 아래 숨어든 것인가?
사내라면, 이리, 나와라!" 하고 불렀네.
네가 사내가 아니니,
검은 강철 울타리를 부수고,

네 지붕창틀의 쟁쟁한 은제 가로막대를,
벌 같은 열 개의 손가락으로
잡기에 이르렀다, 내가!" 하고 말하고
아란잘 제르데를 일흔두 번 뒷다리를 채찍질해
탁 뛰어올라
한가운데로 뛰어내렸네.
연달아 뛰어오르려 했으나 아니 되었네.
공한 올란 쇼브쇼르가 말에서 내리며 넘어지며
빌긴 샤르왕이라는 검을 뽑아
쉰두 번을 휘두르며 가서
저주의 능력을 가진 삼중 울타리를 베고
검은 강철 울타리를 부수고 들어갔네.
걸어서 들어갔네.
알탄 체지가 아란잘을 타고,
따라 들어갔네.
공한 올란 쇼브쇼르가 외쳤네.
너의 지붕창틀의 쟁쟁한 은제 가로막대를
잡기에 이르렀다, 내가!" 하고
탁 뛰어올라, 지붕창틀의 가로막대를 잡고
쓰러져라 당겼네.
흉맹한 노랑 귀르귀가
공한 올란 쇼브쇼르와
우지끈뚝딱 맞붙었네.
연달아 서로 던지고,

미쳐 날뛰며 발버둥치고,
열이틀을
싸우다 지쳐 있었네.
공한 올란 쇼브쇼르가
어린 나이다 보니
지겨워져 왔네.
알탄 체지가 고함을 질렀네.
"네 아버지는 상대가 아무리 키가 커도
적수의 뷔케르 로당 비단 허리띠를
불시에 잡았다.
바가르 은제 갈고리를
확실하게 걸어 주었다.
밝고 흰 가로막에
지혜와 영예의 넙다리뼈를 박고,
상대가 아무리 무거워도
무거운 백단향나무 같은 발바닥을
사지를 허우적대게 하며 때렸다!" 하고
알탄 체지가 앞장 서 가네.
소년이 거기서 다시
열이틀을 싸워 피차 이기지 못했네.
소년이 거기서 뷔케르 로당 비단 허리띠를
불시에 잡았네.
바가르 은제 갈고리를
확실하게 걸어 주었네,

밝은 흰 가로막에
지혜와 영예의 넙다리뼈를 박고 갔네.
퀴켄 차간 산의 기슭에서부터
튼튼한 백단향나무 같은 발바닥을
사지가 허우적대도록 때렸네.
푸르른 흰 바위가 부싯돌이 되도록 때리고,
시간의 네 바다가 흔들리도록 때리고,
날카로운 흰 통찰력이 안개가 되도록 두들겨 패고,
무거운 백단향나무 같은 머리가 혼이 나가도록 때리고,
백여덟 길 길이로 뻗도록 때리고,
굵은 흰 모래에
엎어 놓고 눌렀네.
무거운 백단향나무 같은 머리가
일곱 척 아래로 들어가도록[41] 팔꿈치로 눌렀네.
알탄 체지에게 던져 주었네.
알탄 체지가 놓쳐 버렸네.
전쟁의 발길에 숙달된
흉맹한 노랑 귀르귀가
제 군대를 향해 달렸네.
아란잘의 뒷다리를 채찍질하여
애게르 백단향나무 [창을] 잡고

41 땅속에 박히도록.

뒤로 들어갔네.
공한 올란 쇼브쇼르가
아란잘보다 앞서 당도하여
독 묻은 갑옷의
오른쪽 자락을 잡고
뒤를 이억(二億) 번 때리고,
(다시) 뒤를 일억(一億) 번 때리고,
모루 같은 은 이마로는
사천 번을 뭉개 뜨려
알탄 체지에게 올려 주었네.
받아 나갔네,
바위의 기슭에 와서 말에서 내렸네.
튀어나온 흰 발바닥을
엉덩이 위로 묶고
물병 같은 흰 손목을
너른 흰 어깨의 연골 위로
올려 결박하고,
바위 기슭 위에 놓았네.
제르데 말이 일흔두 번을 울부짖었네.
"우리 편이 과업을 완수한 것 같다" 하고
어깨와 어깨를 서로 기대고,
듣기 좋은 노래로 노래 부르고
최소 오십만 개의 머리를 안장가방에 담아
닿아 왔네.

아란잘 제르데가
다시 일흔두 번을 울부짖었네.
"아르 봄바의 나라를 언제 벗어났던가?
위용에 빛나는 붉은 홍고르는
어마어마한 붉은 구멍으로 언제 들어갔던가?" 하고.
그때부터 지금까지
문도 없고
지붕창도 없는
삼중 철제 게르에 갇혀
타키 들말, 홀란 들말과 함께 묶이고,
지옥의 세 지달에 채여,
물도 없고,
풀도 없이 지내던
쾨케 갈잔 준마가 들어버렸네.
타키 들말, 홀란 들말과 묶인 결박을
'탁' 하고 발을 굴러 끊어 버렸네.
연달아 발 구르기를,
삼중 철제 게르를
'탁' 하고 발을 굴러 벗어나 버렸네.
가는 풀에 흔들리고
굳센 풀에 걸려가며,
닿아 왔네.
준마들의 목과 목을 누르고 물며
제르데 말과 쾨케 갈잔 준마가

홍고르와 장가르를 그리워하며,
한숨을 쉬며
몸을 옆으로 뉘고 있었네.
일반 여러 보동이 있긴
있었지만
홍고르와 장가르를 그리워하며
몸을 옆으로 뉘고 있었네.
흉맹한 노랑 귀르귀의 대신들을 모아
두 줄로 마주보게 앉히고
천일(1001) 년 동안 지울 수 없는
바로 그 밤바의 황금 낙인을 찍고
흉맹한 노랑 귀르귀라는 이름을 끊고,
명성도 자자한 장가르라는 이름을 부르게 하고,
알탄 체지가 말했네.
"흉맹한 노랑 귀르귀를
지옥의 고통을 겪게 하고,
홍고르와 장가르가 올 때까지
데리고 있어라!" 하고 말하고
아르 봄바의 나라를 향해
달려 나아갔네.
다시 잠시 달려
봄바의 나라에 이르러 왔네.
봄바의 차간 산이 안개에 가려 있었네.
봄바 바다라는 바다가 장엄하게 펼쳐져 있었네.

밤바의 퀴지 잔단 궁장
역시 안개에 가려 있었네.
앞쪽은
십만, 천만 여러 부처님을
안치한 것이었네,
한가운데로는
장엄한 흰 가람을
모신 것이었네,
명성도 자자한 장가르의
칠백만 제자들은[42]
독신 차간 소라고둥의 소리로
노래하고, 평안히 지내고 있었네.
죽음이 없는 영원의 나라를 가진
겨울이 없는 여름의 나라를 가진
장가르의 샤브달 하탄이
보좌 위로 올랐네.
쇼브쇼르를 자기 품에 안았네.
"한때의 시운으로 벗어난
홍고르와 장가르가
때가 바뀌어 다시 올지는 알 수가 없다.
아버지에게서 아들이 나오는 법,

42 백성이나 속민을 제자들(шевнр)이라고 한 것은 장가르가 국가의 원수이자 종교의 수장임을 뜻한다.

어머니를 옮겨 데려와라!" 하고 말했네.
옮겨 데려왔네.
주군 성주의 궁장에서
길들지 않은 암말들의 젖이
푸짐한 붉은 아르자가 되었네.
성주의 서른다섯 보동은
성대한 붉은 아르자 술잔치를 벌였네.
봄바의 나라가 평안한 것이었네.
어마어마한 붉은 구멍으로
들어간 장가르가
넓은 데서는 (황금 걸쇠) 두 개를 걸고,
좁은 데서는 하나를 걸고,
지옥의 여러 고통을 겪고,
네 번째 곳을 넘어 들어갔네.
역시 넓은 데서는 두 개를 걸고,
좁은 데서는 하나를 걸고,
일곱 번째 곳의 아래로 들어갔네.
'어디로 가나?' 하고 멈춰 섰네.
붉은 큰길로 달려 나아갔네.
잠시 달리고,
한없이 달리고,
또 달려가다 보니
두 개의 큰 산이 보였네.
이르러 갔네.

그 두 산을 한 소년이
두 겨드랑에 끼워 잡고
그 자리를 바꾸어 놓고
놀고 있네.
장가르가 속으로 곰곰이 생각했네.
'아래 봄바의 나라에
이렇게 위대한 힘이 있는 사람이
역시 있는 것을 기억하라!'
기민한 홍고르에 대해 말해 물었네.
소년이 앞에서 말했네.
"당신의 홍고르를 팔천 악마가
낮에는 팔천 번을 때리고,
밤에는 팔천 번을 단근질하는데
위용에 빛나는 붉은 홍고르가
입으로 하고 다니는 말은,
'내 뒤에서 찾아올
형제 일가붙이도 없지 않은가?
헐떡이며 닿아 올,
내달려 떠난 아들도 없지 않은가?
가늘고 흰 목소리를 안 듣는
비틀거리는 장가르!'여 하고 소리를 지르며 다닙니다.
'뒤에서 올 동무가 나일 터다' 하고
동무가 되려고, 내 몸을 시험하고 있습니다" 하고 말했네.
파리로 형세를 만들 수도 없는,

제비로 모습을 만들 수도 없는,[43]
임금 통치자 장가르가
데리고 달리기 시작했네.
다시 잠시 달려가네.
물이 없어 메마르고,
사람이 없어 사막이 되어
무쇠같이 대단히 뜨겁게 되어,
둘이 함께 지쳐서 가네.
그렇게 가는데, 앞에서 한 소년이
달려서 닿아 왔네.
명성도 자자한 붉은 홍고르를 말해 물었네.
"성주여, 음료를 드소서!" 하고
한 바다를 한입에 부어 주었네.
명성도 자자한 당신의 붉은 홍고르를
팔천 악마가 하루에
팔천 번을 때리고,
팔천 번을 단근질하는데,
위용에 빛나는 붉은 홍고르가
입으로 하고 다니는 말은
"내 뒤에서 찾아올
'나의 장가르는 어떻게 된 것인가?' 하고 외치고 다닙니다.

43 파리, 제비와 같은 미물, 즉 아무 하찮은 존재도 우군으로 갖지 못한.

‘뒤에서 올 동무는 나일 터이다’ 하고
동무가 되자 하고 갑니다, 저는.” 하고 (말했네.)
동무를 구하지 못한 장가르가
데리고 달려서 갔네.
달려가노라니
아무 끈도 없는
외딴 흰 궁장을 마주쳤네.
들어가니
검고 큰 솥에 소주를 내리고 있네.
백단향나무 붉은 불꽃이 빨개져 있네.
자나무 큰 땔감이 쌓여 있네.
오른쪽과 왼쪽에는
사슴과 암사슴의 고기가
쌓여 있네.
“여기서 하루
쉬고 가자”고 장가르가
가죽끈처럼 늘어져,
소하나무[44]처럼 빨개져서 잤네.
두 소년이 고기를 잘라 삶았네.
고기를 삶는데
구리 주둥이에

44 텍스트는 cyxa. 건조초원에 나는 타마리스크 속의 나무. 보기 좋은 분홍색 꽃이 피며 능수버들의 꼴을 하고, 나무는 붉은 색.

노루 정강이를 한
한 노파가 들어왔네.
“할머니, 불 좀 때세요.
고기 좀 먹읍시다” 하고
두 소년이 말했네.
노파가 불을 때고 앉았네.
고기가 떠오르고, 익어 갈 무렵
두 소년이 아래를 내려다보고,
위를 올려다보는 틈에
고기도 없고,
노파도 없어졌네.
“이 무슨 악마 노파가 마주쳤다 갔나?” 하고
두 소년이 고기를 다시 삶았네.
불을 피우고 앉아 있으려니
바로 그 노파가 들어왔네.
“할멈, 나가!” 하고 말했네.
“애들이 배를 곯고 있어서
그대들에게 죄를 짓고 말았네, 내가!” 하고
노파가 불을 때고 앉았네.
“이제는 배부른 노파가
무슨 짓이야 하겠는가?” 하고
두 소년이 앉아 있었네.
고기가 익어, 떠오를 순간
고기도 없어지고,

노파도 없어지게 되었네.
두 소년이 거기서,
“외방의 통치자를 따르는 것을 말하자![45]
질긴 악령이 동무했던 것을 말하자![46]
‘고기 두 솥으로도 배부르지 않는
음식에 산 걸신이 들린
두 아이였다’고
얼굴로는 우리에게 말하지 않겠지만
마음속으로는 생각할 것이 아니겠는가?” 하고
다시 고기를 베어 삶았네.
장가르가 잠에서 깨었네.
“너희 둘은 배부를 터이니
내 몫을 삶겠다, 너희들은 자라”고 말했네.
두 소년이 잤네.
장가르가 고기를 삶고 있는데,
예의 노파가 들어왔네.
왼쪽 문지방에 서서
입을 잡고, 강동거리며 웃었네.
“할멈, 할멈, 우는 까닭을 알게 하라,

---

45 외방의 통치자 장가르를 따른 우리의 충정과 진심을 장가르께 말씀드려 우리가 고기를 우리끼리만 먹어 치울 자들이 아니라는 것을 아시게 하자.

46 장가르가 잠든 동안 한 노파가 왔고, 고기를 삶아 같이 먹으려고 불을 때고 있으라고 했는데, 알고 보니 그 노파가 악령이었고, 그 노파가 고기를 훔쳐 갔다는 것을 말씀드리자.

웃는 까닭을 물어라 하지 않소,
무엇 때문에 웃소?”
이 잠든 두 소년이 놀라워
웃고 있소, 나는.
위 세상 봄바의 나라의 꿈인
장가르를 시켜 고기를 삶게 해 버리고,
자고 있는 두 소년이 놀라워
웃고 있네, 나는.” 하고 말했네.
“까닭을 모르는 사람이
(알고 싶었던) 까닭은 이것이었소 그려,
물이나 길어 오시오!” 하고
국자 바닥에 구멍을 내어,
숟가락 같은 작은 국자를 주어 보냈네.
‘이런 날도둑의 밖에는 무엇이 있을까?’ 하고
장가르가 나가서 보았네.
마법의 궝베[궘베]라는 붉은 자루가 있네.
사람의 힘줄 올가미가 있네,
검은 강철 망치가 있네.
사슴의 가죽으로 자루를 만들어,
방법을 가진 장가르가 그것을
방법을 내서 가져 버렸네.
“두레박 바닥에 구멍이 난 게요.” 하고
노파가 왔네.
“할멈, 불 좀 때요.

고기 좀 먹읍시다" 하고 앉았네.
고기가 익어 올 순간
빌긴 샤르왕이라는 이름의 검 쪽으로 몸을 숙였네.
노파가 고기를, 마법의 귐베[47]라는 이름의
자루로는 아니 되어,
앞섶에 쏟으려고 들었네.
장가르가 두 동강이 나도록 탁 쳐 버렸네.
하반신은 아래로,
상반신은 위로 나가서 갔네.
"너희들의 적을 제압했다, 내가.
두 소년은, 고기를 먹어라!"고 했네.
셋이 앉아, 고기를 먹었네.
장가르가 두 소년에게 말했네.
"그 노파의 하반신이 들어간 곳에
들어간다."고 했네.
"이 올가미가 움직이면
당겨 잡아라들!" 하고 들어갔네.
들어가노라니
아무 끈도 없는
외딴 흰 궁장이 있네.
외딴 흰 궁장에

47 몽골어계 사전들에서 확인되지 않는 텍스트 гүңгб를 гүмб로 고쳐 읽음.

들어가니
해와 달 같이 아름다운 한
천녀[48] 여인이 앉았네.
그 천녀 여인이 장가르에게
백 가지 맛이 완정된
음식을 베풀어 주었네.
장가르가 그 여인에게 물었네.
“여기 상처를 입은 한 노파가
달아났는데,
그 노파를 보았소?” 하고 물었네.
“상처 입고 왔다는 소문이 있는
모양이오. 그가 있던
부엉이같이 검은 오두막이 저것이오.” 하고
가리켜 주었네.
부엉이같이 검은 오두막에 다가갔네.
일곱 옴쟁이 소년이
하반신과 머리를 합치고 있네.
일곱 옴쟁이 소년에게
노파가 말하고 있네.
“위 세상 봄바의 나라의
꿈인 장가르가 왔다.

48 텍스트는 драгни. 람스테트(1976: 12)의 ‘여신’(weibliche götter, götter mächen)에 의하면 дагни(천녀/비천) 혹은 дагнь(천녀/비천)과 동일 기원의 어휘.

그가 뒤에서 찾아오는
위용에 빛나는 붉은 홍고르는
사나운 붉은 바다의 바닥에 있다.
장가르가 오면
타키 들말의 황금 어금니를 부러뜨리고
입천장과 혀를 얽히게 하여
탄차스 봄바의 나라에
꿈을 만들어 버려라![49]”
“밤의 꿈 장가르가 왔다.
낮의 소망 장가르가 왔다!” 하고
들어갔네.
일곱 옴쟁이 소년이
일곱 방향에서 덤벼 왔네.
기민한 장가르가
일곱 방향을 때려,
일곱 옴쟁이 머리를
서로 부딪히게 해 죽였네.
“이런 날도둑의 집에는 무엇이 있을까?” 하고
들어갔네.
석 달 난
쇠 요람에 든 사내아이가

49 현실에는 없는 사람이 되게 하라, 즉 아주 죽여 버리라는 뜻인 듯하다.

"어제는 내 어머니를 죽이고,
오늘은 내 일곱 형을 죽이고,
내 집에 무슨 얼굴로
들어오는 것이냐, 네가?
높은 성주의 나라[50]의 부끄러움 없는
장가르인 모양이구나, 네가?" (하고 꾸짖었네.)
오른뺨을 후려쳐
국자만하게 만들고,
왼뺨을 후려쳐
목탁[51]만 하게 만들고,
쾨렉[52] 로당 비단 옷깃을
서로 움켜쥐고 나왔네.
장가르가 우지끈뚝딱 맞붙었네.
연달아 서로 던졌네.
지독한 장가르가
두 이레를 싸워 이기지 못하고 있네.
전쟁의 발길에 숙달된,
노련한 자세를 익힌 장가르가
움푹한 콩팥을

---

50 '높은 성주의 나라'(Деед богдын орн)는 '지고(至高)의 성주(聖主)의 나라, 높은 성주의 나라, 위 세상의 성주의 나라' 등으로 해석될 수 있다. 적의 나라를 가리키는 데 사용하기에는 적절치 않아 보인다.

51 혹은 나무방망이, 절굿공이.

52 텍스트는 Көрг. 비단의 일종.

가느다란 흰 정강이로
여든두 번을 때려 쓰러뜨렸네.
굵은 흰 모래에
엎어 놓고 뭉개고 눌렀네.
빌긴 샤르왕이라는 이름의 검을 뽑았네.
고함치고 베기를
바위 돌을 견디는,
외방의 여러 악마의 피에 싫증을 내지 않는
텅스텐강 검으로 베었네.
바위 돌을 벤 것처럼
소리를 내며 미끄러져 내렸네.
검의 날과 등이 같아졌네.[53]
사내아이가 앞에서 말했네.
"위 세상의 봄바의 나라의
꿈이 된 장가르가
이제 석 달이 되면
골장 봄바의 나라[54]에서
꿈이 된다![55]" 하고

53 칼날이 칼등처럼 무디어졌네.

54 제어되지 않는 봄바의 나라(Һульҗң Бумбин орн).

55 봄바의 나라의 꿈이 된다는 것은 선망과 흠모의 대상이 된다는 긍정적인 의미인 듯하나, 2-3-1380의 탄차스 봄바의 나라에 꿈을 만들어 버리라는 것은 죽여 버리라는 부정적인 의미인 듯하다. 이곳의 3개월 뒤에 골장 봄바의 꿈이 되는 것은 어떤 의미인지 불분명하다.

소년이 튀어 일어났네.
다시 우지끈뚝딱 맞붙으며 갔네,
연달아 서로 집어던지며 갔네,
수단 있는 장가르가
조개같이 흰 손목을 돌려
뒤에서 이백억 번을 때리고
뒤를 백억 번을 때리고 갔네.
모루 같은 은 이마를
사천 번을 뭉개고 갔네.
새벽에 해가 뜰 때
들고 보았네.
옴폭한 콩팥에서는
중국 바늘의 구멍만 한
곳이 빛을 발하네.
왼편에 차고 다니는 아르자 강철[56] 칼을 뽑았네,
왼편 갈비를 파헤쳐 던져 버렸네.
오른편 갈비를 파헤쳐 던져 버렸네.
대동맥 있는 로당 비단 심장[57]을 둘로 찢어 던졌네.
대동맥 있는 로당 비단 심장에서
세 머리를 가진 불이 타오르고 있네.
부드러운 장가르를 휩싸 잡았네.

56 아르자 강철(арз болд)이 어떤 강철인지는 불명.
57 텍스트 hолт луудн зүрк를 위와 같이 새겨 보았다.

장가르가 다니던 여러 부처님을 부르고,
돌아가신 아버지와 어머니를 불러
'지혜의 검은 비를 내려 주소서!' 하고 외쳤네.
지혜의 검은 비가 쏟아져 왔네.
지혜의 검은 비로 꼈네.
장가르가 예의 끈 없는
외딴 흰 궁장에 왔네.
"그대는 무슨 사연이 있는 여인이오?" 하고 물었네.
"나는 위에 계신 기내르 하늘[58]의
딸이오.
숲에서 꽃을 따며 놀러 다니던 나를
이 노파가 잡아 와서,
이 쇠 요람에 있는 사내아이를 위해
간수했던 것이오." 하고 말했네.
"이제 위로 하늘
나라 쪽으로 올라가겠는가,
여기 있겠는가?"라고 하자
"위로 올라가겠소." 하고
따라왔네.
사람의 힘줄로 만든 밧줄에 당도했네.
"잡아라, 이 밧줄을, 여인이여!"라고 했네.

---

58 기내르 하늘(Гинэр теңгр)이 어떤 하늘인지는 불분명.

"아니오, 장가르, 그대가 위에서 잡으시오" 하고 말했네.
"여인이여, 그대가 잡아라!"고 했네.
"그대는 덕이 있고 몸이 있는 장부이거늘
그대의 위로 내가 어찌 올라가겠소?"라고 했네.
"여인이여, 잡아라!" 하고 잡게 했네.
사람의 힘줄로 만든 밧줄이 움직이자
(위에서) 두 소년이 당겼네.
당겨서 구멍의 어귀에서 데려왔네.
여인이 나오자
두 소년이 서로 쳐다보았네.
여인이 말했네.
"수단 있는 장가르의
모든 변신을 네가 다 아느냐, 당겨라!" 하고 말했네.
여인을 당겨 잡고,
사람의 힘줄로 만든 밧줄을
잘라 버렸네.
장가르가 전속력으로, 아래 나라로 튕겨졌네.
왼편 옆구리가 부서지게 튕겨져 갔네.
조성한 여러 부처님[59]을 부르고, 장가르가 누웠네.
왼편 옆구리가 썩은 채로 누워 있었네.
아르 봄바의 나라의 꿈이 되고,

59 텍스트는 Үүдэгсн олн бурхд. 장가르가 불사를 일으켜 절에 바친 부처님들로 추정.

위용에 빛나는 붉은 홍고르의 소망이 되어 누웠네.
그러고 있을 때
암수 두 마리 쥐가 이르러 왔네.
암컷 쥐가 말했네.
“이것은 큰 고기요.
이것을 먹읍시다”라고 했네.
“사내 사람의 상이 범상치 않네.
일시적으로 고통을 겪고 다니는 사람일세.
손을 대지 말게!” 하고
나가서 갔네.
“그냥 있는 고기를 먹지 않고
무엇을 먹겠는가?” 하고
조금 떼어 가졌네.
“사람이 잘못되니 쥐새끼조차
적이 되는구나!” 하고
쓸어 던졌네.
쥐의 오른편 옆구리가
부서지게 튕겨져 갔네.
수컷 쥐가 달려 나갔네.
하루 지나서
잎사귀 하나를 물고 왔네.
(암컷) 쥐에게 주어
(암컷) 쥐가 나았네.
“내 몸을 괴롭힌 못된 것을

이제 내가 좀 먹어야겠다" 하고
와서 먹었네.
(암컷) 쥐의 오른편 옆구리를
다시 부서뜨리고
가까이 두고 앉았네.
"널더러 먹지 말라고 하지 않았어!" 하고
다시 나가서, 갔네.
이틀이 지나
잎사귀 하나를 가지고 왔네.
장가르가 빼앗아, 가져 버렸네.
다시 달려 나갔네.
사흘이 지나
잎사귀 하나를 가지고 왔네.
장가르가 다시 빼앗았네.
다시 달려 나갔네.
다시 사흘이 지나
잎사귀 하나를 가지고 왔네.
장가르가 다시 빼앗았네.
하나는 쥐에게 주고,
낫게 해서 놓았네.
조성한 여러 부처님을 부르고
하나를 씹어 옆구리에 뿜었네.
상처가 아물어 갔네.
하나는 씹어서 먹어 버렸네.

일어나서, 달려 나갔네.
그 밝음과 빛은
그 여인의 빛이었네,
어두운 검은 지옥의 나라였네.[60]
장가르가 귀 기울여 들으며 가고 또 갔네.
그렇게 가는데
법회가 열고 있는 소리가 나오고 있네.
달려서 닿아 가려는데
마법의 백단향나무가 있네.
끝은 위의 나라에 있네.
마법의 백단향나무의
두 잎사귀를 맞대니
여러 활불의 목소리가 되어
위로 올라가네.
장가르가 잎 하나를 잡을 수 없었네.
잡을 수가 없자, 그 나무를 기어올랐네.
한 보석 가지에 이르렀네.
다시 그것을 넘어서 기어올랐네.
한 보석 가지에 이르렀네.
그 가지에서 스무 닢을 따서 앞섶에 넣었네.

---

60 여기까지 세 행의 의미는 그 자체로는 평이하지만 문맥상 난데없다는 느낌이 들기도 한다. 지금으로서는 "어둠 속에서 빛을 따라갔는데, 그 빛과 밝음은 예의 그 천녀가 발하는 것이었다"는 뜻으로 여겨진다.

한 잎사귀를 입에 물었네.
“검측한 마음의 두 동무와
보이는 곳에서 자게 하라!” 하고 잠들었네.
아침에 일어나니, 두 동무는 가까이서
자는 것이네.
하늘의 딸을
하나가 갖지도 않고,
다른 하나에게 주지도 않았네.
하늘의 딸을 위로 놓아 버렸네.
두 소년에게 말했네.
“아래로 들어가도 너희들을 찾을 것이다, 나는!
위로 올라가도 너희들을 찾을 것이다, 나는!
내가 올 때까지, 여기서
움직이지 마라!” 하고
홍고르를 향해 나아갔네.
붉은 큰길로
다시 달려 버렸네.
그렇게 가노라니
하늘의 세 딸이 앞에서 이르러 왔네.
백 가지 맛이 완정된 음식을 가지고 왔네.
백 가지 맛이 완정된
음식을 먹고, 홍고르에 대해 물었네.
“그대의 홍고르를
팔천 번을 때리고,

팔천 번 단근질하고 다니오.
이곳은 건널 길 없는 질랑 하라 바다요.
위용에 빛나는 붉은 홍고르가 세 번 울부짖자
건널 길 없는 질랑 하라 바다가
세 번 끊어져, 세 개의 건널 길이 나왔소.
그대의 위용에 빛나는 붉은 홍고르가
목숨이 나간 곳이 이곳이요." 하고 말했네.
장가르가 붉은 큰길로 나와서 왔네.
다시 잠시 달려가서
사나운 붉은 바다에 닿아 왔네.
파수꾼 팔천 악마를
앞에다 풀어 버렸네.
텅스텐 강철 검을 어깨 위로 잡고
한가운데로 들어갔네.
궁수대를 때리고 베고,
양쪽 끝을 모아[61] 베고,
두세 번 건너며 베고,
다시 며칠을 베고 갔네.
악마를 헤아려 보니
사백 정도의 악마가 남아서
다시 검을 어깨 위로 올려 버리고

61 텍스트는 хүмн. 2-3-978에서는 хөмнн.

다시 잠시 베어 버렸네.
장가르의 풍부한 검은 피가 음료가 되고,
용사의 흰 피부는 갑옷이 되어
여린 붉은 대동맥에 닿도록 찔렀네.
사면에 네 악마가 남아서 왔네.
셋을 탁 때려 버리고,
하나와 맹렬하게 맞붙고 갔네.
하늘에 닿게 던지고,
우주에 닿을 일 없이
두 동강을 내 버렸네.
사나운 붉은 바다의 기슭에서
들어갈 방법이 없어 서 있었네.
그렇게 있다가, 푸른 잎사귀가 되어
나부끼며 들어갔네.
바다의 바닥으로 찾아가려다
큰 더미의 나무를 마주쳤네,
큰 더미의 돌을 마주쳤네,
사람의 힘줄로 만든 밧줄을
나무와 돌에 묶고
기슭으로 꺼내 당겼네.
"용사 봄바의 샤르트 잔단
만세"를 부르고 던지려다가
비탈에 던져 버렸네.
위용에 빛나는 붉은 홍고르의

예민한 흰 뼈를 집어
편안히 놓고
“마법의 백단향나무의
보석 잎이 맞으면
나의 위용에 빛나는 붉은 홍고르를
낫게 해다오!” 하고
씹어서 뿜어 버렸네.
아물어 갔네.
다시 한 번 뿜어 버렸네.
잠자던 붉은 홍고르가 되어 갔네.[62]
입에다 잎사귀 하나를 넣어 버리고
장가르가 몸을 감추었네.
“사람이 이렇게 오래도록
자던 것이었던가!” 하고
홍고르가 일어났네.
“내 뒤에서 찾아올 사람이 없었네.
영예로운 장가르가 온 게야.
여기, 일어나요!” 하고 불렀네.
장가르가 탁 뛰어서, 이르러 왔네.
납작한 흰 코를
반들거리는 흰 뺨에 대고

62 죽어 있던 홍고르가 (살아나) 마치 자고 있는 사람처럼 되었네.

엉겨서 둘이 함께 쓰러졌네.
한 이레를 둘이 함께 엉겨 있었네.
두 이레를
고통과 행복을 낱낱이 이야기하고
봄바의 나라를 향해 출발했네.
둘이 잠시
달려가네.
예의 두 소년에게 닿아 왔네.
"내게 지옥의 숱한 고통을 겪게 한
검측한 생각의 두 동무이다, 여기는!" 하고
"이에 대한 다스림은 네가 맡아라!" 하고 주었네.
흥고르가 말했네.
"이 두 소년은 오히려 은혜로운 소년들입니다.
이들 때문에 나의 예민한 흰 뼈 가까이
가게 된 것 아닙니까?
보석 나무의 잎사귀에서
잎사귀를 따게 된 것 아닙니까?" 하고
둘을 데리고 출발했네.
둘을 각자의 원 터전에 버렸네.
둘이 달려서 떠나갔네.
어마어마한 붉은 구멍에 닿아 왔네.
둘이서 두 개의 호주머니에서
두 개의 황금 걸쇠를 꺼내
넓은 데서는 두 개를 걸고,

좁은 데서는 하나를 걸고,
세 번째 곳의 위로 올라왔네.
지옥의 숱한 고통을 겪었네.
다섯째 곳을 넘어서, 올라왔네.
소리가 있는 숱한 고통을 겪었네.
일곱째 곳에 올라왔네.
구멍의 어귀에서
알탄 체지와 쇼브쇼르가
"지금 들어가자!" 하고 서 있었네.
장가르가 말했네.
"그대를 소리가 있는 숱한 고통을 겪게 하고
내가 얻은 수확물은
저기 가는 소년 그다!" 하고
홍고르에게 가리켰네.
"이에 대해 내게 언제든
어째서 말하지 않았습니까?
장가르여, 이에 대해
그대와 송사를 하겠습니다!" 하고 말했네.
홍고르와 장가르가 왔다고 하니
일흔두 바다의 임금들과
성주의 서른다섯 보동이
한 이레 동안
지나간 이야기를 나누었네.
지나간 이야기를 다 나누고,

갈단 샤라 라마의
가식 황금 저택을 향해 출발했네.
갈단 샤라 라마의
가식이라는 이름의 저택을
소리 없이 칠천 번을 돌고,
격렬하게 팔천 번을 절하고,
주인 갈단 샤라 라마의 손에 (머리를) 대고 축복을 받았네.
주군 성주의 궁장을 향해 나갔네.
한때의 시운으로 벗어났던
젊은 통치자 장가르가
다시 때가 되어 보좌에 올랐네,
금란 비단 베개를
좋아하는 쪽을 놓고 앉았네.
죽음이 없는 영원의 나라가 우뚝 솟고,
겨울 없는 여름의 나라가 우뚝 솟았네.
용사 성주의 곁에서
들어갈 수 있는 대로 들어가
꿀 같은 붉은 아르자의 술자리를 벌였네.
주군부터 시작해 두 순배를 돌렸네.
그러다가
위용에 빛나는 붉은 홍고르가 선언했네.
"장가르와 내가
송사가 있습니다.
둘러싸고 앉은 대신들은

판결해 주시오!" 하고
"공한 올란 쇼브쇼르를
지금까지 내게 말하지 않았습니다!"
대신들이 모두 재판을 해서
봄바의 홍고르가 옳다고 판결했네.
봄바의 붉은 홍고르가 옳다고 판결받게 되고,
공한 올란 쇼브쇼르에게
이름을 주게 되는 판결을 받았네.
"국권과 종교를 겸병하고 나온
티베트 봄바의 나라를 모아 나온
에르케 바담의 활불이 되거라!" 하고 이름을 주었네.
열 지어 있던 여러 임금이 모두 축복을 했네.
이 봄바의 나라가 한 시절 처음으로
평안한 것이었네.

4. 대단한 붉은 홍고르가 흉맹한 노랑 망가스 임금을 산 채로 붙들어 데리고 오는 마당

황조롱이[1]가 차가운 바람을 펼쳤네.
사향과 향의 냄새를 풍기며
세상의 통치를 바위처럼 세웠네.
부처님의 종교를 해처럼 퍼뜨렸네.
바다 가운데서 자란
담바 줄 나무[2]의
달라 잠바[3]의 가지는
삼발 소[4]의 바람에 흔들리며
일흔다섯 하늘[5]의 공중에
다라 에케, 신디 경[6]의 곡조로 찬불가를 부르네.

---

1 텍스트 Заhлма를 비트케예프들(1990b: 475, 주32)은 '꼬리가 흰 가루라 새'(цаhан сүүлтә hәрд)로 풀이한다. 문맥으로 보아 가루라 새 정도는 되어야 하겠으나 일단은 칼미크어 사전들의 일반적 풀이대로 옮겨 둔다.

2 담바 줄 나무(Дамб Зүүл мод)의 의미는 불상. '우담바라'(?)

3 달라 잠바(Дала Замб)의 의미는 불상. '바다 당아욱~수많은 당아욱'(?)

4 삼발 소(Самбл суу)의 의미는 불상. '삼발 잎겨드랑이'(?)

5 일흔다섯 하늘의 구체적인 내용은 확인되지 않는다.

6 다라 에케(Дар эк '다라 불모')는 몽골계 민족들의 애송 기도문의 하나. 신디 놈

강 가운데서 자란
세 그루 마법의 백단향나무의
[가슬랑 잠반 가지는][7]
저 멀리 라싸에[8] 메아리칠 때
"간조르[9]", "단조르[10]" 불경(佛經)의 곡조로 찬불가를 불렀네.
숲의 기슭에 자란
긴 백단향나무의
빨강 노랑 가지가
공중으로 나부낄 때
빨강, 노랑, 파랑 삼색 무지개가 떠올랐네.
노랑 얼룩무늬 대궐 안에서는
샤라의 육천
열두 명의 해와 같은 자신의 용사들과
술을 마시며 즐겼네.
죽음 없는 영원이 되었고,
걱정 없이 안온하게 되었고,

(Сидди ном '마력의 경') 역시 기도문의 이름인듯하나 확인하지 못한다.

7 비트케예프들(1990b: 169, 196)의 2-5-847, 2-6-75 등을 참고하여 위와 같이 보충한다.

8 비트케예프들(1990b: 196)의 2-6-76 등을 참고하여 텍스트 Зуудни를 Зуудан으로 고쳐 읽음.

9 간조르(hанжур)는 모두 108권으로 이루어진 석가모니부처님의 가르침. 수행자의 규범, 탄트라수행법 등의 집대성으로 티베트어에서 몽골어로 처음 번역된 것은 1629년, 목판 인쇄된 것은 1720년의 일로 알려졌다. (< 티. bka´ ´gyur)

10 단조르(Данжур)는 225권 3,427종의 저술로 이루어진 간조르의 해설서. 최초의 몽골어 번역은 장자 호탁트(Janggiy-a qutuγtu, 1717~1786)의 주도로 200여 명의 학승이 참여하여 이루어졌다고 한다. (< 티. bstan ´gyur)

고다 없이 번족하게 되었고,
겨울 없이 여름이 되었고,
늘 서른세 하늘[11]의 행복을 누리고,
톨리[12]라는 이름의 해가 떠올랐고,
안온하고 아름다운 행복을 누렸네.
영예로운 통치자 장가르의 몸은
목숨 같은 용사들 가운데
살아 있는 여의보주의 현신으로 앉아 있네.
죽은 수만큼 낫게 되고,
넘침과 모자람을 살피게 되네.
이 모습으로 있을 때,
해가 뜨는 북쪽에서
팔만 망가스의 조공을 먹는
팔십만 악마를
자신에게 귀순시켜 취한,
베어 버리면
숫돌이 되고,
잘라 버리면
붉은 돌이 되는,
목숨은 몸에 없고,
허우적대는 네 활개는

11 삼십삼천(三十三天) 모두를 가리키는지 도리천(忉利天)을 가리키는지는 미상.
12 톨리(Толи)의 뜻은 '거울'.

등허리 위로 고정시켜 묶고,
하늘에 닿을 만한 붉은 불을 질러
그 안에 던져 버리니
위의 하늘나라에서
지붕만 한
솟구치는 푸른 구름이 나와.
사람의 주먹만 한
단단한 하얀 우박과 비를 내리고,
열두 천둥과 용의 소리를
고르게 내려,
불을 끄게 되네.
여든다섯 달의[13]
넓고 차가운 검은 바다의
이쪽 편의 기슭은
칠천 길,
불같이 붉은 낭떠러지가
칼날 같은 모서리가 있고,
저쪽 편 기슭은
청금석(靑金石) 붉은 낭떠러지[14]가
팔천 길이라고 하네.

---

13 건너는 데 85개월 걸리는(?)

14 비트케예프들(1990b: 12)의 2-4-62를 참고하여 텍스트 эрг(기슭)를 энг(낭떠러지)으로 고쳐 읽음.

꼬챙이[15] 끝 같은 날을 가진,
외뤼와 쇠뤼라는 흐름이 있고,
흐름에는 소만 한 숫돌이
서로 때려,
불이 일어나고
산만 한 흰 파도가
아래위로 파도치며,
이 바다 가운데는
다리에 소만 한 검은 돌을
확실하게 묶어 던져도
나무껍질처럼 떠서
죽지 않게 되네.
해 뜨는 남쪽에
데드 데왠이라는 산이 있네.
멀기로는 다섯 해 동안
날갯짓을 하지 않은
눈부신 푸른 얼룩무늬 매가
아구장나무가 자란 산의 기슭에서
사냥감을 사냥하고
제 깃털을 흔들어 날면,
그 사이를 백 여드레를 지나도

15 텍스트 Шевгин을 Шөвгин(꼬챙이(의))으로 고쳐 읽음.

닿을 수 없는 곳이라고 하네.
그 산의 꼭대기 위에는
금록옥(金綠玉) 빛깔의
열두 그루 아름다운 백단향나무가
빙 둘러 자라고,
숲에서는
세 가지 빛 꽃이 빙 둘러 피고,
그 안에는 노랑, 빨강, 파랑 세
황금 암사슴이 있네.
가운데 암사슴의 뱃속에
세 마리 황금 새끼가 있다고 하네.
목숨은 그것이라고 하네.[16]
가공할 망가스 임금의
목숨은 제 몸에 없다고 하네,
이교도의 네 망가스의 나라를
자신에게 복속케 해서 차지했다고 하네,
그냥 둘 수 없는 악마의 나라를
제 발에 절하게 하였다고 하네,
죽이고 빼앗기를 좋아한다고 하네,
인정머리 없는 서른다섯 살 난 자라고 하네,
열 가지 강력한 다라니 주문을 안다고 하네,[17]

---

16 바로 뒤이어 나오는 가공할 망가스 임금의 목숨.
17 '산스크리트어 주문을 열 가지나 아는'.

차가운 검은 자다[18]를 갖고 있다고 하네
흉맹한 노랑 망가스 임금의 아들은
동사르 게렐이라는 망가스라고 하네.
영예로운 통치자 장가르와
옛날 옛적에
주군 장가르와 말다툼을 한 것이네,
"영예로운 장가르의 탐발 주의
노랑 얼룩무늬 궁전을
쳐부순다!" 하고 있었던 것이네.
그 망가스가
"탕가드 샤라의 나라를[19]
비워 버린다, 내가!" 하고 있었던 것이네.
"모루 같은 백성,
네 가지 가축[20]은
내 발걸이 (밑)에서
떨게 하겠다, 내가[21]!" 하고 있었네.

---

18 자다(зад)의 뜻은 ① 비바람 등 강력한 기상변화를 이끌어 내는 주술, ② 그 주술을 부리는 데 필요한 돌이다.

19 '탕가드 샤라의 나라를'(Таңhд шарин оринь) '티베트 황교의 나라를'. 즉 장가르의 나라를.

20 네 가지 가축(Дөрвн зүсн мал)은 말, 소, 양, 낙타. 칼미크를 비롯하여 할하, 내몽고, 부리야드에서도 보통은 '다섯 가지 가축'(Тавн зүсн мал/Таван хошуу мал/Tabun qosiγu mal/Табан хүшуун мал)이라고 하여 양, 염소, 소, 말, 낙타를 가리킨다.

21 텍스트 Дегжүлнәв(들어올린다/고양시킨다, 내가)를 2-4-324를 참고하여 Дагжулнав(떨게 하겠다, 내가!)로 고쳐 읽음.

열두 전각이 있는
안개 같은 노랑 얼룩무늬 대궐 안에서는
칠백만 군대의 긍지
하나하나의 몸이
칠천 명에 값하는
팔천 용사와
술을 마시고 있었네.
이를 영예로운 장가르의 곁에 있던,
오지 않은 아흔아홉 해를
낱낱이 아뢸 수 있고,
지나간 아흔아홉 해를
착각 없이 말하는,
종교와 정치를
분별해 이야기하는
마하 갈[22]의 말치기라고 하는,
말라가드 졸 영예로운 임금의
증손자라고 하네,
달라 잠바 임금의 손자,
다리브 알다르 임금의 아들이라고 하네,[23]
비천(飛天)의 알탄 체지가

---

22 칼미크를 비롯한 모든 몽골계 사람들의 전통 사회에서 유목민과 가축의 수호신. 산스크리트어 Mahakala의 칼미크어 표기. 우리 불교의 대흑천(大黑天).

23 2-1-216~217, 2-5-445~447의 해석과 각주 참조.

영예로운 장가르의 곁에서
아뢰며 앉아 있네.
영예로운 통치자 장가르가
말씀하고 있네.
"옛날 옛적에
그 망가스 임금이,
해 있는 세상을
내가 팔 년을 돌아다니는데
그의 아버지 망가스 샤라 임금의 고장으로
내가 들어갔을 때,
그 밤에
그 망가스 임금의 하탄이
그 밤에 아이를 낳고 있었는데,
아들이 태어나,
울며 태어나는 소리를 들었다, 내가.
'다른 달에 태어났다, 내가.
예정된 달에 꾸물대며 나왔다, 내가.
성주 장가르, 너와
서른다섯 살에
너와 맞서
못 이기게 되면
현생에서
염라대왕의 사자와
만나 죽겠다, 내가!

마지막 후생에서는
고문하는 지옥의 바닥에서
내리 천겁 동안 지옥의
바닥을 지키겠다!' 하고
울며 태어났다"고 했네.
알탄 체지가 영예로운 통치자 성주에게
아뢰고 있네.
"그 망가스 임금의 사자는,
독신 샤라 뷔르게드입니다.
허공의 사대주[24]에서
빠르기로 유명한
빠른 붉은 준마를 가진
독신 뷔르게드가
이리로 온다고 하고 있습니다.
'아란잘 제르데를 탈것으로 다오!' 하고 있습니다.
'대단한 붉은 홍고르를
사내종으로 다오!' 하고 있습니다.
'백 년치 잘못을
와서 찾아 받아라!'[25] 하고 있습니다.
'여섯 해의 조공을 달라!'고 합니다.
'돌아오는 우르스 달[26]의

---

24 우리가 알고 있는 4대주 가운데 어느 하나인지, 아니면 완전히 다른 개념인지는 미상.
25 '네가 앞으로 100년간 갚아야 할 잘못을 인정하고 그에 대한 벌을 와서 받아라!'

초여드레 날에
뭥겐 차간 산의 기슭에서
전투를 논하자!
전투를 안 하게 되면
너의 찌르는 창을 부러뜨리고,
너의 부인 게렌젤 하탄을
내 뒤에 내리게 해서[27] 계집종을 만든다, 내가!' 하고 있습니다.
나의 영예로운 통치자 성주시여,
방법은 무엇이 있겠습니까?" 하고
알탄 체지가 말하고 있네.
장가르 임금이 분부했네.
"산등성이의 물은 도랑을 향하고,
저지른 소행은 그 주인을 향한다.
이 흉맹한 노랑 망가스 임금을
놓치지 않고 묶어서,
데려다주는 사람에게
달라고 하는
열세 가지 원하는 것을 주마,
목숨에 이를
세 번의 큰 실수를 (면책해) 주마,
서른세 겁(劫)의 끝에

26 우르스 사르(γpc cap) 혹은 우르 사르(γp cap). '씨앗?/후손? 달'. 양력 5월경에 해당.
27 '두에 내려놓다' 혹은 '뒤에 내리게 하다'의 정확한 의미는 미상.

어느 행복의 하늘나라에든지
노랑 비단 올와의 자락을 붙잡게 해서
잊지 않고 데리고 태어나겠다, 내가.
살반 타쇼라는 곳에서 목영하는
백오십만 속민[28]을
다스리게 하겠다!"고 분부했네.
그 분부의 끝에
오른편의 삼천
용사 가운데
백 년의 고통을 겪었다 해도
'아야!' 소리도 내지 않을,
여섯 해 동안
멈추지 않고 채찍질을 해도
입에서는 세 마디도 새나오지 않을,
결연한 용사의 몸은
육십만 용사의 적에게
도보로 마주 돌진하고,
손에 잡은 것은
열다섯 길
아가르 백단향나무[29]를
쑥 당겨 뽑아

---

28 속민(алвт)은 주군에 대해 속민으로서의 물질적, 신체적 의무가 있는 자. 우리의 주해에서는 '속민(屬民)'으로 옮김.

가지를 다듬어
어깨 위로 들어 올리고,
도보로 돌진하여 들어가는,
내달려 다니며 때리면
쉰 명 용사를
착착 때리고,
내달리지 않고 때리게 되면
스물다섯 용사를
쓰러지게 때리는,
뽑아 때릴 백단향나무가 다하자
일제히 팔천 자루 창의 끝이
찌르려고 오면
그 위로 네 활개가 닿지 않게 뛰어서
높은 산의 꼭대기 위로
가서 뛰어내린다고 하네.
힘이 강한 몸은

---

29 볼드들(2008: 28)의 할하몽골어 사전에 АГАР는 둥그스럼하고 큼직큼직한 방울이 있고, 비늘 같은 바늘이 있고, 향기가 좋은 냄새가 나는 상록 관목(Бөөрөнхийвтр том том шогшгойтой, хайрсан шилмүүстэй, анхилам сахан үнэртэй, мөнх ногоон бутлаг мод)이다. 한편 정답이 각각 '1년, 12달 30일, 낮, 밤'인 할하몽골어의 아래 수수께끼로 미루어, 실재하지도 않더라도, 할하몽골인이면 아무도 아가르 백단향나무(Агар зандан мод)에 대해서는 의문을 품지 않기로 되어 있는 듯하다. "아가르 백단향나무는(Агар зандан мод) 가지가 열둘이네(Арван хоёр мөчиртэй), 가지마다 서른 잎이 달렸는데(Мөчир бүр нь шучин навчтай), 잎의 위쪽은 노란색이고(Навчны дээд тал нь шар), 아래쪽은 검은색일세(Доод тал нь хар)."

전쟁 중에 칠 년을
멈추지 않고 베어,
전쟁의 여러 갑옷이 닳아 해져,
상처와 부상은 커지고,
고름과 피가 흘러
자라나는 백단향나무처럼 등은 굽고
탄 말은 지쳐
자라난 보름날의 달처럼
아름다운 얼굴은
잿빛이 되고,
알록달록 아름다운 눈은 감겨
달음질쳐, 도망쳐 나오려는데
뒤편에서는 대등한 백 명의 용사가
백 자루 창으로 찌르고,
백 마리 말의 빠름으로 밀쳤지만
둥근 은제 안장방석에서
(앉은) 자리도 움직이게 하지 못한,
빠른 쾨케 말의
한주먹 길이가 안 되는 갈기에
손이 닿지 않아도
'부처님들이시여!' 하고 부르지도 않는
옥토 시르케[30]의 손자라고 하네.
튀멜렉트 임금의
외동딸에게서 태어난

외손자라고 하네,
장사 뮝겐 식셰르게의 외아들,
메르겐 귀시 잔단 게렐[31]의
스물두 살에 태어난
'오!' 하는 열여덟 나이의
곤드레가 된 붉은 홍고르가
임금 장가르에게 아뢰고 있네.
"쏟아도 한번 왈칵할 피 아닙니까?
빛이 바래서 가는 것은 한 움큼뿐인 뼈 아닙니까?
일곱 살 나이의
도담의[32] 쾨케 갈잔 말은
살이 올라 있습니다.
저의 흉맹한 검은 강철 군도는
날카롭습니다.

---

30 Угт Ширк, Угта Ширк, Угту Ширк의 형태로 등장.

31 메르겐 귀시 잔단 게렐(Мергн Гүш Зандн Герл)의 뜻은 대략 '현명한 길상초(吉祥草) 백단향나무 빛'으로 추정된다. 칼미크어를 비롯한 몽골어계 언어들에서의 귀시와 구시(Гүш)에 대해서는 볼드들(2008: 575), http://en.wikipedia.org/wiki/Desmostachya_bipinnata(2012. 5. 30.), http://terms.naver.com/search.nhn?query=%EA%B8%B8%EC%83%81%EC%B4%88(2013. 5. 30.) 등 참조. 칼미크 몽골어 잔단(Зандн), 할하몽골어 잔당(Зандан), 몽골문어의 zandan 등은 산스크리트어에서 유래하며(candana) 몽골계 민족들의 사회에서 사람 이름으로 많이 사용되는 어휘.

32 칼미크어 사전들에서 확인되지 않는다. 비트케예프들(1990a: 350, 458)은 '도담의'(Дудминский)이라고 옮기고 '전마 쾨케 갈잔(푸른 간자)의 혈통이 시작한 곳'(откуда происходит родословная богатырского коня Кёке Галзан), 곧 산지의 이름으로 풀이.

가공할 노랑 망가스 임금을
산 채로 잡아, 데리고 오겠습니다!"
날카로운 (통찰력의) 통치자 체지가 말하고 있네.
"수만 군대를 어찌할 것인가, 너는?
특별한 네 홀몸을 어찌할 것인가, 너는?
가공할 노랑 망가스 임금을
잡아올 수
없으면 어찌할 것인가, 네가?"
"잡아오지 못하면
내가 주군 장가르의
처결에 따라 죽겠소!
염라대왕의 사자를 만나
고문하는 지옥의 바닥에서
내리 천년을
나오지 않고 눕겠소!"
영예로운 장가르 임금이 말씀했네.
"참을성 있게 길들여진 나의 빠르고 흰 이틀렉 매여,
알타이 가운데 나의 황금 기둥이여,
나의 바굴레 쓴 가루라 새의 아들이여,
통치자 붉은 홍고르여,
몰리는 전투에서
내 쇠창의 끝이여,
만 마리 양을 공격하는
나의 거친 붉은 이리여,

내 언덕배기 토끼의 총총걸음이여,
내 독수리 새의 움킬 힘이여,
모두의 유일한
해와 같이 붉은 나의 갓 난 새여!
영예로운 망가스 임금의 고장에
너를 홀로 어떻게 풀어놓겠는가, 내가?"
"나의 영예로운 통치자 성주 장가르여,
귀표가 있는 망가스[33]의 귀표를 보았습니다.
탄발 주의 노랑 얼룩무늬 궁궐을
쳐부술 때 말씀하는 것은 어떻겠습니까?"
"나의 탕가드 샤라의 나라가
비워졌을 때 말씀하는 것은 어떻겠습니까?
모루 같은 백성,
나의 네 가지 가축이
발걸이 (밑)에서 떨게 했을 때 말씀하는 것은 어떻겠습니까?"
영예로운 통치자 성주가 분부했네.
"아, 나의 홍고르여!
나의 살아 있는 여의보주여,
네게 고통을 끼치는구나!
열두 성주(聖主)들이 내리신
나의 성결한 흰 부적을

33 귀표 있는 망가스가 어떤 망가스인지, 망가스가 왜 가축처럼 귀표를 달고 있는지는 미상.

목에다 걸어라!
사자와 같은 빠르고 근사한 나의 제르데를 타라!
금강 강철로 날을 낸,
띠강판으로 늘린,
불린 강철로 칼등을 낸,
휘둘러 버리면
온 대륙의 나라가 떠는,[34]
흔들기만 해 버려도
일곱 나라의 악마가
그 자리에서 굴복하는,
모든 면마다
다섯 힘센 불법의 수호신을 새겨 넣은
황금을 입힌 나의 백단향나무 군도를 받아라!" 하고,
영예로운 성주가 분부했네.
"꽉 쥐는
용사 야만닥[35]과
마하 갈을 새겨 넣은
나의 황금 백단향나무 군도를 네가 가져라!" 하고

---

34 텍스트에는 Заар Түвин орн догддг이 대목에 어울리는 뜻을 가진 자르(заар)는 칼미크어 사전들에서 확인되지 않는다. 이 행에 대한 비트케예프들(1990a: 351)의 러시아어 번역 '모든 나라가 흔들린다'(Содрогнется целая страна)로 미루어 '온'으로 이해한 듯하다. 일단 러시아어 번역을 따라가 보기로 한다.

35 용사 야만닥(Баатр Ямандаh)은 염라대왕의 숙적 문수보살의 가장 분노한 현신. 푸른 색 몸에, 34개의 팔과 16개의 다리, 11개의 얼굴을 가짐. 한국불교에서는 아미타불의 현신으로 이해되는 대위덕명왕(大威德明王)에 상당. (〈 산. Yamāntaka)

영예로운 통치자 성주가 분부했네.
"나의 대단한 붉은 홍고르여,
할 수 없이, 가게 되었구나, 네가!
아르슬랑의 (아들) 차간 용사[36]는
어쩔 수 없이 너와 만날 것 아니냐!"
차가운 검은 술을
흠 없는
사기잔으로 열다섯 잔을 마셨네.
"아란잘 근사한 제르데를
데려와라!" 하고
아락 졸의 (아들) 망나에게
기별을 하자
영예로운 장가르의 곁에서
대단한 붉은 홍고르가
전투의 여러 로브차를 입었네,
다른 사람에게는 없는 유황빛 검은 갑옷을 입었네,
열두 부처님이 내리신
청정한 흰 부적을
심장 쪽에 보관했네.
샤라의 나라에서 짜고,
종교의 나라에서 조언을 받은,

---

36 조금 난데없는 듯하다. 독신 샤라 뷔르게드(흉맹한 노랑 독수리)와 같은 인물인지는 판단할 수 없다.

화살의 끝이 닿지 않는
노랑 비단 올와를
어깨 위로 걸어붙였네.
늙은 쾨케 대장장이가
힘들여 만든,
늙은 말로 대장장이가
담금질하여 만든,
존경받는 세 대장장이가
세공을 한
샤즈니 샤르왁[37]이라는 이름의 검을
지혜와 영예의 허리 위에
소리 나게 채웠네.
불친 세 살짜리 수송아지의 가죽으로 심을 해서
불친 네 살짜리 수소의 가죽으로 짜 감고,
부어 만든 강철 끈고리를 달고
불린 강철로 메뚜기를 만든,
귀시 은[38]으로 만든 손잡이 끈을 달고
꼬아 만든 노랑 비단 맬 끈이 있는,[39]
사막에서 자란

37 바르다예프들(2004: 929)을 참고하건대 대략 '종교의 실수 없는 타격'이라는 뜻.

38 귀시 은(Гүши мөңгн)에서 귀시(гүши)의 뜻은 미상. 토다예바(1976: 236~237)는 '은의 명칭'(наименование серебра), 비트케예프들(1990a: 460)은 '은의 종류'(разновидность серебра)라고 주석하였으나 어떤 특성을 가진 은인지에 대해서는 이야기하지 않는다.

혼자 있는 섬개야광나무를
나무즙을 석삼년 동안 말려 자루를 만든,
단 한 번 때린 상처는
여섯 해에 아물지 않는
탈[40] 백단향나무 채찍을
단단히 잡고
영예로운 통치자 성주의 곁에서
출정하려고 나왔네.
아란잘 빠른 제르데 위로 올랐네.
"영예로운 통치자 주군과
속민 모두 건강하게 잘 계시기를!" 하고
떠오르는 노랑 해의 뒷다리를 향해 갔네.[41]
간딕 알탄 달란 산의
북쪽 기슭으로 올라갔네,
하늘과 땅의 분기점을
향해 갔네.
가슬랑 뮝겐 차간 산을
향해 갔네,
낮이라고 해서 머무르지 않고 갔네,

---

39 형태는 일단 ордс-та(어기명사-소유)로 분석할 수 있겠으나 ордс가 칼미크어 사전들에서 확인되지 않는다. 일단 비트케예프들(1990a: 343)의 '꼬아 만든 노랑 비단 맬끈을 한'(Со сплетенным желтым шелковым шнуром)을 따라 위와 같이 옮겨 둔다.

40 탈(Тал)은 2-4-531에서는 таль. 의미는 미상.

41 '허의 뒷다리'(нарни ар көл)는 북쪽 또는 뒤편을 뜻한다.

밤이라고 해서 묵는 법 없이 갔네.
쥐덴 하르가 다리를 건너갔네,
쥐르켄 샤타의 어귀를 넘어갔네,
내리 다섯 달을 달려서 갔네,
에르스 차간 산의
급경사의 꼭대기 위로 올라갔네,
아란잘 제르데의 재갈을 당겨 멈춰 섰네.
네 해 동안 노려보지 않은
네 살짜리 노랑 독수리의 눈으로
네 나라의 감시 초소를
빠뜨리지 않고 보았네.
북쪽 고장 쪽을 보니
고장의 멀기가
꽉 찬 다섯 달 거리가 되네.
드높은 알타이 산은
허리까지 보였네,
드넓은 샤르탁 바다는
노랑, 빨강, 파랑 세 무지개가
위에 있는 하늘나라에
비추어 보였네.
사원 쪽을 보니,
육천의 노랑 황금 사리탑이
별이 있는 푸른 하늘의 대기에서
저무는 노랑 해의 발에

산기슭마다 기대고 있는 것이 보였네.
사다리 같은 궁궐은 가운데
노랑 얼룩무늬 대궐이
백 곳 목영지의 거리에서
그림처럼 보였네.
앞쪽을 보니
흉맹한 노랑 망가스 임금의
큼직한 검은 돌을 잘라 만든
백 층짜리 백 개의 전각을 가진
육천 길 높이의
그림 같은 검은 얼룩무늬 대궐은
떠오르는 노랑 해의 뒷다리에서
땅의 배꼽처럼 보였네.
온데르 차간 산의 꼭대기 위에서
아래쪽으로 내려오기를
멈추지 않고 계속 내려왔네.
근사한 제르데 준마는
앞의 두 다리를
턱보다도 높게 들어 올리고
외따로 있는 세 개의 봉우리를 연달아 밟았네,
뒤의 두 다리를
사자 같은 제 겨드랑이에 박다시피 했네.
차인 흙덩어리가
뒤편으로 총알처럼[42]

날아 지나갔네.
복슬복슬 털이 난 네 발굽에서는
열두 갈래
안개 같은 붉은 먼지가
하늘에 구멍이 나게 올라갔네.
완전히 멋진 거품을
완벽하게 아름다운 앞머리 쪽에 뿌렸네.
굴레의 재갈에는
양의 머리만 한
핏빛 밤바 꽃만 같은 붉은 거품이 (일어나)
땅을 덮었네.
오른편 왼편 발걸이를
단단한 흰 모래에
번갈아 닿게 하면서
어지간히 제르데가 속력을 냈네.
흉맹한 노랑 망가스 임금의 고장에
접근해 갔네.
앞쪽에
왼데르 차간 산이 보였네.
왼데르 차간 하다의
남쪽 만곡부 위로

---

42 늦어도 이 대목이 노래되던 시기에는 칼미크-오이라드 민중이 총에 대해 알고 있었다 하겠다.

헉헉대는[43] 제르데로 올라갔네.
해가 뜨는 쪽에서
가느다란 붉은 연기가 나와 다가오네,
회오리바람인가 하니
회오리바람도 아니고,
비나 눈인가 하니
눈 먼지도 아니고,
호르단 샤르할 준마의
먼지인 것을 알게 되었네.
백 개의 나라에
용기로 유명한
여섯 나라에
힘으로 유명한
아르슬랑의 (아들) 차간이라는 용사가
긴 백단향나무 창을
안장 앞에 가로로 놓고,
통치자 붉은 홍고르와
왼데르 차간 하다의 기슭에서
서로 만나 수인사를 했네.
"얼굴에는 불이 있고,
눈에는 불꽃이 있는,[44]

43 텍스트는 Өлкәдгсн. '흥분한'이라고 새겨도 무방할 듯하다.

44 1-2-535의 각주 참조. 1권에서는 цогта를 '빛이 있는'으로 새겼으나 칼미크 몽골어

하늘과 땅의 분기점에서부터
다니게 된,
메마른 산등성이의 고개에서부터
다니게 된,
무슨 사람인가, 너는? 말하라!"
"해가 지는 쪽에서 왔다,
팔만(八萬) 마귀 망가스의 주군이자
팔십만 악마의 정복자인
흉맹한 노랑 망가스 임금에게
가려고 다닌다."
"지배하는 주군 통치자의 이름은 누구냐?"
"위의 일곱 나라의 조공을 먹는,
아래 흉맹한 사만(四萬) 임금의
정복자이신
영예로운 통치자 성주 장가르,
나를 지배하는 통치자는 그다.
그대는 어디에서 어디로 가고 있는가?"
"영예로운 망가스 임금의 사자다, 나는.
어디든지 마음에 드는 나라로 간다.
일단 떠난 나의 일은
아란잘 제르데 말과

형태와 의미에 좀 더 유의하여 '불꽃이 있는'으로 옮겨 보기로 한다.

너를 필요로 한다."
"산 채로 잡아갈 생각이냐,
죽여서 데려갈 생각이냐?"
읽아매 잡아, 고정시켜 묶어서
타르완 샤르할[45] 준마의
엉덩이 위에
고정시켜 묶어,
데리고 갈 것이다, 내가."
"묶이기 전에
사람에게 없는 칼이 너에게
닿게 하는 것은 어떻겠는가, 내가?" 하고 말하고
거울 같은 백단향나무 투구를 쓴
탈리[46] 백단향나무 채찍으로[47]
머리 위로
(말을) 정확하게 돌진시키며 때리고 갔네.
아르슬랑의 (아들) 차간 용사가

---

45 텍스트 Тарван шархл(타르완 누르스름한)의 тарван은 사전이나 연구서들에서 확인되지 않는 형태. 같은 말이 2-2-484에서는 Хурдн шархл(빠른 누르스름한), 2-4-535에서는 Орг шархл(잿빛 누르스름한)으로 출현.

46 탈리(Таль)는 2-4-393에서는 Тал. 의미는 미상.

47 이 행이 530행 앞에 나오거나 532행 뒤에 나오면 더 자연스러울 것 같다. 즉 탈리 백단향나무 채찍으로, 거울 같은 백단향나무 투구를 쓴 머리를 정확하게 돌진하여 때리고 갔거나 거울 같은 백단향나무 투구를 쓴 머리를 탈리 백단향나무 채찍으로 정확하게 돌진하여 때리고 갔으면 이해하기가 더 쉬웠을 것 같다. 아니면 530행의 дуулх(та)가 사람이 머리에 쓰는 투구가 아니라 채찍 끝에 달린 쇠붙이 같은 것이었을 수도 있다.

오록 샤르할 준마의
재갈을 돌려 당겨,
투구 쓴 머리 위로
일곱 번씩, 여덟 번씩 서로 때리고 갔네.
차가운 검은 검을
쑥 뽑아 당겨
전투의 여러 로브차를 입은 어깨를
(말을) 돌진시키며 길게 베고,
목숨의 검은 피를
입과 코로 번갈아 서로 쏟으며,
두 말의 여덟 발굽이
서로 엇걸리며 곤두박질쳐
싸워 승부를 가리지 못했네.
몸 안 중심에 품었던
기민한 검은 꼬챙이 칼을
쑥 잡아 빼
오줌보의 머리 쪽으로
일곱 번씩, 여덟 번씩 서로 찌르고[48]
싸웠으나 피차 이기지 못했네.
두 마리 말을 진정시켜 버리고,[49]

---

48 텍스트 боллцад(서로 찌르고)를 бүллцэд로 고쳐 읽음.

49 이 주해에서 '(말을) 진정시키다'로 번역하고 있는 텍스트 сөөх는 다른 몽골어계 언어들에서의 동근어들처럼 지친 말이나 앞으로 크게 힘을 써야 할 말을 매어 두는 행위를 가리킨다. 말은 쉬면서, 일정 종류의 풀을 일정 양만 뜯어먹을 수 있게 된다.

전투의 여러 로브차를 차례로 벗어 던지고,
사슴 가죽 바지를
장딴지까지 접어 올리고,
서로 뒤를 잡아 던져 넘기고,
뒤를, 앞을 서로 때리고,
서로 사자의 멋진 싸움수를 내고,
모든 근사한 힘을 내도,
싸워 이기지 못했네.
씨수낙타처럼 서로 밀쳐 대고,[50]
씨수소처럼 서로 찔러댔네,
아르슬랑의 (아들 차간) 용사가
실수케 하여 쓰러뜨렸네.
허우적대는 네 활개를
엉덩이 위로 고정시켜 묶어
사람 중생은 잠금을 풀 수 없는
무거운 노랑 사슬로
목에다 채웠네.
왼데르 차간 하다의 바닥에,
바위 틈새의 균열된 곳에
안 보이게 하여[51] 가두고

50 텍스트 мейәлцв의 어기 мейәлц- 혹은 мейә-는 사전들이나 연구서에서 확인되지 않는 형태. 씨수낙타들이 싸우는 전형적인 모습(쓰러뜨리려고 서로 밀어댐, 발로 참, 이로 물어뜯음)을 기억하여 위와 같이 임시로 새김.

51 '안 보이게 하여'(Алһглж)의 어간에 해당하는 алһгл-, алһг-, 혹은 алһ- 등은 칼미크

소만 한 검은 돌로 눌러
백 년간 움직이지 않게 만들었네.
호르단 샤르할 준마는 붙들어 잡고
첫 번째 목뼈를 길게 때렸네.[52]
영예로운 노랑 망가스의 고장을 향해 출발했네.
낮이라고 해서 머무르지 않고
내리 달리게 해서 갔네.
그림 같은 검은 얼룩무늬 대궐의
위로 떨어지게 해서 왔네.
백 가지 언어의 백성의
가장자리로 들어왔네,
탄 말은
두 살짜리 망아지를 만들어 변신시켰네,
자신은 열다섯 살 먹은
해처럼 빨간 사내아이로 변신했네,
십만에 달하는 여러 대궐 하인들의 마을 안으로
몰래 들어갔네.
노랑 얼룩무늬 대궐을
정예 사만 아르슬랑[53]이

어 사전들에서 확인되지 않으나 명사 aлha '없음' 혹은 형용사 '없다'의 동사형이라 보고 문맥에 어울리도록 위와 같이 옮겨 보기로 한다.

52 급소를 때려 단매에 죽였네.

53 텍스트에서 아르슬랑(Арслң~арслң)은 ① 본래의 뜻인 사자(獅子) 혹은 '사자 같은', ② 사람(남성)의 이름(Арслң), ③ 친위대의 무사(들)을 가리키는 데 사용된다.

지키고 있는 것이네.
오른편과 왼편 문에는
잡히면, 요절을 내 버리는,
놓을 때는
박살을 내던져 버리는,
호랑이와 곰이 있네.
임금의 곁에는 정예
팔천 용사가
영원한 사철
임금을 가운데 두고
지키며 살피고 있는 것이네.
적대적인 네 나라[54]에서
해를 끼칠까
두려워하는 것이네.
대적할 수 없는 섬주부의 임금들[55]이
목숨에 해를 끼칠까
두려워하는 것이네.
대단한 붉은 홍고르의 몸은
열흘이 지나도
다가갈 방법을 낼 수 없었네.

여기서는 ③에 해당된다.

54 적대적인 혹은 이단의 네 나라가 어떤 나라들인지는 앞뒤에서 소개되지 않는다.

55 대적할 수 없는 섬주부의 임금들은 망가스 임금의 취약점을 이야기하고자 하는 것이 아니고 경계의 삼엄함을 이야기하고자 하는 듯하다.

사만 군대는
마흔 겹을 이루어
돌고 있는 것이네.
한편에
타고 있던 준마를
고삐를 안장에 매어 버리고,
전투의 여러 갑옷을
차례로 벗어
안장의 간지개에
꽉 조여 묶고,
부드러운 비단 결박을
허리에 확실하게 매고,
황금 군도를 손에 잡고,
조심스럽게 살피며 갔네.
여러 겹 파수에
들어갈 수가 없었네.
사만 자루 창은
대나무 (숲)처럼 되어 있네.
사만 자루 창의 위로
봄바의 네 활개를 닿게 하지 않고,
견고한 백단향나무 문을
뛰어넘어 내려왔네.
오른편과 왼편에서
호랑이와 곰이

물고 넘어졌네.
오른편의 호랑이를
으스러지게 때리고,
왼편의 곰을
첫 번째 목뼈를 잡고
앞뒤로 때리고,
아르슬랑의 노랑 얼룩무늬 대궐[56]에
숨어 달려 들어갔네.
사만(四萬)의 파수는
안개 자욱한 어둠 속에서
무슨 사람인지를 찾지 못하고
망연자실했네.
위의 하늘나라에서
떨어져 온 것을
찾지 못했네,
아래 땅의 틈에서
솟아나온 것도 찾지 못했네.
'영예로운 임금의 곁으로
가공할 아르슬랑 용사가
이렇게 갔는가?' 하고

56 텍스트는 Арслңгин шар цоохр бәәшң(아르슬랑의 노랑 얼룩무늬 대궐). 그러나 지금 이 대궐의 주인은 아들 차간 용사를 홍고르의 손에 잃은 아르슬랑이 아니라 그들의 임금인 흉맹한 노랑 망가스일 듯.

조심하며 두려워하며,
경악했네.
안개 같은 노랑 얼룩무늬 도성[57] 안으로
들어가 뛰어내린 뒤,
보니
'잡고
베어라!'고 한다는
팔천 용사가
다리에 다리를 베고
누워 자네.
사람의 손목만 한 심지가 있는
청동 은제 등은
빛을 발하며 타고 있네,
붉은 비단 장막은
끈이 있네,
쿼지향과 유황이
타고 있네.
차가운 검은 술은
동이로 있네.
위쪽으로 자는[58] 사백(四百)

---

57 비트케예프들(1990b: 475, 주36)은 이곳에서는 대궐(бәәшң)을 뜻한다고 주석.

58 '위쪽으로 자던'(Өөдәр унтгсн)이 어떻게 자던 것인지 불분명하다. 두게르수렝(2000: 233)은 '문가에서 자던'(Үүдээр унтсан)이라고 옮겼는데 의미는 충분히 합리적인 것으로 보인다.

용사의 위로 뛰어서
견고한 아리쇠의 그곳에 내렸네.
차가운 검은 아르자를
큰 흰 사기잔으로
일곱 번을 마시고,
붉은 비단 휘장을
위로 올려 던져 버렸네.
저쪽을 보니
어깨는 일흔 척 길이에
일흔다섯 마리 가루라 새의
힘이 얽히고,
꿈틀대는 허리는
세 아름 한 겨드랑 굵기에
백팔 아마르가시[59]의 힘이 완정한
흉맹한 노랑 망가스 임금[이 있네.]
이쪽 편에 누운
바드민 게렐 하탄을
끌어안고
안개 같은 백단향나무 등을 불어 끄고,
가까스로 숨을 끊고
겨우 목숨을 끊으려다

59 амрһш는 칼미크어를 비롯한 몽골어 사전들, 연구서들에서 확인되지 않는 형태. 나찰, 야차 등과 같이 힘센 존재일 것으로 추정.

놓쳐 버렸네.
금강 강철로 날을 낸,
띠강판으로 늘린
불린 강철로 칼등을 낸
황금 백단향나무 군도로,
칼등 쪽으로
첫 번째 목뼈를 한 번 때렸네.
사자좌(獅子座)[60] 위로
뛰어내려, 일어나며 달아났네.
우뚝한 흰 어깨를
연골을 공격하여
칼날로 탁 베었네.
머리를 아래로 당겨 떨어뜨리고,
등허리 위로
허우적대는 두 팔을 결박했네.
밝고 아름다운 가슴을
어두워지도록 밟았네.
안개 자욱한 어둠 속에서
자신도, 남도
서로 알아보지 못하고 서로 상처를 냈네.
흉맹한 노랑 망가스 임금을

---

60 텍스트는 Арслн ширэ. 불교에서 부처님이 앉는 자리를 가리키는 말. 여기서는 망가스의 임금의 보좌를 가리키는 듯.

자신의 뒤 옆구리 위로 던져 버리고,[61]
문에 있는 오백 용사를
아래위로 두 번 박살을 냈네.
노랑 얼룩무늬 대궐의 문에서
산더미만 한 노랑 망가스를 데리고 나왔네.
앞에서는 호랑이와 곰이 덤벼들었네.
오른편, 왼편에서는
용사들이 굳센 백단향나무 창으로 찔렀네.
와 하는 큰 함성으로
함성을 지르며 갔네.
나라가, 황금 세상이 흔들려 갔네.
왼쪽의 여러 대궐 하인 마을은
서로 불러 깨었네.
육만 파수가
빽빽하게 일제히 막았네.
파수의 위로
흉맹한 노랑 망가스 임금을
넘겨 내던졌네.
뒤에서 봄바의 네 활개가
창끝에 닿지 않게 하며
보르한 제르데의 앞가슴 밑에

61 등과 옆구리에 둘러업고.

뛰어내렸네.
흉맹한 노랑 망가스 임금을
찾아가지고
아란잘 제르데의 뒤 궁둥이 위에
튼튼한 백단향나무 간지개로
확실하게 묶어 간수를 하고,
전쟁의 여러 로브차를 입고
아르슬랑 제르데 위로
분같이 흰 불꽃처럼 튀어 올랐네.
뭥겐 차간 알타이를 향해
또한 제르데의 부드러운 은제 고삐를 똑바로 잡고
그 밤을 내내 달리게 했네.
이튿날 새벽 해 뜰 무렵
뒤편을 바라보니
팔천 개 둑의 꼭대기가 번쩍거리고,
팔천의 먼지가
이쪽저쪽 (하늘에) 구멍이 나도록 올라가네.
수백만 병력의 군대로
끔찍하게 박살을 내러 다가오네.
근사한 제르데 말은
앞 갈기로는 달 쪽에 합치고[62]

---

62 '앞 갈기로는 달 쪽에 합치고'(Саңнаһарн сар тал нииләд)의 의미는 정확하게 파악되지 않는다. 역시 의미 파악이 안 되기는 마찬가지이지만 2-1-625의

엉덩이 위에는 산더미만 한
노랑 망가스 임금을 얹고
지체 없이 한달음으로
달려가네,
두 이레 열나흘을
따라잡히지 않고 가네,
세 이레 스무하루를
따라잡히지 않고 가네,
일곱 이레 마흔 아흐레를
따라잡히지 않고 갔네,
이교도의 네 바다를
기슭을 따라 다투며 가네.
코끼리의 용사
뵈케 차간이라는 사람이
젊은 호르단 샤르할을
끊임없이 을러대고,
간단없이 뒷다리를 채찍질해,
"발라르 하라 숲의
갈 올란 기슭에
닿기 전에 따라잡아 주거라!" 하고

Саҥсаһарн{Саҥнаһарн} сар нарнла наадад(앞 갈기로는 달과 해와 함께 놀고)을 비롯해 1-2-53, 333, 1-3-83-84, 1-5-74, 1-6-205, 1-7-161, 1-8-138, 1-9-123, 1-10-179에서는 모두 '앞 갈기(털)로는 달과 해와 함께 놀고'이다.

아흔 마리 들 양의 뿔로 만든
예데르 하라 강노(强弩)에
문짝만 한 폭의 빠르고 흰
화살을 오늬에 메기고
발라르 하라 숲에 닿기 전에 따라잡아 왔네.
여러 날
여러 밤 도약해서 달린
불꽃 같은 제르데가
느려져 가네,
여러 전쟁의 발길을 겪은,
여러 무기의 소리를 들은
데지[63]의 잔 같은
네 발굽을 일제히 들어 올리고,
엄청난 황금 송골매의 눈으로
뒤를 돌아보니
예데르 하라 강노에
빠르고 흰 가시코르 살[64]을 메기고,
대단한 붉은 홍고르의
목숨의 붉은 대동맥을

---

63 데지(цееж)는 모든 몽골인들 사이에 공유되는 개념으로 신불, 가장 존귀한 이에게 바치는 음식. 흔히 고아 내린 흰 술 애르크(몽골문어 아라키, 할하몽골어 아르히)를 가리킨다. 같은 솥에 만든 음식이나 차는 처음 떠 담아 낸 부분이 해당된다. 뜻이 확장되어 문학, 예술 작품의 정수, 주옥편, 어느 분야의 최정예를 가리키기도 한다.

64 가시코르(살)(hашкур(сум))은 '슉-슉 또는 핑-핑하는 소리가 나는 (화살)'.

겨누어 당기고 오는 것을 보았네.
도고지(弓墊子) 소리가 '탁!' 하고 나자,
잿빛 푸른 흰 앞가슴으로
땅을 쓸며 쓰러졌네.
퀴렉[65] 황금 투구의
중간 측면을 탁 때리고,
하늘로 소리를 내며 올라갔네.
비틀거리며 일어나니
다시 한 오늬를 잡았네.
사랑스럽고 아름다운 제르데 말의
목숨의 붉은 대동맥을 겨냥해 당겼네.
당기며 놓아버리자,
데지의 잔 같은
네 개의 검은 발굽을
일제히 들어 올리며 뛰어넘었네.
빠른 흰 화살이
네 개의 검은 발굽 밑을
살깃으로 스치며 지나갔네.
자니 뵈케 차간이라는 용사가
말하며 가네.
"두 살을 놓쳤다, 내가.

65 텍스트는 Kypr. 칼미크어 사전, 연구서들에서 확인되지 않는 형태로, 황금의 형태나 산지를 나타내는 말일 수도 있다.

먼저 쏜 살은
위에 있는 주인의
목숨의 붉은 대동맥을 덮쳤다,
놓치는 법 없는 천둥번개 같은
아기살(片箭)이었다.
그것을 말이 알고,
배로 땅을 따라 쓰러져
주인의 머리를 빗맞게 했다.
아래 있는 말을 보고
한 번을 겨누었다, 나는.
데지의 잔 같은
네 개의 검은 발굽을 일제히 들고 뛰어
놓치고 땅을 쏘게 하였다.
말이 아니고, 보석인 듯하구나,
타고 있는 주인은 사람이 아닌 듯하구나,
어떤 암말에게서 이런 망아지가 나오는 것인가?
어떤 사람에게서 이런 아들이 나오는 것인가?
갈비뼈에는 관절도 없이 다니네,
허리등뼈에는 틈도 없이 다니네,[66]
열여덟 달을
멈춤 없이 달린 몸은,

---

66 갈비뼈에는 관절도 없이 다니네(Хэврһдань үй уга йовна), 허리등뼈에는 틈도 없이 다니네(Харцһнгтнь заг уга йовна)의 참뜻은 미상.

산더미만 한 두 용사를
위에 태우고,
수백만 군대에
특출하게도 따라잡히지 않고 다니는
이러한 말은 어느 임금의
고장에 있었던가?
영예로운 장가르라고 말해 마땅한
악한이었네.
시방(十方)의 임금들의 나라에서
빠르고 강하기로 빼어나다는
아란잘이라고 말해 마땅한
나쁜 놈이었네." (하고.)
쇼고 하라 숲,
갈 올란 기슭을 향해
가슬랑타 제르데가 따라잡히지 않고 갔네.
팔십만 군대가
해와 달을
먼지로 가리며 왔네.
늙은 백단향나무 숲의
골짝을 향해
영예로운 노랑 망가스 임금을
안 보이게 하고 있다가 던졌네.
아가르 백단향나무를
뿌리째 쑥 잡아당겨 뽑아

가지를 다듬어 던지고
열다섯 길을
재서 잡고
가공할 노랑 망가스의 군대로
아란잘 제르데의 재갈을 돌려
멈추지 않고
팔천 자루 창의 끝으로
곧장 돌진했네.
일흔다섯 진영 군대에
인정사정 보지 않고
불 있는 어머니의 붉은 외침[67]으로
외치며 돌진했네.
황금 세상을 흔들며 갔네.
이 소리에 무성한 백단향나무의
가지가 완전히 떨어져 나갔네.
내달리며 때리면
쉰 명 용사를
탁 때려 버리네.

---

67 텍스트의 '불 있는 어머니의 붉은 외침(으로)'(Һалта йөмин улан ура(һар))은 특정 구호의 이름인 듯하다. 구호에서 йөм은 '어머니, 불모(佛母)'라는 뜻의 티베트어 yum의 차용어로서 다음과 같은 것들을 가리킬 가능성이 있다. ① 대반야바라밀다경(Yeke beleg bilge baramid) 혹은 반야경들의 총칭(Билиг барамидын судруудын хураангуй нэр), ② 티베트-몽골 불교의 대승경전들을 경, 율, 논으로 나눌 때 논장에 속하는 경전들, ③ 티베트-몽골 불교의 대승경전을 정(간주르), 부(단주르), 잡(松棚)으로 나눌 때 잡장(雜藏)에 속하는 경전들.

따귀를 때리면[68]
스물다섯 용사를
빠른 준족의 말에서
디끄러지게 때려 떨어뜨리네.
추격하던 용사들이
다리에 다리를 베고 떨어졌네,
우주에 없는[69] 빠른 말들은
안장을 배 밑에 달고,
마구 헝클어져
쾨케 실을 향해 갔네.
아란잘 근사한 제르데로
순식간에
열세 번을 돌아
여러 진영의 군대를
하나하나 끊어 쫓아서
나라에 이름이 난 창잡이도
제 창을 제어할 수 없었네,
세상에 없는 활잡이도
제 화살을 제어할 수 없었네,
내리 석 달을

---

68 텍스트 '따귀를 때리면'(Тачлhта цокхларн)에서 тачлhта 또는 тачлh를 사전들에서 확인되지 않아 Ташлhта цокхларн으로 바꾸어 읽어 보기로 한다.

69 『장가르』에서 '우주에 없는'(Орчлнд уга)이라는 표현의 대부분은 우리말 습관으로는 '천하에 없는', '이 세상에는 없는'에 해당하는 것들이다.

기민한 빠른 제르데 말은
주인과 자신의 몸에
독화살 한 대 맞는 법 없이
무릎을 따라 구르고,[70]
정강이를 따라 몸을 흔들며,[71]
고개 위에서
일흔다섯 번을 돌아,
팔십만 군대를
발라르 하라 숲의
유일한 입구에
들이지 않고 몰아 모았네,
내리 여섯 달의 끝에는
기민한 제르데로
떼어 내지 않고 몰아 모았네.
내리 팔십만
군대를 몰아 모으고 있다가,
잡고 뽑아 당겨 때릴
백단향나무도 가느다란 것은 다했네.
굵은 백단향나무만 모두 남았네.
아가르 백단향나무도
드물어졌네,

70 말 탄이(=홍고르)가 무릎으로 주는 지시에 따라 구르고,

71 말 탄이(=홍고르)가 정강이로 주는 지시에 따라 몸을 흔들며,

아란잘 근사한 빠른 제르데는
지치게 되었네,
사람의 피가
준마의 무릎까지 오게 되었네,
사람의 뼈가
키 큰 백단향나무의
허리에 닿게 되었네.[72]
용사 홍고르의
자라나는 백단향나무 같은 등허리도
굽어져 왔네.
솟아오른 보름
달 같은, 가득한 붉은 얼굴은
잿빛이 되었네.
먼저 다친 상처가 덧나,
고름과 피가 흐르고,
전투의 여러 로브차는
봄에 털갈이를 한
한 살짜리 낙타의 솜털처럼
흩어져 날렸네.
흉맹한 노랑 망가스의
칠십만 군대가

72 전장에서 죽은 사람의 시체가 높게 자란 나무의 중간까지 쌓였네.

일곱, 여덟 겹
가운데 두고 포위했네.
목숨에 팔천 자루의 창끝이
일제히 찌르려고 들이닥쳤네.
통치자 붉은 홍고르의 몸은
일흔다섯 진영의 군대의 정면에다
이제까지 낸 적이 없는 "어머니의 붉은 목소리"[73]로
세 번 함성을 질러 댔네.
황금 세상을 흔들며 갔네,
무성한 백단향나무의 가지가
완전히 떨어져 나갔네.
팔천 자루 창끝 위로
늘씬한 빠른 제르데가
데지의 잔 같은
네 개의 강철 검은 발굽이
닿는 법 없이 뛰어넘어
평탄한 흰 기슭에
지체 없이 당도했네.
근사한 제르데 준마를
오른편 재갈을 서둘러 당겨,
둘러싼 백단향나무 숲에

73 "어머니의 붉은 소리"(йөмин улан дуу)가 무슨 뜻인지는 미상. 이 마당 877행의 '불 있는 어머니의 붉은 외침」(һалта йөмин улан ура)과 관련이 있을 듯.

결박되어 누운
흉맹한 노랑 망가스 임금을
움켜잡고 데려다
아란잘 제르데의
뒤 엉덩이 위에
단단하게 묶어 싣고,
알타 묑겐 차간 산을 향해
십만 병력 군대를
제 뒤에다 줄을 짓게 하고
저무는 노랑 해의
뒷다리를 향해 갔네,
긴 백단향나무 숲의 안으로 들어가
뚫고 나와서 갔네,
밤이라고 해서 묵지 않고,
내리 석 달을 달렸네.
아란잘 빠른 제르데의
양지머리에는 기름이 떨어져서 갔네,
긴뼈의 골수가 없어지도록 갔네,
눈구멍이
참새가 둥지를 틀고
새끼를 쳐도 되게끔 벌어졌네.
엉덩이에는 활집 가득한
화살 통을 걸어도 되게끔 엉덩뼈가 불쑥 튀어나왔네.
때려 버리면,

돌을 때린 것 같네.[74]
박차를 가해 버리면
북소리가 나네.[75]
판금 황금으로 만든 코 싸개는
코를 때리며 부서지는 소리를 내네.
번쩍이는 황금 뒷덜미 가리개는
배내 갈기[76] 위로 떨어지네.
밝은 푸른색 은 가슴 가리개는
안장 가방 장식의
술을 때리며 부서지는 소리를 내네.
스물다섯 길
고니의 목 같은 후걸이는
궁둥이에서 부서지는 소리를 내네.
빠른 제르데 말은
아니 되어 갔네.[77]
빙빙 도는 많고 많은 망가스의 군대가
일제히 따라잡아 왔네.
에르켈뤼의 뮝겐 차간 산의 기슭에
기민한 제르데가 닿아 왔네.

---

74 기진맥진한 말이 아무리 때려도 마치 바윗돌처럼 몸이 무거워 움직이기 어려운 형편인 듯.

75 말이 너무 지쳐 주인이 박차로 배를 계속 소리 나게 차대는 정황인 듯.

76 태어난 이래 한 번도 다듬지 않은 갈기.

77 죽어 갔네.

잿빛 가루라 새의 움킬 힘을 가지고
왼데르 고르완 타브창[78] 위로
비계 없는 제르데를
때려 올라왔네.
뒤편을 보니
가공할 노랑 망가스 임금의 목숨 같은
팔천 용사가
울리는[79] 검은 목소리로 함성을 지르고
마찬가지로 따라잡으려고 다가오네.
(적병이) 부르고 다니는 노래를 귀 기울여 듣자니
"옥타 시르케의 손자
퇴멜렉트 임금의
외동딸에게서 나온 외손자,
온화한 장사 뮁겐 식셰르게[80]의 외아들,
메르겐 귀시 잔단 게렐의
스물두 살 나이에 태어난,
백 년치 고통을
연이어 겪었다 해도
'아야!' 소리도 내지 않을,
여섯 해 동안 채찍이

78 '높은 세 대지(臺地)'(Өндр һурвн тавцн).

79 텍스트 Нaггин을 Нaгин으로 고쳐 읽음.

80 텍스트는 Төвшүн Бөк Мөңгн Шигшрһ. 대략 '온화한 장사 은 회초리'라는 뜻으로 앞의 두 단어는 이 사람의 별명, 뒤의 두 단어는 이름인 듯하여 위와 같이 옮김.

느슨해지지 않고 때려도
입에서 세 마디 말을
입을 놀려 말한 적이 없는,
용감한 몸은
육만 용사에게
도보로 돌진해 들어가는
용감한 붉은 홍고르는
현생에서 원한이 있는가, 너는?
(삼생의) 마지막인 내생의 앙갚음할 일이 있는가, 너는?
땅에서 혼자뿐이지 아니한가, 너는?
겁(劫) 동안 고아가 아닌가, 너는?
세상에 혼자뿐이지 아니한가, 너는?
단단한 대지에 고아가 아닌가, 너는?
종종걸음칠 때 날개가 없지 않은가, 너는?
날아오를 때 동무가 없지 않은가, 너는?
늙은 천녀[81] 어머니가 있지 않은가, 너는?
늙은 비천 아버지가 있지 않은가, 너는?"
하고 노래 부르며 다가오네.
앞쪽에 있는 자신의 고향을 보니,
십팔만 부처님이
한낮에 중화를 하시는

81 텍스트는 дагнян, 즉 дагня-н '다그냐-속격'.

오록 욘돈 오르자 산등성이의,
아르슬랑 알타 뮝겐 차간 산은
저무는 노랑 해의 앞발에
땅의 배꼽이 되어 밝아오는 것이 보이네.
드넓은 샤르탁 바다는
외뤄와 쇠뤄라는 흐름이 있고,
칼등 같은 파도가 치며
온갖 아름다운 연꽃의 빛깔을 가진
보석 샤르탁 바다.
이 바다의 물을
맛본 사람은
죽음 없는 영생,
고단(孤單)함 없는 번성,
가난 없는 가멸,
죽었을 때는 영혼이
늘 삼만 삼천
불법이 있는 하늘나라에
태어나는 서원이 있고,
위로는 가호하는 하늘의 대기에
파랑, 빨강, 노랑 세 무지개가
백 베래 떨어진 곳[82]에서부터

82 150~200km 떨어진 곳.

그림처럼 보이네.
갈라져 나온
팔천 줄기 강물은
사십만 속민의 문전마다
얼지 않고 영원한 사철 내내
모래가 멋진 개울로[83]
콸콸 소리 내며 달려
물을 나눠 주는
전통이 있네.
절 쪽을 보니
육천의 노랑 황금 사리탑이
저무는 해의 발에,
별이 있는 푸른 하늘의 대기에서
산기슭마다 기대어 선 것이 보이네.
사다리 같은 봄바 바다의 기슭에
샤르탁 네 바다가 있고,
샤라의 네 사원이 있고,
석가모니의 현신인 라마가 있고,
종교의 정원(定員)이 있는 사만(四萬)의 제자들은[84]
넓은 사각 궁장(宮帳) 궁궐에서

83 2-5-17의 '모래 개울로 얼어붙지 않고'(Элсн сәәрʌһәр{сәәрһʌәр} көрʌ уга)를 참고하여 텍스트 саарʌһар(암갈색으로)를 сәәрһʌәр(모래개울)로 고쳐 읽음.

84 '정식으로 등록된 사만 승려는'(Шаҗин тоота нәәмн түмн шевнрнь)으로 짐작된다.

서로 마주 보고
왁자지껄하고,[85]
소라고둥 나발 소리는
아래 남섬부주의 고장에
울렸네,
백 베래 거리에서
그림처럼 들렸네.
사다리 같은 봄바 바다의 기슭에
들게 한
샤라의 사만 임금의
속민과
왁자지껄하는 것이 보였네.
에르치스 봄바의 십만 줄기 강의 발원에서
주군 장가르 임금이 몸소
다스리는 일흔 언어의 속민이
왁자지껄하는 것이 보였네.
떠오르는 노랑 해의
왼쪽 다리 아래
간딕 알타이 산의 뒤 기슭에 세운
칠한 황금 대궐은
샤라의 네 사원 안에 들어가,

85 티베트-몽골 불교의 특징 가운데 하나인 변경(辯經) 장면의 묘사.

땅과 하늘의 배꼽이 되어,
우뚝하게 솟아 보이네.
왼데르 차간 산의 꼭대기 위에서
놓치지 않고 살펴보고,
"내리 일곱 해 동안
이리로 저리로
멈추지 않고 달린
보석같이 아름다운 나의 제르데,
네가 옳다!
이 긴 세월에
넓은 몸을 펴보지도 못한 것이
아니었던가?
목이 말라도 내가 마실 것이
충분한 적이 없지 않은가?
굶주려도 내가 먹을 것이
만족스러운 적이 없지 않은가?
내리 아홉 달을
대장부 내 몸은
이 전쟁에서 멈추지 않고
전쟁을 하지 않았는가?
아가르 백단향나무의 가지가 다 하도록
혼자 몸으로 전쟁을 했다, 나는.
사다리 같은 궁궐에서
정예 육천

열두 용사와
술 마시며 즐기고 있어야 하지 않은가?
여러 동무 용사들의
의식 속에는 안 들어갔지만
늙으신 내 천녀 어머니의
간은 경련이 일어나지 않았을까?
늙으신 내 비천 아버지의
꿈에라도 들지 않았을까?
오지 않은 아흔아홉 해를
분명하게 낱낱이 아뢰어 말하는
지나간 아흔아홉 해를
잊는 법 없이 가려 낱낱이 말하는
샤라의 사대주에
지혜로 이름이 난
알탄 체지 너를
나의 보르한 제르데의
네 개의 검은 발굽이
빠져 달아가지 않는 한,
십만 망가스 임금의 나라에
갔다 온
담대한 붉은 홍고르가
대동맥을 탁하고 못 맞추면,
임금 장가르의 옆에서
검측한 마음을 가진 체지 너를

찌르는 여덟 대 갈비뼈를 부러뜨리고,
울리는 너의 가슴을 박살 내고,
말하는 혀를 안 끊게 되면,
현생에서 주군 장가르의
노염과 맞닥뜨려 죽겠다!
(삼생의) 마지막인 내생에서
염라대왕의 판결을 만나
고문하는 두려운 검은 지옥의 바닥에
얼어붙는 차가운 검은 진창에
분노의 붉은 벌레가 되어 태어나겠다!" (하고 말했네.)
가공할 노랑 망가스 임금의
정확하게 십만에 달한 군대가
이 흰 산을
세 겹으로 휘돌았네.
산의 꼭대기에서
소만 한 검은 돌을
금강 강철로 날을 낸,
띠강판으로 늘린,
불린 강철로 칼등을 낸,
모든 면마다
다라니의 부처님들의 빛을 새겨 넣었고,
꽉 쥐는 자루는
용사 야만닥과 마하갈의
모습을 새겨 넣었고,

휘둘러 주었을 시에는
남섬부주의 흉맹한 악마가
피하며 굴복하여 죽고,
손짓만 해 버렸을 시에도
일곱 나라의 망가스가
운명적으로 향해 들어온다고 하네.
(그런) 황금 잠바 군도[86]로
위험한 검은 돌을
한 길 붉은 불을 일으키며
열 갈래로 부수고,
사람의 머리만 한
단단한 검은 돌을
손바닥 위에 가지고 놀고 있다가
가공할 노랑 망가스의 군대에
집어던져 버리면,
가공할 천둥 화살보다
열 배를 더 파괴했네.
여러 진영의 군대는
각자 달음질쳐 달아났네.
내리 마흔 아흐레를

---

86 텍스트 황금 잠바 군도(軍刀)(Алтн Замб мишл '황금 난알(?) 군도')는 텍스트의 다른 부분을 참고하건대 황금 백단향나무 군도(즉, Алтта Зандн мишл 혹은 Алтн Заѣдн мишл)의 오류일 수도 있다.

지배자 붉은 홍고르의 근처에는
귀하고 훌륭한 용사가 접근하지 않았네.
견고한 흰 산의 꼭대기 위에서
상처를 받고 지친
사나운 제르데 준마가
투레질하고 부들부들 떨며 포효했네.
대단한 붉은 홍고르의
긴 백단향나무가 다하도록 때리고,
먼저 다친 상처가 덧나,
고름과 피가 흐르고,
잡고 붙들고 던지던
열 개의 흰 손가락은 꽉 쥐어지고,
주의해서 보는
담갈색 다라니 눈은 감고,
살아 있는 여의보주의 빛깔이던
원만한 붉은 얼굴은
잿빛이 되고,
자라나는 백단향나무 같은 근사한 등허리는
활처럼 굽고,
부드러운 붉은 간(肝)은
대동맥에 이르러 접히고,
수단도 희망도 끊기고,
봄바의 흰 가슴은
안개 자욱한 어둠이 되고,

쳐부수며 때리던 돌도 다했네,
여러 진영의 군대가 접근해 왔네.
노랑 얼룩무늬 궁궐에서
샤라의 육천
열두 용사와
술을 마시며 앉은 가운데
일만 일천 명에게
눌려 주지 않는
장사 뭥겐 식셰르게가
흑금상감(黑金象嵌)을 한 은제 동이 술을
오른편 무릎 위에 잡고 앉게 되네.
온화한 장사 뭥겐 식셰르게가
아르자술을 곁에 놓고
영예로운 장가르의 곁에서
아뢰고 앉았네.
"저의 오른쪽 왼쪽 귀를
붙잡고 지저귀며 소리를 지릅니다.
용사 통치자 나의 성주 장가르여,
팔만 마귀 망가스의
통치자가 된,
해 있는 세상의 나라에
강요자가 된
영예로운 노랑 망가스의 나라에
내 목숨 같은 나의 갓 깨어난 새끼 새를

밀어 보내고
뒤에서는 술자리에 들어
즐기고 앉은
그대의 이것은 무엇이라고 하는 것입니까?
주군 장가르의 곁에서부터
얘를 어떻게 하고 있습니까, 우리가? 어떻게 했습니까?
나의 대단한 붉은 홍고르가
가공할 노랑 망가스의 나라에 가서
내리 여덟 해가 되었으니
이게 뭐라는 것입니까?
알탄 체지 너는 어떻게 했더라?"
알탄 체지가
영예로운 통치자 성주에게
아뢰고 있네.
"도대체 방법이 없습니다.
빨리 출정합시다!"
아르자와 애르커(소주)에
정신을 차리지 못하고,
목숨 같은 홍고르가
어느 나라에 들어갔는지를
찾아내지 못해서,
영예로운 통치자 성주 장가르가
분부를 내리며 있네.
"참을성 있게 길들여진

나의 빠른 이틀렉 매여!
알타이 가운데서
나의 황금 기둥이여!
바굴레 쓴 가루라 새의 아들
통치자인 나의 붉은 홍고르여![87]
자! 용사들이여, 출정하자!"
하고 분부하자
육천열두 아르슬랑이
육천열두 마리
말에 마구를 얹었네.
함 속에 있을 때도
찬란한[88] 노랑 해의 색깔이 나는,
함에서 나오면
아흔아홉 개의 깃대가 있고,
아흔한 개의 황금 꼭대기 장식이 있는,
안개 같은 노랑 황금 둑을 들고
열다섯 살 난
켄제 숑코르라는 통치자가
빠른 가라 사랄 말을 타고,
제 오른편에, 발걸이에 고정시키고

---

87 텍스트는 Нойн Улан Хоңһр мини! 여기서 '통치자'로 새기는 нойн은 장가르에게서 천하의 어느 영역을 통치하도록 위임을 받은, 정주사회의 '영주나 제후'에 상당하는 지위나 호칭으로 이해할 수 있다.

88 텍스트는 Дулвң. 2-5-644에서는 Долвң.

영예로운 장가르 임금의
뒤편에서
열두 (더하기) 육천 용사를 따르게 하여[89]
달음질쳐 나아갔네.
내리 마흔 아흐레를
머물지 않고 달렸네,
떠오르는 노랑 해의
왼쪽 다리를 향해 갔네,
간딕 알탄 산의
북편 기슭을 통해
올라갔네.
쥐덴 하르가 다리를 건너,
마흔 아흐레를 갔네.
낮이라고 해서 머무르지 않고 갔네,
밤이라고 해서 자지 않고 갔네.
왼데르 차간 산이
이마 위로 떨어질 것처럼 다가왔네.
퀸데 가르타 사와르의
새홍 쿼렝이라는 말이,
육천

89 텍스트는 Арвн хойр зурһан миңһн баатртаһинь дахулад. 정상적인 어순은 물론 Зурһан миңһн арвн хойр зурһан миңһн баатртаһинь дахулад이지만 A-로 시작하는 앞뒤의 행들과 운을 맞추기 위해 '12'에 해당하는 арвн хойр를 행의 맨 앞에 배치한 것이다.

열두 용사 가운데서
그림 같은 빠른 쿼렝 말이,
육천
열두 용사의
준마들 가운데서 가만있지 못했네.
"자, 영예로운 통치자 성주는 옳다!"고 했네.
"임금 노랑 망가스의
위치가 가까워지도록
말달리기 시합을 하자!"고 했네.
접시 같은 은제 편자 소리가
'뚜걱!' 하고 났네.
여유 있게 사와르의 쿼렝 말이
무리에서 벗어나 앞서 나갔네.
그의 바로 다음은
하브타의 (아들) 윙게의
호르단 하라가 나갔네.
그의 바로 다음 편에는
볼링가르의 아들
사날의 보르한 올란 보랄이 나갔네.
그의 바로 다음은
임금 장가르가 탄
하싱 쾨케 갈잔이 나갔네,
열두 (더하기) 육천 용사의
말들이 줄을 이었네.

퀸데 가르타 사와르의
퀴켄 퀴렝 말이
힘센 노랑 망가스의
진영의 가장자리에
이르며 달음질쳐 갔네.
앞쪽에는
왼데르 차간 산의 꼭대기 위에서
대단한 붉은 홍고르가
목숨에 이를 팔천 곳의 상처를 입고
흉맹한 노랑 망가스 임금을
보고 빼앗기는 법 없이
칠십만 군대에 주는 법 없이,
왼데르 차간 산의
꼭대기 위에서 단 혼자 몸으로
여섯 달 동안 멈추지 않고,
소만 한 검은 돌이
다 없어지도록 내던졌네.
정확하게 칠십만 군대가
이 흰 산을
팔천 번을 휘돌아
진을 치고 섰지만
과감한 붉은 홍고르에게
여덟 달 동안 이르지 못하고,
사람에게는 없는 힘이 있는 용사를

단단한 검은 돌로 박살 나 떨어지게 만들고
준마라고 하는 말은
안장을 배 밑에 달고
푸른 산등성이를 향해
당황하고 혼란에 빠져 올라갔네.
늘씬한 퀴렝 갈잔을 가진
퀸데 가르타 사와르이
나무방망이(에) 초석(硝石)(을 매단) 큰 도끼를 어깨에 올리고,
노랑 비단 올와를 입고
초야에 엎드린
늙은 호랑이의 간담이
찢어지도록 고함을 지르고,
위로 하늘의 색깔이 노래지고,
아래로 땅의 색깔이 노래지고,
무거운 노랑 큰 도끼에서
한 길 정도 노랑 무쇠가
불붙어 타오르는 채로
수백만 병력의
한가운데로 들어갔네.
팔십만 군대를 순식간에
아란잘 퀴렝으로 모아,
무거운 노랑 큰 도끼로 박살을 내며,
비탈진 흰 벌판에서
성에 차도록 쳐부수었네,

여러 백만 군대를
혼자 몸으로 모아 때리고,
아란잘 쿼렝의
재갈을 돌려 당겨
아르슬랑 차간 산의
꼭대기 위에 있던
대단한 붉은 홍고르의 가까이
(말에서) 내리며 쓰러지며,
수가 끊어져 간
홍고르의 깊은 상처를 보고
앞으로 숙여 은제 안장방석 위에 올려놓았네,
매우 빠른 제르데를
오른손으로 이끌어
잡고 달음질쳐 나왔네.
수십만 군대는
뒤에서 줄지어 쫓는데,
가슬랑긴 알타이를 향해 올라갔네.
내리 이레를 달리게 해
우거진 백단향나무 숲의 둘레에
이르렀네.
차가운 샘의 물
굳건한 백단향나무의 그늘에서
가엾은 홍고르를 내리게 하고,
아란잘 제르데를

푸른 녹색 풀에 놓아두고
무거운 노랑 망가스 임금을
결박한 채로 던져 버려 두고,
이르러 온 수많은 적에게
퀴렝을 타고 닿아 갔네.
(바로 그때) 종교(의 수장이자) 지고의 통치자인 성주가
샤라의 육천
열두 용사와
부서지는 소리를 내며 닿아 왔네.
흉맹한 노랑 망가스 임금의 군대와
둘이 맞닥뜨려
하늘과 땅이 하나가 되어 갔네.
오른편 날개를
용사 통치자 장가르가 엄습해 갔네.
왼편 날개를
꿈이 된
사날이 엄습해 들어갔네.
한가운데는
진득해진 퀴렝을 탄
여유 있는 사와르가
금빛 노랑 큰 도끼로
(적의) 사람이 힘이 아무리 세도
멈춤 없이 탁 때리고 가네.
다섯 이레 서른다섯 날을

가루를 내어 흩어 버렸네.
맨 끝에
장사 뮝겐 식셰르게가
넓은 골짜기를 한걸음에 올라갔네,
좁은 골짜기를 두 걸음에 올라갔네.
아름드리 굵기에, 서른 길 길이의,
열두 개 검은 강철 회초리가 달린
아가르 백단향나무 지팡이를 짚고,
아버지가 울며 부르며 다가오네.
"나의 투석기(投石機)의 돌,
나의 안식(安息)의 해(太陽),
되실렉 알탄 산의 기슭에서
바위 틈새에서[90] 자란
가느다란 나의 붉은 버드나무여!" 하고 부르고,
대단한 붉은 홍고르를 끌어안고 엉겼네.
어깨에 간수한
비천(飛天)의 검은 아르자 술[91]로
상처와 부상을 씻고,
고름과 피를
혀와 입으로

---

90 텍스트 바위 틈새에서(Хадын хавчлас)는 '바위 봉우리의 협곡에서'도 가능할 듯.

91 비천(飛天)의 검은 아르자 술(Дакнян хар арз)은 신비한 약효가 있는 술일 것이다. 이 마당(2-4-1046, 1047, 1142, 1144)에서 홍고르의 부모는 비천, 천녀라는 말로 수식되고 있다(дагнян). 형태에는 약간의 차이가 있지만 동일한 어휘임에 틀림없다.

빨아 뱉으며,
일으켜 세웠네.
안개 같은 군대를
성주 장가르가 열두 (더하기)
육천 명을 데리고
내렌 샤라 고라브의 발원에서[92]
내리 두 달을 모아 베었네.
수단도, 희망도 끊었네.
가공할 용사들이
아란잘 제르데의
검은 네 발굽에
무릎을 꿇고 머리를 부딪쳐 절했네.
백 년의 과오를 찾아 받았네,[93]
여섯 겁의 맹세를 바쳤네,
꿈 같은 성주 장가르 임금이
내렌 샤라 고라브의 발원에
긴 백단향나무 창을 박았네.
붉은 비단 둑을 나부꼈네,
정예 육천
열두 용사와 함께

---

92 비트케예프들(1990b: 475, 주38)은 һурвин экн을 '가느다란 강/실개천의 발원' (нәрхн һолын экн)으로 풀이.

93 백 년간 갚아야 할 죄를 인정했네.

부서지는 소리를 내며 (말에서) 내렸네.
대단한 붉은 홍고르를
소생시켜 가운데에 받았네.
아란잘 빠른 제르데를
푸른 녹색 풀밭에,
차가운 샘의 물에 놓았네.
흉맹한 노랑 망가스 임금을
네 활개를
네 개의 아가르 백단향나무 말뚝을 박아
고정시켜 묶고,
죽이고 빼앗기를 좋아하는
인정머리 없는 서른다섯 살의
차가운 검은 창을 가진,
열 가지 강력한 다라니 주문을 아는[94]
바르다트[95]의 (아들) 오치르 게렐[96]이라는 통치자의
한번 때린 상처는
여섯 해나 되어야 겨우 아무는
고통스러운 오치르 게렐의
면이 있는 채찍을 멈춤 없이
낮에는 육천 번을 달리게 하고,[97]

94 산스크리트어 주문을 열 가지나 아는.

95 '굵직한 자(?), 자부심 있는 자(?)'(Бардат).

96 '금강-광명(金剛-光明)'(Очр-Герл).

97 '모서리 난(?) 채찍으로 육천 번을 때리게 하고'.

밤에는 결박을 풀고
네 활개를 고정시켜 묶고,
노랑 얼룩무늬 창의
열두 쐐기에
힘센 홍고르가[98] 콱 박아 앉혔네.
울부짖으며[99] 비명을 지르는 소리는
나라를, 황금 세상을 덮었네.
"영예로운 통치자 나의 성주 장가르여!
저의 백 년의 과오를
용서하소서!
여섯 겹의 맹세를
바치겠나이다, 그대에게!" (하고 애원했네.)
임금 장가르가 분부를 내리고 있네.
"가장 먼저,
평화롭고 아름다웠던 때에는
노랑 얼룩무늬 대궐에서
팔천 용사와
함께 앉아

---

98 칼미크어 Хавтр Хоңhринь의 хавтр는 사전들에서 확인되지 않고 2-5-137에도 같은 형태로 나온다. 일단 비트케예프들(1990a: 156, 343)의 '역사 홍고르'(Силач Хонгор)를 따라 위와 같이 옮겨 둔다.

99 텍스트 Орңhдн은 칼미크어 사전들에서 확인되지 않는다. 일단 비트케예프들(1990b: 475, 주39)의 풀이인 '울부짖다, 악쓰다, 대성통곡하다, 슬피 울다'(оркла д (оркрад) уульх)를 따라가 보기로 한다.

검은 기도깃발 애르케(소주)를 마시고
곤드레가 되어 앉아서
임금 장가르를
뭐라고 말하고 있었더냐, 네가?
한 말을 내가 언제라고 잊겠느냐?
나의 찬란한 노랑 얼룩무늬 도시를
쳐부수고 나서 (그런) 말을 말하든지!
나의 탕가드 샤라의 나라를
비우고 나서 (그런) 말을 하든지!
모루 같은 백성,
나의 네 가지 가축을
발걸이에서
떨게 하고 나서 (그런) 말을 하든지!
백 나라에
용기로 이름난
여섯 망가스[의 나라]에
견실, 강건, 엄정함으로 이름난
담대한 나의 붉은 홍고르를
사내종으로 취하고 나서 (그런) 말을 하든지,
고슴도치 같은
아름다운 나의 제르데를
탈것으로 취하고 나서 (그렇게) 말하든지!
열 곳의 임금들의 나라에서
착함과 아름다움으로 빼어난

천녀인 나의 바드민 게렐 하탄을[100]
네 뒤에 내리게 해서
계집종을 만들고 나서 (그리) 말하든지!"
흉맹한 망가스 임금의
용사, 완강한 자, 강건한 자를
노랑 둑의 대좌에 모이게 했네.
다섯 대에 걸쳐 지워지지 않는
여유 있는 사와르의 부시 도장을
뺨에다 누르고, 눌러서 놓았네.
백겁의 대에 지워지지 않을
적절하고 근사한 낙인을
눌러 주었네.
"후방에는
굶주린 개 한 마리, 고아 아이 하나
남기지 말고 옮기게 하라!" 하고
통역 케 질왕에게 위임했네.
"가슬랑 알타이 산의 기슭에
이르게 해서 내리게 하라!"고 명령했네.
젊은 통치자 질왕이
우아한 걸음새에[101]

100 2-4-195에서는 '너의 부인 게렌젤 하탄을'(Ава Гернзл хатарчн). 같은 사람의 다른 명명인지, 연창자 혹은 채록자의 실수인지는 불분명하다.

101 텍스트 우아한 걸음새(Чөклгин бәәдлтә)에서 чөклгин은 칼미크어 사전들, 연구서에서 확인되지 않는다. 두게르수렝(2000: 253)의 할하몽골어 번역 '깔끔한, 우아한'

꽃봉오리 같은[102] 발굽을 갖고 있고,
악천후[103]의 구름처럼 빠른
제 알락을 타고
흉맹한 노랑 망가스 임금의
고장을 향해 나가기를
수만 군대를
혼자 몸으로 이끌고 가네.
영예로운 통치자 성주 임금이
시방의 임금들에게
열 갈래 사자를 놓았네.
"흉맹한 노랑 망가스 임금을
굴복시켜, 내 밑에 넣었다, 나는!"
샤라의 육천
열두 용사와 함께
노랑 얼룩무늬 궁궐을 향해 납시었네.
황조롱이가 차가운 검은 바람이
앞쪽에
펼쳐지게 날갯짓을 했네.

(Цөмцгөрхөн)을 따라가 보기로 한다.

102 텍스트 Цөмргин турута(꽃 봉우리 같은)의 Цөмргин은 칼미크어 사전들에서 확인되지 않는다. 두게르수렝(2000: 253)의 할하몽골어 번역 '꽃봉오리 모양의'(Цомбонхон)를 따라가 보기로 한다.

103 악천후(зад)는 ① 비바람 등 강력한 기상변화를 이끌어 내는 주술, ② 그 주술을 부리는 데 필요한 돌, ③ 그 주술로 불러온 악천후, ④ 도발, ⑤ 완전히 등의 뜻이다.

지붕만 한
솟구치는 푸른 구름이
위로 올라가게 날갯짓했네.
보석 지혜의 비가
몸 위로 내리게 날갯짓했네.
낮이라고 해서 머무르지 않고 내내 갔네.
'여의보주의 현신이신, 행복이 크신
지고의 통치자 성주 장가르와 (우리 군대가)
적을 누르고, 위협하고 돌아온다!'
하는 소식이
황금 세상 나라에
울리게 되었네.
흉맹한 노랑 망가스 임금을
고정시켜 결박하고,
준마의 꼬리에 묶어
끌고 갔네.
육천열두 용사와 함께
노랑 얼룩무늬 대궐에서
요란한 소리를 내며 (말에서) 내렸네.
쾨케 삼반 기슭에
준마를 풀어놓았네.
흉맹한 노랑 망가스 임금을
네 활개에
네 개의 아가르 백단향나무 말뚝을 박았네.

배에는 한 길 반
검은 강철 말뚝을 박았네.
고정시켜 결박했네.
국권과 종교를 평정했네.
철제 사리탑의 입구는 공고해졌네.
세상의 통치를 바위처럼 세웠네.
부처님의 종교를 해처럼 퍼지게 했네.
죽음 없이 영원하게 되었네.
걱정 없이 안온하게 되었고,
고아 없이 번성하게 되었네,
아름답고 멋진 여의보주의 현신
꿈 같은 성주 장가르 임금이
늘 서른세 하늘의 기쁨을
놓치지 않고 어느 철에도 아름답게 즐겼네.
영원히 사철에
황조롱이가 차가운 바람이
펼쳐지게 날갯짓했네.
사향과 향을
남섬부주에 펼쳐 퍼뜨렸네.
남섬부주의 배꼽
젊은 성주 장가르라고 하는 이름은
사십만 임금의 고장에서
덮이는 법 없이
네 나라에 이야기가 되었네.

5. 흉맹한 잠발 임금의 미친 일곱 보동을 대단한 붉은 홍고르와 퀸데 가르타 사와르가 잡은 마당

십만 여러 부처님이
한낮에 중화(中火)를 하는
오록 욘돈 오르자라고 했네.
아르슬랑 알타 묑겐 차간 산은
떠오르는 노랑 해의 발에서
땅의 배꼽이 되어 밝아오고 있었네.
드넓은 샤르토 바다[1]는
외뤼와 쇠뤼[2]라는 흐름이 있고,
칼등 같은 파도가 있고,
산호와 진주의 밀물 썰물이 있고,[3]
온갖 연꽃의 빛이 있네.

---

1 드넓은 샤르토 바다(Өргн Шарту дала)의 샤르토(Шарту)는 텍스트에서 주로 샤르탁(Шартг)으로 나온다.

2 외뤼와 쇠뤼(Өрү-сөрү) '거슬러 올라가는 물-흘러내려 가는 물'.

3 텍스트는 Шув сувсн күрлhтә(산호 진주 밀물 썰물이 있고). 이에 대한 비트케에프들(1990a: 340)의 러시아어 번역은 '산호와 진주를 퍼내고'(Отливают коралом и жемучгом).

에르덴 샤르탁 바다는[4]
안개가 되어 가라앉네.
곧은 팔천 줄기 강은
사십만 속민의 문전마다
영원히 사철 내내
모래 개울로[5] 얼어붙지 않고
콸콸 소리 내며 달려
물을 나눠 주네.
윌 삼반의 비탈에는
겨울, 여름 없이
풀의 푸르름이
늘 마니[6]의 흐름으로 나부끼네.
절 쪽을 보니
육천의 노랑 황금 사리탑이
절의 검은 구름을 뚫고 나오고
별이 있는 푸른 하늘의 대기로는

---

4 텍스트 Өрдань Шартг далань(보석 샤르탁 바다)는 2-5-62에서는 Өргн Шартг гидг далань(드넓은 샤르탁(드넓은 사각 宮帳)이라는 바다는).

5 텍스트의 сәәрлhәр(개선으로)를 сәәрhләр(모래 개울로)로 고쳐 읽음.

6 마니(маани)는 불교의 육자진언(六字眞言) '옴마니반메훔'을 인쇄한 기도깃발. 액을 막고 복을 청하기 위해 집, 절, 마을이 내려다보이는 곳 등에 설치. 대중화와 단순화가 극에 달한 티베트-몽골 불교에서는 입으로 옳은 말을 하는 것을 공덕을 쌓는 일로 쳐주는데 단순히 진언을 외우는 것도 옳은 말을 하는 것으로 인정된다. 깃발에 육자진언을 인쇄해 내걸면 바람에 펄럭이게 되는데, 그 펄럭일 때마다 옳은 말을 한 것 〉 나아가 진언을 수없이 외운 것 〉 따라서 어마어마한 공덕을 쌓은 것으로 인정된다고 한다.

저무는 노랑 해의 발에
산기슭마다 기대고 있는 것이 보이네.
사다리 같은 궁궐은
샤르트 네 바다가 있고,
샤라의 네 사원이 있고,
석가모니의 분명한 현신인 라마가 있네.
종교의 정원이 있는 팔만의 제자들은[7]
넓은 사각 궁장(宮帳) 궁궐에서
서로 마주 보고
노랑, 빨강을 분별하여[8]
왁자지껄 함께 말하네.
소라고둥 소리는
아래 남섬부주의 고장에 울리네.
팔부신중(八部神衆)[9]에게 경 읽는 소리는
서른세 호름스타의 하늘[10]에 들렸네.
보지 않고 진실로 받아들인 사람은
죽었을 때는
계속 서른세 하늘에 태어나네.
보고, 진실로 생각하여 받아들인 사람은

---

7 '정식으로 등록된 팔만 승려는'(Шажин тоота нэмн түмн шевнрнь)으로 짐작된다.

8 黃帽派(황모파, 겔룩바)와 紅帽派(홍모파, 카르마바 또는 비 황모파)로 나뉘어.

9 팔부신중(Догшид)는 티베트-몽골 불교에서 불교의 적을 용서하지 않는 무시무시한 존재들.

10 삼십삼천(三十三天) 혹은 도리천(忉利天).

애스릉 하늘[11] 위에
보배이신 부처님의 정토에
반드시 태어나는 서원(誓願)이 있네.
주군 지고의 성주의 대사원들은
해 있는 세상의 나라에서,
팔천 큰 임금들의 고장에서 놀라움이 되네.
봄바 바다의
서른세 줄기 강의 발원으로 들여보내 잡은
샤라[12]의 사만(四萬) 망가스를
밀어붙여 싸웠네.
에르치스 봄바의 십만 줄기 강의 발원에
주군 장가르가 직접 통치하는
온갖 칠십[13] 언어의 속민들은
주군 장가르의 이름으로
샤라의 사만 임금의 땅을 빼앗아
밀어붙여 괴롭혔네.
봄바 바다의 장관에는
솟아오르는 해의 왼쪽 발아래는

---

11 애스릉 하늘(Эсрң теңгри)은 '브라만 하늘, 梵天'.

12 샤라(Шар)는 '노랑색, 황색'. 그러나 내재되어 있는 의미는 알 수 없다. '노랑색, 황색'은 티베트-몽골인들의 주 신앙인 티베트 겔룩바의 표상이 노랑색이고 장가르의 6,012용사를 가리키는 관형어라는 점 등에서도 보듯이 부정적인 낌새를 함축하지 않는다. 그러나 여기서는 장가르의 적수, 적들에 대해 사용되고 있다.

13 텍스트는 далн. 여기서는 구체적인 수가 아니라 '어마어마하다/어마어마하게 많다'는 뜻.

슬픈 예순여섯 바다의 합류점에는,
간딕 알타이 산의 뒤쪽 대지(臺地) 위에는
칠한 황금 대궐을 새로 세웠네.
종교[14]의 팔만 망가스를
가르침에 들게 했네.
사방의 주인이 되었네.
힘찬 가루라 새의 고장을 평화롭게 안정시켰네.
세상의 통치를 바위와 같이 세우고.
부처님의 종교를 해와 같이 펼쳤네.
황조롱이가 차가운 바람이
더위 없이 영원한 사철 펼쳐지도록 날갯짓했네.
사향과 향을
영원한 사철
남섬부주의 한가운데로 펼쳐 퍼뜨렸네.
지은 노랑 황금 궁궐은
조개와 같이 아름다운 모습을 하고 있네.
네 가지 색 녹주석(綠柱石)으로 꾸민
백여덟 개의 전각을 가진,
육층 노랑 황금 고루(高樓)를 가진
지붕 꼭대기를 금강석으로 상감한,
세상의 임금들의 가운데 세운

---

14 ‘종교, 신앙, 가르침’(Шажин)은 원래의 의미만으로는 석연치 않은 면이 있다. 비트케예프들(1990a: 341)은 이 어휘를 번역하지 않았다.

구름 같은 노랑 얼룩무늬 궁궐은
떠오르는 해의 발아래 솟아올랐네.
이것을 차지한 주군 임금은
마흔이 되지 않은 나이에
사방 임금들의 조공을 드셨네.
국가를 세운 이래로 국권을 잃은 적이 없네.
태킬 졸라 임금[15]의 증손,
탕삭 봄바 임금의 손자,
위젱 말라 영예로운 임금[16]의
유일한 외아들
늘 서른세 하늘의 행복으로 행복을 누리는
당대의 지고한 성주 장가르.
땅 위에 유일한 분이라고 하네,
영겁(永劫) 가운데 독존하는 분이라고 하네.
그를 따르는 아르슬랑들은[17]
세월과 나이를
창끝에 묶었을 따름이네.
헌신과 기쁨을

15 이 인물은 유원수(2011)로 주해된 엘렌 오블라의 연창 『장가르 1』에서는 타키 졸라 임금(Тэк Зула хаан '들말 숫구멍 임금')으로 등장. 『장가르 2』에서는 태킬 졸라 임금(Тэкл Зула хаан '희생(犧牲) 숫구멍 임금')으로 등장.

16 위젱말라 영예로운 임금(Үзң Мала алдр хаан)은 유원수(2011)로 주해된 엘랜 오블라 연창 『장가르 1』에는 위젱 알다르 임금(Үзң алдр хаан '위젱 영예로운 임금')으로 나온다.

17 장가르의 6,012용사를 가리키는 말.

꿈에도 그리는 성주 장가르의
열 분 활불이 축복을 내린,[18]
성결한 흰 부적을
심장과 이마에 대어 축복을 받고,
맹세하여 바친 맹세는
영예로운 성주의 분부를 거역하면
임금 장가르가 내리는 처결은
"죽이고 빼앗기를 좋아하는
인정머리 없는 서른일곱 살 난,
열 가지 강력한 다라니 주문을 아는[19]
차가운 검은 창을 가진

---

18 칼미크어 тидлгсн의 어간 тидл-의 의미가 확인되지 않아 이 행의 다른 부분도 뜻을 단정할 수 없다. 이 부분에 대한 비트케예프들(1990a: 342)의 러시아어번역 '그들의 생각과 열정을'(Помыслы и страсти свой) '아름다운 복도 장가르에게 [바쳤다.]'(Прекрасному богдо Джангару [посвятили.])를 볼 때 텍스트의 편찬자들에게도 알려지지 않은 어휘로 보인다. 이어 나오는 4행의 번역 '10 복도로/축성된/흰 부적을 가슴에, 그리고 이마에 대고/그들은 맹세를 하였다.'(Приложив белый талисман к сердцу, затем — ко лбу/Который был освящен/Десятью богдо./Клятву дали они.)를 보면 105행을 깨뜨려 앞뒤에 붙인 것처럼 보인다. 비트케예프들(1990a)의 러시아어 번역을 일본어 산문으로 번역한 와카마쓰(1995: 242)은 '… 이성과 감정을 동경하는 성주 장가르의 十善의 과보에 바친 것이었다. 그들은 장가르의 새하얀 護符를 가슴에, 이어 이마에 대고 충성을 맹세했던 것이다.'(… 理性と感情を憧れるの聖主ジァンガルの十善の果報に捧げたのである。彼らはジァンガルの純白のお守りを胸に、次いで額に当てて忠誠を誓った。)라고 하여 러시아번역과 대체로 일치하나 뉘앙스에 차이가 있다. 와카마쓰(1995: 242)은 十善の果報를 '전생에 십선을 행한 과보에 따라 현세에 받는다고 하는 天子의 자리라고 하였으나 근거는 밝히지 않았다.

19 산스크리트어 주문을 10가지나 아는.

바르다트[20]의 아들
오치르 게렐이라는 아르슬랑.
그가 잡는 채찍은
세 살짜리 불친 송아지의 가죽으로 심을 해서
네 살짜리 불친 소의 가죽으로 짜 감고
부어 만든 강철 끈고리가 있고
불린 강철 메뚜기가 있고
귀시 은으로 만든 손잡이 끈이 있고
꼬아 만든 노랑 비단 맬 끈이 있는[21]
사막에서 혼자 자라는 섬개야광나무를
나무즙을 석삼년 동안
말려 자루를 한,
하실 타르니[22]라고 하는 채찍.
단 한 번 때린 상처는
여섯 달에야 겨우 아무네.
오치르 게렐의 채찍에,
하루 육천 번 채찍질 되는
그 채찍에서 살아 나오면
허우적대는 네 활개를

---

20 바르다트(Бардат) '굵직한 자(?), 자부심 있는 자(?)'.

21 형태는 일단 ордс-тa(어기명사-소유)로 분석할 수 있겠으나 ордс가 칼미크어 사전들에서 확인되지 않는다. 일단 비트케예프들(1990a: 343)의 '꼬아 만든 노랑 비단 맬 끈을 한'(Со сплетенным желтым шелковым шнуром)을 따라 위와 같이 옮겨 둔다.

22 하실 타라니(하실 다라니)에서 하실(Хашл)의 의미는 미상.

영덩이 위로 고정시켜 묶어
차가운 검은 창의
열두 미늘 위에[23]
힘센 홍고르가 사흘을 앉히네."
여름의 아름다운 숲속에서,
그림 같은 노랑 얼룩무늬 궁궐 안에서
육천열두 명
해처럼 붉은 아르슬랑과
쉰두 동아리를 이루고 앉네.
쉰두 동아리의 상석에는
사자(형상)의 은제 옥좌 위에[24]
때 묻지 않은
백 장 네모난 [펠트] 위에[25]

---

23 열두 미늘 위에(Арвн хоёр ооргсндань)의 ооргсндань은 ооргсн-д-нь(어기명사-여처격-주제표시)로 분석할 수 있겠으나 ооргсн이 칼미크어 사전들에서 확인되지 않는다. 의미상 가장 합리적인 추정은 өргс(н)~үргсн(가시, 바늘, 갈고리)이다. 비트케예프들(1990a: 343)은 '차가운 검은 창의 열두 끝에'(На двенадцать граней холодного черного копья)라고 옮겼다.

24 텍스트는 Арслңгин мөңгн меңшүр ширә деер. 비트케예프들(1990a: 343)의 '보배로운 옥수의 좌에'(На драгоценном сердоликовом престоле)는 '사자'(Арслңгин)를 번역하지 않았다. 비트케예프들(1990a)의 러시아어 운문번역을 일본어 산문으로 번역한 와카마쓰(1995: 243)의 '황금 사자좌(=황금 부처님의 자리)에는'(黃金の獅子座には)은 러시아어 번역이나 칼미크어 원문에 없는 '황금'이 추가되었다. 러시아어 번역을 일본어로 옮긴 것이 아니라 칼미크어 텍스트도 참고하고, 자신의 불교지식(부처님을 사자에 비유)을 활용한 것으로 보이나 정확한 번역인지는 의문이다.

25 비트케예프들(1990a: 343)의 러시아어 번역은 '400개 깨끗한 펠트/매트 위에'(На четырехстах чистых войлоках)이다. 동의하기 어려운 번역이다.

호랑이 가죽 팔걸이에[26]
오른쪽 왼쪽 팔꿈치를
내내 얹고 주의를 기울인
꿈 같은 성주는
뒤에서 보면
자라나는 백단향나무 모양으로 흔들리고 앉았네.
앞에서 보면
몸통은 잿빛 푸른색이고 머리는 흰털로 덮인 호랑이가 공격하는 것 같고,
옆에서 보면
솟아오른 보름달처럼
빛나고 있네.
이렇게 근사한 사자(獅子)[27]의
신통력과 능력은 어떨까 하고,
외방 망가스 임금의 사자(使者)가
주의 깊게 살펴보자니

---

26 비트케예프들(1990a: 343)은 이 대목을 '표범 가죽 팔걸이 쿠션에'(На подушечки-подлокотник из шкуры барса)로 옮겼다. 그런데 칼미크어나 다른 몽골어의 барс는 '호랑이'를, 러시아어 барс는 '표범'을 가리키기 때문에 동근어를 사용한 러시아어 번역은 정확한 번역이라고 할 수 없을 것 같다. тунтгиг은 사전들에서 확인되지 않고 이 마당에서도 단 한 번만 나온다. 일단 비트케예프들(1990a: 343)의 '팔걸이 쿠션(에)'(На подушечки-подлокотник)를 따라 위와 같이 옮겨 둔다. 두게르수렝(2001: 661)의 할하몽골어 번역 '베게'(жинтүү)는 중국어 枕頭[zhěntou]의 차용.

27 장가르를 가리키는 말로 최소 두 가지 해석이 가능해 보인다. 하나는 장가르를 6,012 아르슬랑(사자) 용사의 지도자인 또 다른 용사로 보는 것, 다른 하나는 장가르를 살아 있는 용맹한 부처님으로 기정사실화한 어휘 선택일 수도 있다.

조개 같은 흰 어깨마루는
서른다섯 척 넓이.
어깨 위에는
서른세 (하늘의 으뜸신) 호르마스타[28]의 신통력이 얽혀 솟구치고,
허리에는 백팔 천녀의
신통력이 서로 끌어안고 솟구치고,
등허리에는 열다섯 바크차-라크차[29]의
신통력이 솟구치고,
놓치는 법 없이 쓰러뜨리며 걸어 넘기는
얼룩덜룩하고 흰 종아리 힘살에는

---

28 우리 문화의 제석천(帝釋天)에 상당하는 개념.

29 바크차-라크차(бакча-ракча(н))는 칼미크어 사전들에서 확인되지 않는다. 비트케예프들(1990a: 461)은 판차락샤(панча-ракша)라고 옮기고 산스크리트어 판차라크샤(панчаракша), 몽골어 반자라크치(бандзаракч)로서 라마교 신화의 '수호신'(гений-хранитель)이라고 풀이하였으나 판차(панча)의 н이 박차(бакча)에서 к로 나타나는 것이 해결되지 않는다. 두게르수렝(2000: 662)이 바그차-라그찬(Багчаа-рагчаан)이라고 옮긴 것은 할하몽골어 사전, 연구서에서 확인되지 않는다. 산스크리트어 박차(Pancaraksa(Pañcarakṣā))에서 유래하는 몽골어 banǰragči(할하 банзрагч)는 '다섯 수호자라는 이름의 대승 경전'(할하 Таван сахьяа нэрт их хөлгөн судар)이라는 뜻으로 Хутагт их мянган ертөнц магад дархуй нэрт судар(大千催伏陀羅尼), Ариун арш (нарвав) нарын их тоосон(大孔雀王陀羅尼), Хутагт аршийн их эрхт нарын тарни(大隨求母陀羅尼), Их сэрүүн түй судар(大寒林陀羅尼), Их нууц тарнийг даган баригч судар(密咒隨持陀羅尼)으로 구성되며, ① 막강한 불력, ② 그 막강한 불력으로 불법을 보우하는 자, ③ 그 막강한 불력이 보우하는 자를 뜻하기도 하는 것으로 보인다. Pancaraksa는 한편 오대력보살(五大力菩薩), 오대력존(五大力尊), 오방보살(五方菩薩)이라고도 하는 Maha Pratisara(無量力吼菩薩), Maha Sahasrapramardini(雷電吼菩薩), Mahamayuri(無畏十力吼菩薩), Shitavati(龍王吼菩薩), Mantramanudharani(金剛吼菩薩)의 호국보살을 가리키는 말이기도 하다. 다그와도르지(1995: 16), 탕지스(唐吉思, 2010: 38) 등 참조.

오백 아왈랑가[30] 악마의 힘을 완벽하게 갖춘,
아가르 백단향나무 창을
놓치는 법 없이 주의를 기울이네.[31]
열 개의 흰 손가락은 마디마다
사자, 코끼리의 힘을 완벽하게 갖추고
이마에는 미륵불의 존상이 완정했네.
정수리 위에는
금강살타(金剛薩唾) 부처님이 머무시고,
민첩한 네 활개.
밝고 아름다운 가슴,
부드러운 잿빛 푸른 심장,
온갖 붉은 대동맥은
주인 라마의 현신이 차지해 지키고,
짐 실은 다섯 살짜리 낙타가 보일락 말락 한
양쪽 붉은 등판은
두 개의 언덕처럼 엄청나게 크네.
두 등판 위에는

---

30 아왈랑가(авлңh)는 칼미크어 사전들에서 확인되지 않는다. 비트케예프들(1990a: 344)은 이 행을 '오백 악마의 힘이 갖추어져 있네'(Сила пятисот шулмусов заключена)라고 하여 아왈랑가(авлңh)는 번역에서 비켜간 것을 볼 수 있다. 두게르수렝(2000: 661)이 '아왈랑가 악마(의)'(авланга шулм(ын))이라고 한 것도 할하몽골어 사전, 연구서에서 авланга라는 형태가 확인되지 않는다. 산스크리트어, 튀르크어 등 다른 언어로 수색 범위를 확대해야 할 것으로 보인다.

31 비트케예프들(1990a: 342)의 러시아어 번역은 '(백단향나무 창을) 그는 실패 없이 던지네'((Копье из сандала) Без промаха мечет он).

스무 사람 아낙네가
스무 개 황금 버팀목에
스무 갈래로 나누어서
힘을 다해 일하며 앉아서,
헝클어진 머리털을 솎아 내네.
짙은 은빛 땋은 머리는
다 자라 쓰러진
긴 백단향나무처럼 엄청나게 크네.
오는 해에는 놓아두고서
돌아가는 해에는
가위 날을 대게 해 버린
티베트식 은빛 머릿단은[32]
둥근 귓불 위에
두께가 네 손가락.
토끼 머리만 한
거울 진주 귀고리는
다섯 살짜리 불친 낙타의
발바닥만 한 한 냥짜리 황금 귀고리가 있어
흔들리는 정맥을 두드리고,
동그란 귓불 위에서 빛나네.

---

32 비트케예프들(1990a: 344)의 러시아어 번역은 '그의 [관자놀이 (머리칼)의] 탕구트식 검은 편발은'(Его тангутские черные косы [у висков]), 두게르수렝(2000: 662)의 할하몽골어 번역은 '티베트 은 앞머리는'(Тангад мөнгөн шанхаг нь).

독수리 날개 같은 수염은
오르락내리락했네.
다라니의 검은 눈으로
십만의 여러 용사의
그르고 옳음을 살피며 앉았네.
적 망가스의 명줄을 (끊기) 위해 보관한 무기는
육천 그루 아가르
백단향나무의 옹이를 켜,
서로서로를 당겨 (묶어) 주고,
백 마리 수 들염소[33]의 뿔로 심을 하고,
육천 마리 나이찬 씨수말의 힘줄로
그 위를 감은,
세 살 먹은 양만 한
세 개의 검은 강철 회초리가 달린,
긴 자루는 (길이가)
삼백 길,
짐 실은 불친 낙타가 장난치며 놀 만한
부드러운 비단 손잡이 끈이 있는
열두 갈래
푸른 백단향나무 창은
노랑 얼룩무늬 궁궐 동편

33 텍스트 тэкин(들말)을 текин(들 수 염소)으로 고쳐 읽음.

큼직한 흰 바위에
세 길 말뚝으로 된
창(槍)의 대좌(臺座)에
푸른 비단 차차르 천막 안에
사천 명 해처럼 붉은 용사가
낮, 밤 이천 명씩 번갈아 지키네.
영예로운 통치자 성주께서 내리시기를
얼룩 사슴의 (고기를) 소화시킬 데지
검은 기도깃발 아르자를
영원한 사철 끊이지 않고 하사하시네.
평생 탈것을 삼은 유일한 준마(로 말하자면)
일곱 살 적에
흉맹한 마하 갈에게 바친[34]
늙은 둥근 제르데 씨수말을 우두머리로 하는
구천 핏빛 절따말인데
얼룩빼기도 없고,
네 굽 흰말도 없고,
이마 흰말도 없네.
중생의 목숨, 심장을 빼앗은
구천 마리 핏빛 절따 준마들.

34 텍스트 сетрлтсн의 сетрлх는 '(무리에서 가장 우수한~정결한) 가축을 신불에게 바치다'라는 뜻이다. 목에 세테르(칼미크 сетр, 할하 сэтэр, 부리야드 һэтэр)라는 하닥을 부적 삼아 매어 표시하고 잡아먹거나 심하게 부리지 않는다.

아르슬랑 알타이 산에 초장이 있고,
보석 같은 완벽한 샘이 돌아 흐르고,[35]
아르샨 차간 바다에 물터가 있네.[36]
오정의 노랑 해와
키튼 돔보라는 물터에서는
물을 삼키고 목욕을 하도록 하고,
홍고르 샤라 세륀에서는[37]
거친 흰 모래에 쓰러지게 해서
앞가슴의 푸른 잿빛 희끗희끗한 털을 떨어뜨리게 하네.
구천 마리 준마 가운데는,
늙은 절따와 똑같은 것 가운데는
큰 몸집에
긴 목을 한
두 살짜리 붉은 절따 암 망아지.
두 살짜리 망아지 적에 새끼를 낳은
처음 임신한 암말의 한 살짜리 망아지.
두 살짜리 망아지를 어미로 가진 한 살짜리 망아지의 몸은

35 이 줄의 төгсжлчин과 маналhта는 칼미크어 사전들에서 확인되지 않는다. 일단 비트케예프들(1990a: 345)의 러시아어 번역(Вокруг текут полные драгоценностей родники)을 따라가 보기로 한다.

36 비트케예프들(1990a: 345)의 러시아어 번역은 '아르샨 차간 바다에서 [말에게] 물을 먹이네'(Поя [коней] в море Аршан Цаган)이다. 우리의 주해서에서 물터는 '(사람, 가축이) 물 마시는 곳'이라는 뜻으로 사용하기로 한다.

37 비트케예프들(1990a: 345)의 러시아어 번역은 '저녁의 서늘함에'(В вечернюю прохладу).

봄의 가운데 달의 하순에
북쪽 마을의 버르장머리 못된 여편네가
다섯 마리 한 살짜리 송아지를 매는 곳에다 붙들고 젖을 짰네.
다섯 달을 놓아주지 않고 짜서,
가을의 마지막 달에
풀 끝에 (떨어진) 은빛 흰 우박이
뿌리로 내려올 때는,
한 살짜리 망아지의 몸은
붉은 두터운 비계[38]가 그치지 않고 나오고.[39]
두 살짜리 망아지의 몸은, 이듬해 여름에는
낙타를 돌보는 사내아이들에게
붙들어 타도록 한 몸은,
두터운 가슴을 가진 몸은[40]
까딱대며 돌아다녀
전쟁의 발걸음에 숙달되었네.
세 살이 되자 풀어놓았네.
네 살이 되자
타지 않고 풀어놓았다가

---

38 '붉은 두터운 비계'(Улан жулу өөкән)에서 жулу는 칼미크어 사전들에서 확인되지 않는다. 비트케예프들(1990a: 346)의 러시아어 번역 '두터운 지방'(Толстый жир)을 따라가 보기로 한다.

39 계속 살이 오르고.

40 비트케예프들(1990a: 346)의 러시아어 번역은 '비록 가슴에서 지방은 떨어졌지만'(Хотя он и сбросил жир с груди).

다섯 살 나이에는
피와 살이 다 자라
국권을 가진 네 임금의 이빨치,[41]
일반 마흔두 통치자의 이빨치,
해 있는 세상의
사방의 임금들의
고귀하고 훌륭한 이빨치들이
사신으로 모여,
주군 지고의 성주의
노랑 얼룩무늬 궁궐 문에는
활 한 바탕 거리에 세우게 한
하닥 (감은) 노랑 황금 다리의 어귀 위에[42]
임금 장가르의 분부대로
외방 임금들의 이빨치들을
마주보고 함께 세우고,
처음 임신한 암말의 한 살짜리 망아지,
발굽의 위력, 빠른 절따말을
다섯 살 나이의 몸은
노랑 비단 바굴레로 바굴레를 씌우고

---

41 ‘이빨치’(шүдч)는 가축의 이빨을 보고 나이, 건강상태 등을 판정하는 전문가.

42 비트케예프들(1990a: 346)의 러시아어 번역 ‘노랑 황금으로 된 다리 앞에’(Перед мостом из желтого золота)서는 ‘하닥’(Хадг)이 번역되지 않는다. 하닥은 몽골, 티베트 사람들이 상서로움, 극진한 정성을 표할 때 사용하는 좁고 얇은 비단 천으로, 대개 푸른빛이나 흰빛을 비롯한 밝은 빛깔이다. (〈 티. kha-btags(카닥))

종교의 육천열두 용사와 함께
노랑 얼룩무늬 궁궐에서 나와 살폈네.
돌리고 끌면서 살피니,
앞에서 보면
풀 베어 거둘 때 올린 사다리처럼 보였네.[43]
옆에서 보면
살이 완벽하게 붙은[44] 낙타처럼 보였네.
사자 가슴에,
열길 길이 몸에,
하라 홀[45]의 엉덩이에
고니 같은 백단향나무 목에
한주먹 길이[46]가 넘는 사랑스러운 보석 같은 은빛 갈기에[47]
연꽃 같고 야트하 같은 앞머리에,[48]

---

43 비트케예프들(1990a: 346)의 러시아어 번역 '사다리처럼 섰네'(словно лестница стоит)는 텍스트 Хадхад өргәгсн(풀 베어 거둘 때 올린)를 번역하지 않는다.

44 '살이 완벽하게 붙은'(заажлгсн)의 어간 заажл- 혹은 사전형 заажлх는 칼미크어 사전들에서 확인되지 않는다. 비트케예프들(1990a: 346)의 러시아어 번역 '완벽하게 자란 큰/늠름한 낙타로 있네'(Стоит словно в полном теле рослый верблюд)에서는 번역되지 않은 것을 볼 수 있다. 두게르수렝(2000: 665)의 할하몽골어 번역 '살이 완벽하게 붙어 솎아낸 불친 낙타로 보였네'(Махнь гүйцэж заазалсан ат болж үзэгдэв)의 заазалсан은 텍스트의 칼미크어와 음성 형태가 유사하나 한 할하몽골어의 заазлах는 열등한 것, 못 쓰게 된 것을 가려낸다, 솎아 낸다는 뜻이므로 문맥에 어울리지 않는 듯하다.

45 칼미크어 사전들에서는 확인되지 않으나 비트케예프들(1990a: 346)의 러시아어 번역은 '검은 들나귀'(чёрного кулана). 할하몽골어의 하르홀(хар хул)은 범 같은 줄무늬에 다섯 개의 발톱, 넓고 흰 얼굴을 가진 힘센 맹수. 볼드들(2008: 2451).

46 칼미크어 барим(바림)은 주먹을 쥐었을 때 다섯 손가락이 모여 만드는 길이.

물통의 주둥이 같은 귀에
예리한 해동청의 눈에
염소 같은 주둥이에
솜털같이 흰 은빛 앞니에
송곳 끝 같은 황금 송곳니에
검은 범의 허리에
토끼의 모든 힘살에
십만 여든한 길
길고 멋진 진주 같은 꼬리에
데지의 잔 같은
네 개의 검은 발굽에
단지 나라에서만 타서는
지치는 법이 없고,
단번에 나라를 돌아왔다고 해도
초장에서 잡아 탄
상태 그대로 있고,
귀에서 땀이 나는 일이 없고,
희고 큰 (앞) 길을 가진
주인과 자신이

47 텍스트 көрк는 사전들에서 확인되지 않으나 көркхн '귀여운, 사랑스러운'과 "원형 : 지소형"의 관계로 추정된다.

48 비트케예프들(1990a: 458, 주116)의 부연 설명은 '말의 앞 머리털은 아름답기는 연꽃에, 모양은 야트하와 비할 만하네'(Челка коня по красоте сравнивается с лотосом, а по форме — с ятхой).

온갖 여러 무기, (빗발치는) 화살 속에서
주인과 자신에게
적대하는 파괴자 망가스와의 전투 속에서도
독화살을 한 대 이상 맞는 법이 없는
기민하고 멋진 빠른 절따말이 되었네.
쉰 길 엘맨[49] 비단 후릿고삐를
신성한 흰머리에
대어 축복받으며 고삐를 쥔 용사는
엄지손가락만 한 세 살 적에
보인 퇴괴스 아버지를
공덕 없이 버리고,
봄바 게렐 어머니를
아들 없게 버리고,
십칠만 속민을
통치자 없게 버리고
다섯 살 때부터
열다섯에 이르도록 데리고 다니던
사천(四千) 용사를
통치자 없게 버려두고
아란잘 빠른 제르데의 고삐에서
서른세 해가 된

49 비단의 한 종류.

보소드[50] 알다르 임금의 아들
보르 망나 말구종.
영예로운 통치자 성주의 왼편에는
저무는 불그레한 노랑 해의 빛을 한,
떠오르는 불같은 노랑 해의 모습을 한,
그 밝음에는 바느질도 할 만한,
그 빛에는 말 떼도 지킬 만한,
저리로 보면,
저쪽 바다의 작은 물고기[51]가 헤아려질 만큼 아름답고,
이리로 보면
이쪽 바다의 작은 물고기가 헤아려질 만큼 아름다운,
느슨하게 눌러 땋은 머리카락은
겨드랑이를 다 채우고도 남고
진주 다발 토콕[52]은 복사뼈에 닿을 듯하고,
톰브 로당 비단[53] 베르제[54]에
부드러운 비단 테를렉[55]에

---

50 텍스트의 다른 부분에서는 보사드(Бусд).

51 토다예바(1976: 281)에 의하면 뱅어의 잔 새끼(мелкие рыбки).

52 칼미크 부인의 편발에 붙이는 펜단트의 일종.

53 텍스트 톰브(тумб)는 칼미크어 사전들에서 확인되지 않는다. 비트케예프들(1990a: 348)의 러시아어 번역은 '찬란한 비단으로 만든 그녀의 비제'(Бизе у нее из блестящего шелка)이다. 톰브 로당(тумб луудн)은 칼미크(오이라트) 밖에서 수입된 고급 비단으로 산지나 종류를 가리키는 것일 가능성이 있다.

54 칼미크 여인들의 소매 없는 헐렁한 로브.

55 여름용 델. 즉 안감을 대지 않은 델. 우리말에 들어와 발음이 텰릭 〉 철릭으로 변하고, 곧은 옷깃에 허리 주름이 있고 소매가 넓은 군복을 가리키는 말로 지시 대상이

솜씨 좋은 어머니가 자르고,
위르진 바담[56]이 조언하고,
탐브라다 하탄[57]이 다섯 달 동안
겉모습을 만들어 내 바느질한,
쉰 마리 다섯 살짜리 말 값이 나가는
티베트제 은제 할왕을
보석 백단향나무 같은 머리 위에 비스듬히 썼네.
뒤꿈치를 바느질할 때
여섯 (개의) 금(돈)으로 상을 준
부드러운 붉은 가죽장화는
발자국만 본 사람도
천 냥 은을 주고 감탄하고,
실물을 벗겨서 본 사람은
만 냥 은을 주고 감탄하네.
꿈 같은 성주의
왼쪽에
오백 여인이 자신을 따르게 하며 앉았네.
어느 나라에서 데려왔는가 하면,
국권을 가진 네 임금의 딸을 마다하고,
보통의 마흔 두 통치자의 딸을 마다했네.

특수화되었다는 견해가 있다.

56 위르진 바담(Үржин Бадм)이 누구인지에 대한 정보는 제공된 적이 없다.

57 탐브라다 하탄(Тамбрда хатн)이 누구인지에 대한 정보는 제공된 적이 없다.

아란잘 빠른 제르데가
일곱 살 나이였을 것이네.
유명한 장가르의 몸은
스무 살이었을 것이네.
바로 이때에는
데려와 마땅한 하탄을 찾지 못해,
해 있는 세상의 임금들의 딸들 가운데서
배필을 구하러 출발했네.
석삼년
서른여섯 달 동안
돌았으나 찾지 못하고,
아란잘 제르데가 지쳐서
긴 백단향나무 창을
장대 올가미 삼아 끌고
떠오르는 보름달 같이 가득한
붉은 얼굴이
잿빛이 되도록 걱정하다가,
왼데르 차간 산의 꼭대기 위로 나와,
주위를 둘러보고 있었네.
있자니, 은 날개에
황금 깃을 한 참새가
위 하늘에서 날아와
입을 조심하며[58]
새의 말로 말했네.

"바깥 편 너울지는 샤르토 바다의
그 초원에서 목영하는,
오치르타 알탄 산을 가진,
다시없는 세 개의 여의보주를 가진
귀시 잠바 임금의 딸을
텡게르의 아들 보르한 차간이라는 사람이
힘으로 얻는다고 하고 있네.
얻어 마땅한 그대의 아내는 그 사람이네." 하고 말했네.
"그래, 황금 날개를 가진 참새여,
현생에서는 새가 되었더라도
내생에는 사람이 되어
천겁을 너를 가까이 데리고
노랑 비단 델 자락을 붙잡게 하고
함께 태어나겠다!"고 했네.
천 가지 근본의 변신력으로
샤르토 바다의 위로 뛰어내려
텡게르의 아들 보르한 차간을
칠천 그의 용사들과 함께 죽여 버리고
귀시 잠바의 딸
열일곱 살 난
공주 게렌젤 하탄을 얻어,

---

58 비트케예프들(1990: 349)의 러시아어 번역은 '그리고 입을 벌려'(И, раскрыв рот).

하탄이라고 하게 되네.
노랑 얼룩무늬 대궐 안에
자신의 육천열두 용사와
쉰두 동아리를 이루고 앉았네.
오른편의
삼천 용사를
이끌며 앉은
마하 갈의 말치기
말라가드 졸라 임금의 손자
다와 잠바 임금의 아들
달라 알탄 체지는[59]
오지 않은 아흔아홉 해를
낱낱이 아뢴다고 하네.
지나간 일흔 해를
착각 없이 말한다고 하네.
지도자의 지혜를 가진 가슴이네.
그의 바로 다음 용사는
백 년의
고통을 겪었다 해도
'아야!' 소리를 내지 않고,
여섯 해 내내

---

59 2-1-215~217, 2-4-140의 해석과 각주 참조.

멈추지 않고 결박해 버리고 채찍질한다고 해도
말을 실수하는 법이 없는
대담한 몸은
육십만 군대에
자라난 백단향나무를
뿌리째 쑥 뽑아 당겨
말도 타지 않고 도보로
덤벼드네.
날랜 몸은
팔천 자루 창의 끝 위로
두 발을 닿지 않게 하고 뛰네.
강력한 몸은
전투 중에
일흔 달을 전투를 해서,
탄 말이 지쳐 쓰러지자,
자라나는 백단향나무 같은 등은
활처럼 굽고,
솟아오른 보름달처럼 가득한
붉은 얼굴은
잿빛이 되고,
갈색 검은 눈을
질끈 감고
아란잘 쾨케 갈잔으로
달음질쳐 빠져나오네.

뒤에서는
자신과 맞먹는 백 명의 용사가
백 개의 낫이 달린 창으로
가격하며 일제히 따라잡아 찌르네.
일제히 찔렀지만
타르와드[60] 검은 안장방석에서
앉은자리만이라도 움직이게 할 수 없었네.
영예로운 통치자 성주가 말씀하고 계시네.
"옥토 시르케의 손자라고 한다,
퇴멜렉트 임금의 외동딸에게서
태어난 외손자라고 한다,
메르겐 귀시 잔단 게렐이
스물두 살 적에 나왔다고 한다,
지도자 붉은 홍고르라는
용사가 앉는다."
(그가) 타는 말은
산을 얹고 다니는 장사라고 하네,
나라에서 빼어나게 빠르다고 하네.
일곱 살 나이의

60 타르와드(тарвд)는 칼미크어 사전들에서 확인되지 않는다. 비트케예프들(1990a: 350)의 이 대목 번역은 '그러나 다래에서'(но даже с седельной подушки)이다. 이 어휘를 새기지 않은 것으로 보인다. 두게르수렝(2000: 669)의 '평평한 검은 다래에서'(Хавтгай хар мааюузаас)는 일견 합리적이나 칼미크의 тарвд가 할하의 хавтгай(평평한)인지는 확인할 방법이 없다.

도담의[61] 게으름뱅이 쾨케 갈잔이라는 이름의
말을 가졌다고 하네.
잡은 검은
손짓하며 두드리면
일곱 나라의 악마가
바로 그 자리에서 위축되고,
휘둘러 버리면
온 대륙의 나라들이 떠네.[62]
늙은 쾨케 대장장이가 담금질하고,
늙은 말라 대장장이가 두드려 만든
남에게는 없는 삼천 명 장인이 애태우며 굳혔네.
칠만(七萬) 세대의 값을 지닌
흉맹한 검은 강철 꼬챙이 칼이네.
세 개의 두터운 검은 강철 칼등이 있는,
서른두 개 금강석 강철 날이 있는,
잡고 찍으며 때리는 칼의 몸[63]에는

---

61 263쪽 각주 32에서 설명한 것처럼 칼미크어 사전들에서 확인되지 않는다. 비트케예프들(1990a: 350, 458)은 '도담의'(Дудминский)이라고 옮기고 '전마 쾨케 갈잔(푸른 간자)의 혈통이 시작한 곳'(откуда происходит родословная богатырского коня Кёке Галзан), 곧 산지의 이름으로 풀이한다.

62 온 대륙의 나라들이 떠네(Заар түвин орн доргддг)의 대목에 어울리는 뜻을 가진 자르(зар)는 칼미크어 사전들에서 확인되지 않는다. 이 행에 대한 비트케예프들(1990a: 351)의 러시아어 번역 '모든 나라가 흔들린다'(Содрогнется целая страна)로 미루어 '온'으로 이해한 듯하다. 일단 러시아어 번역을 따라가 보기로 한다. 266쪽 각주 34 참조.

63 텍스트 зелднь(зел-д-нь)에서 어간에 해당하는 зел '끈, 줄'에는 합리적인 해석을

용사 야만닥의 모습을 장식한,
단단하게 잡는 자루에는
환희의 네 마하란자[64]를 그린
피의 검은 꼬챙이 칼을
비스듬하게 은 옆구리에
열두 개 노랑 황금 끈고리로 채우고
영예로운 성주의 검은 중에 검은 기도 깃발 소주를 마시고
주정을 하며 앉아 있네.
왼편의 삼천 용사를
이끌고 앉은 지도자는
삼발이라는 산의
바람맞이 편에서 목영을 한다네,
백만, 천만 망가스의 정면을
막고 목영한다고 하네,
백 나라에서 빼어난
용감한 용사라고 하네,
여섯 나라에
이름난 훌륭한 점쟁이[65]라고 하네,

가능케 할 뜻이 없다. 2-5-0550의 '피의 검은 꼬챙이 칼이라고 하는 무기를 가졌네'(Цусни хар шорнч гидг зевтэ)로 미루어 зер 또는 зев의 오기일 가능성이 있다. 일단 비트케예프들(1990a: 351)의 '[칼의] 몸에는 묘사되었네'(На клинке [меча] изображен)를 따라가 본다.

64 마하란자(махаранж) 〈 산. Mahārāja. 한국불교의 사천왕(四天王)에 상당.

65 텍스트는 далч. дал은 사람이나 짐승의 '주걱뼈', -치(-ч)는 무엇을 '다루는 사람'. 주로 양의 주걱뼈를 불에 태워 그 모양을 보고 점을 친대서 유래하는 명칭인 듯.

항갈 톡의 아들
사랑스러운 바보 용사 겁베.
몸집의 크기로 말하면
편히 앉게 되면,
오십 용사의 자리를 차지하게 되네.
당겨서 무릎 꿇고 앉게 되면
세 용사의 자리를 차지하게 되네.
살찐 규모는
주름 잡힌 흰 뱃구레는
열세 손가락 두께,
타는 말은
자니 호르단 하르라는 말이네.
잡은 무기는
세 개의 검은 강철 칼등이 있고,
서른다섯 개의 날이 있는,
피의 검은 꼬챙이 칼이라는 무기를 갖고 있네.
잡은 둑은
열 아름 붉은 백단향나무 깃대를 가진
불꽃 같은 검은 비단 둑.
거느린 용사는
자신과 맞먹는
칠천 용사를
뒤따르게 하고,
무서운 망가스와의 전쟁에 들 때는

울리는[66] 검은 목소리로 고함쳐 들어가기를
하늘과 땅이
하나가 되어 가게 되네.
(적의) 나라의 용사와 군대는
특히 검베의 꼬챙이를 피하게 하소서 하고,
독조르 귀렘[67]을 하게 하고 출정하게 되네.
이 검베의 꼬챙이의 끝으로 때리면
부상당한 사람은
가장 좋은 약을 마시고,
가장 좋은 의원에게 보여도
내리 마흔 아흐레 동안
독이 퍼져 죽는 저주가 있다고 하네.
바로 그의 다음 용사는
엄지손가락만 한 세 살 적에
어머니 아버지를
염라대왕에게 주었네.
네 살 적에는
일흔 언어의 속민을
전쟁꾼 망가스가 빼앗고
다섯 살 적에는

---

66 텍스트 Агин으로는 뜻이 통하지 않아 2-4-1018을 참조하여 Нагин(울림의)으로 고쳐 읽음.

67 텍스트 догжур/догжир гүрм(독조르/독지르 귀렘)은 귀신을 쫓는 의례. (〈티. zlog-'gyur sku-rim)

아름다운 제 구렁말이
한 살짜리 두 살짜리 망아지 적에
백만 은으로 사서
노랑 비단 바굴레로 바굴레를 씌워
나무방망이(에) 초석(硝石)(을 매단) 큰 도끼를 지팡이 삼아
운명의 빛을 노랗게 만드는
노랑 비단 올와를 입고,[68]
오록 욘돈 오르자 급격한 돌출부에서
해가 지는 쪽으로 급히 내려와
아르타라는 강을 따라 내려가
열일곱 달을 달렸다고 하네.
달려갈 때
하고 간 말은
"엄지손가락만 한 내 나이 세 살 적
내 어머니와 아버지를 데려간
내 염라 악마 죄업![69]
내 나이 네 살 때
나의 일흔 언어의 속민을 빼앗은

---

68 이로 미루어 노란색이 상서로운 색이라는 것을 알 수 있겠다.

69 문자 그대로는 정확한 의미를 알기 어렵다. '죄업'(нүүл)과 '나의'(мини)를 제대로 처리할 무엇이 생략되었기 때문인 듯하다. 이 대목의 앞 두 행까지 포함하여 비트케예프들(1990a: 352)의 러시아어 번역 '에를릭 숄마(염라 악마), 내가 세 살 적에 너는 내 아버지와 어머니를 불러갔다. 그러니 내 죄는 눈 감아다오!'(《Эрлиу Шулма》, на третьем году жизни моей/Прибрал ты мойх отца и мать/Отпусти же мне грехи моя!)는 그 뜻을 충분히 이해할 수 있지만 원문 그대로의 번역은 아닌 듯하다.

전쟁꾼 망가스, 너와
열여덟 지옥에서
어떤 겁(劫)에서든 시비를 가리겠다, 나는!
아름다운 구렁말을 도보로 끌고,
안개 같은 노랑 해에
태워지며 뜨거워져도
팔천 장엄을 가진[70]
흉맹한 노랑 망가스 임금을 쫓겠다, 나는."
하고 가네.
꿈에 그리던
성주 장가르의 곁에서
오지 않은
아흔아홉 해를 아뢸 수 있고,
지나간 일흔 해를
착각 없이 말하는,
드러난 것과 숨은 것을[71]
가려내 이야기해 말하는,
종교 사대주를 지혜로 극복한,[72]

---

70 '팔천 장엄을 가진'(Нәәмн миңһн җивхлңтә). 비트케예프들(1990a: 353)은 '팔천 씩씩한 젊은이를 가진 자에게'(Обладателем восьми тысяч молодцов)로 옮김.

71 혹은 '드러낼 것과 감출 것을'.

72 '사대주'(дөрвн түв) 앞의 '종교, 신앙'(Шаҗин)은 별 의미 없는, 즉 해석할 필요가 없는 채워 넣기일 가능성이 있다. 비트케예프들(1990a: 353)의 번역은 '사대주의 모든 자를 지혜로 능가한'(Кто умом превосходил всех/В четырех частях света)이나 비트케예프(1990a)의 러시아어 번역을 일본어로 옮겼다는 와카마쓰(1995: 254-

쿵캔 알탄 체지가 아뢰고,
영예로운 통치자 성주에게
주의를 기울이며 앉네.
"바타르 태제의 아들
컨데 가르타 사와르.
키렝 갈잔 말이,
준마가 되었을 시에는,
생각보다 반 길 빠르게 되고,
바람보다 한 길 빠르게 됩니다.
(일단) 흉맹한 노랑 망가스가 가까이
데리고 가면
일곱 대에 걸쳐[73] 우리를 도무지 편안케 하지 않을 것입니다.
(방금) 언급한 임금에게 가지 않게
약속을 받아내도록 유념하소서!"
영예로운 통치자 성주의 분부는,
"알탄 체지의 말이 진실이다!" 하고 말했네.
둑(纛)잡이 숑코르에게 명했네.
"빠른 가라 사랄[74]을 타고,
신호를 보내라!
육천의 늘씬한 붉은

255, 주33)은 '사제(四諦)를 깨달은'(四諦を悟った)이라고 하였다.

73 혹은 '일곱 번을'.

74 텍스트는 хар саарл. 가라 사랄, 즉 거뭇거뭇한 털과 흰털이 섞인 말. 텍스트에는 소문자로 적혀 있지만 이 말의 이름이다.

사자와 같은 준마들을 일제히 안장을 얹어 출정하라!"
아란잘 제르데를 안장을 얹어,
영예로운 통치자 성주께서 몸소 출정했네.
긴 백단향나무 창을 비스듬히 안장 앞에 비껴놓았네.
육천
열두 용사가 쩔렁거리며 출정했네.
둑잡이 송코르가
안개 같은 노랑 황금 둑[75]을
함 속에 있을 때도
찬란한[76] 노랑 해의 색깔이 나는,
함에서 나오면
일곱 해(太陽)의 색깔이 나는,
아홉 겹 황금 테두리를 가진,
아흔다섯 노랑 황금 다리[77]를 가진,
안개 같은 노란 황금 둑을
빠른 하라 사랄의

---

75 마나르 샤라 알탄 톡(Манр шар алтн туг)은 이 둑의 이름일 수도 있다.

76 텍스트는 Долвн. 2-4-1289에서는 Дулвн.

77 다리(көл)의 구체적 의미가 불분명하다. 배종(陪從)하는 둑으로 보기에는 95는 너무 큰 수다. 우리의 기(旗)와 유사한 의미를 가진 몽골계 민족들의 둑은 대략 삼지창 같이 생겼고, 창날 바로 밑에는 작은 원반 같은 것이 붙어 있는데, 말의 갈기(와 꼬리) 털을 모아 그 원반에 고정시켜 늘어뜨리며, 중요한 둑일수록 달린 털도 풍성하다. 그래서 '95개의 다리'는 털을 일정 양씩 모아 묶음을 만들고, 그렇게 만든 묶음을 95개나 원반에 달아 만든 둑, 즉 대단히 위엄이 있고 중요한 둑이라는 뜻일 수도 있겠다.

오른편 몸에 옭매듭으로 고정시키고
영예로운 통치자 성주가
육천열두 아르슬랑과 함께
뒤따르게 했네.
일곱 이레
마흔 아흐레를 쉬지 않고 갔네.
물 없는 사막에서,
풀 없는 불모지에서
한 살짜리 구렁말 망아지를 빼앗고,
드넓은 샤라 실의 고개에서
일곱 번 에워쌌네.
(그는) 무거운 노랑 도끼를 어깨에 지고,
사람이 제아무리 힘이 세도 부지하지 못하고
준마에서 떨어지도록 때렸네.
힘이 있다는 아르슬랑들이
다리에 다리를 베고 떨어졌네.
빠르다는 말은
안장을 배 밑에 달고
쾨케 실을 향해
마구 헝클어져 나와 가네.
도보로 싸우는 한 사람을
내리 마흔 아흐레를 잡지 못했네.
노랑 비단 둑을
쾨케 실의 돌출부에 박아 버렸네.

뒤편에서는,
노랑 얼룩무늬 궁궐에서는,
옥토 시르케의 손자,
장사 뭥겐 식셰르게의 아들
용사 붉은 홍고르가
술을 마시고, 잠들어 뒤처져,
임금 장가르의 하탄이
술 취한 붉은 홍고르를 깨우게 되네.
"낮의 이야기가 되고,
밤의 꿈이 된
영예로운 통치자 그대의 성주가 출정하여
마흔 아흐레가 지났소.
동쪽 나라의 용사가
해코지를 한 것인지?
여섯 나라의 사신이
준마를 빼앗은 것인지 두렵소?
출정하시오!"라는 분부에 따라
바로 그 홍고르가 몸을
일으켜 세우고,
술을 어지간히 마시고,
몸을 적시고 나서,
황금동이의 물을
정수리에다 붓게 해 술에서 깨어
사자 같은 쾨케 갈잔 준마에 안장을 얹게 해,

쾨케 갈잔 위로 올랐네.
떠오르는 노랑 해의 발을 향해 갔네.
내리 마흔 아흐레를 달리게 해,
광막한 황야에서
영예로운 통치자 성주의 모습을
놓치지 않고 따라잡았네.
영예로운 통치자 성주가 말씀하며 가네.
"참을성 있게 길들여진
나의 빠른 흰 이틀렉 매!
알타이 가운데서
나의 황금 기둥!
바굴레 쓴 가루라 새의 아들,
통치자 나의 붉은 홍고르가 다가오누나!"
아란잘의 쾨케 갈잔이
입을 벌리고
앞 두 다리를
턱보다도 높게 들어 올리고
뒤 두 다리를
사자 같은 제 겨드랑이에 박았네.[78]
차인 흙덩어리가
뒤편으로

78 네 다리가 땅에 닿지 않게 빨리 달리는 모습을 표현하는 듯.

총알처럼 날아갔네.
복슬복슬 털이 난 네 발굽에서는
열두 갈래
안개 같은 붉은 먼지가
하늘의 새하얀 흰 구름과
맺어진 것처럼 보였네.
퀸데 가르타 사와르가
무거운 노랑 도끼를 어깨에 메고,
무성한 백단향나무의 그늘에
다리를 벌리고 섰네.
(홍고르가) 초원에서 (사와르를) 부르며 가네.
(홍고르가) 아란잘 쾨케 갈잔의 고삐를 늦추었네.
운명의 빛을 노랗게 만드는
노랑 비단 올와를 입었네.
아름다운 쾨케 갈잔은
밝은 근사한 귀를
번갈아 가위질하며
송곳니 같은 강철 눈으로
번갈아 가위질하며
입을 벌리고
그 기세로 소리를 내며 왔네.
금빛 노랑 도끼를
신성한 흰 이마에 휘둘렀네,
흰 묑쉬르[79] 투구의 가운데

하라갈[80]을 산산조각이 나도록 때렸네.
아름다운 쾨케 갈잔이 세 번 비틀거렸네.
자신만만한 은빛 입술로는
땅의 흙을 물며,
쓰러지지 않고 나아갔네.
지배자 붉은 홍고르가
대동맥의 검은 피를
입과 코로 번갈아 쏟을 때,
제 뒤를 힐끗 보고,
아란잘 쾨케 갈잔의
재갈을 돌려 당겼네.
아란잘 쾨케 갈잔으로 다시 엄습했네.
다시 금빛 노랑 큰 도끼로
엄습하며 때리니,

---

79 텍스트 편찬자인 비트케예프들(1990a: 356)이 이 행을 '그의 은빛-흰 투구에 있는 돌출부에'(Выступ на серебристо-белом шлеме его)로 새긴 것으로 보아 мөңшүр를 '은빛'으로 처리한 것을 볼 수 있다. 한편 두게르수렝(2000: 675)은 이 행을 '흰 매끄러운/둥근 투구의 가운데'(Цагаан мөлгөр дуулганы дунд)로 새긴 것으로 미루어 해당 어휘를 '매끄러운/둥근'으로 처리한 것을 볼 수 있다. 그러나 칼미크어 뮁쉬르(мөңшүр)는 칼미크어 사전들에서 확인되지 않고, 할하몽골어에서도 의미와 음운이 접근하는 형태가 확인되지 않는다.

80 텍스트 харaглhинь의 어기에 해당하는 харагл은 사전들에서 확인되지 않는다. 텍스트의 편찬자인 비트케예프들(1990a: 356)이 이 대목을 '조각이 나게 그가 때렸다.'(Вдребезги он разбил.)고 새겨 харaглhинь이 '산산조각이 나도록 때렸네'(балв цокв)에 묻혀 번역된 느낌이 든다. 두게르수렝(2000: 675)은 이 대목을 '조준/가늠을 맞추어 산산조각이 나게 때렸네'(Хараагаа тааруулж балба цохив)라고 하였는데 칼미크어에서 할하의 '조준, 가늠'(хараа)에 대응하는 어휘는 '조준, 가늠'(харан)이다.

헉헉대던 쾨케 갈잔 준마가
앞가슴으로 땅을 쓸며 쓰러졌네.
사자 같은 어깨(빗장뼈 부위) 위로
빗맞게 때렸네.
가로질러 도망쳐 나가는 것을
(사와르의) 준마 쾨케의 배내 갈기를
움켜잡고, 출발하여 갔네.
가시드[81] 노랑 비단 둑의 대좌에
사와르를 데리고 와서 던져두고
쾨케 갈잔으로 달음질쳐,
막중한 지고의 성주에게
닿아 뵈었네.
영예로운 통치자 성주는
신성한 흰 부적을
둘의 정수리에 번갈아 모시고,
둘을 형제를 만들어 들어오게 해 맞이했네.
'태제의 아들
퀸데 가르타 사와르'라고 하고,
가운데 가장자리의 일곱 동아리를
부족함 없이 이끌고 앉았네.
문 쪽의 이천 아르슬랑의 우두머리는

81 가시드(һашид)는 칼미크어 사전들에서 확인되지 않고, 비트케예프들(1990a: 356), 두게르수렝(2000: 675)은 번역에서 빠뜨렸다.

하는 말이(구사하는 언어가) 너무 많아,
혀의 껍질이 벗겨진[82]
케 질간[83] 통치자가 이끌고 앉았네.
부자 송고라브가 받들게 한
차가운 검은 아르자를
장사 뭥겐 식셰르게가
오른 무릎 위에 받네.
대단히 영예로운 우두머리의 아들
토손 툴렉이라는 통치자가
노랑 얼룩무늬 사기잔으로
임금 장가르의 곁에서부터 시작하여
육천열두 아르슬랑에게
놓지 않고 앉아서,
사람마다 쉰다섯 순배씩 돌리네.
배의 들문(噴門)은 뜨거워지고,[84]
목의 털은 누웠네.[85]
모니 게렐로 노래 부르게 했네.
동소르 게렐이 뒤를 이었네.

---

82 비트케예프들(1990a: 356)은 '너무 말을 많이 길게 해서 혀 껍질이 떨어져 나간'(Который так много и долго говорит, Что сходит кожа с языка)이라고 옮김.

83 마당에 따라 같은 인물이 질간(Җилhн '위선(僞善)') 혹은 질왕(Җилвң '붙임성')으로 등장.

84 위와 식도의 연결 부위는 뜨거워지고.

85 목은 부드러워졌네.

탈완 체첸으로 돔보르[86]를 뜯게 했네.
탕삭 게렐이 일어나 춤을 추었네.
우주의 미남 밍얀에게 초르 피리를 불라고 했네.
그가 부는 초르 피리는
봄의 노랑 갈대에 알을 낳은
늙은 목소리를 가진 고니가
아침의 노랑 빛과 함께
제 둥지에서
깃털을 곤두세우고
몸을 일으키는
삼대에 걸쳐 지저귄
늙은 목소리의 노래를 가진,[87]
훌[88] 백단향나무 초르 피리를
부드러운 붉은 입술 위에
가져가 부는 소리는
육천 알타이 가운데서
곁에서 부는 것처럼 들렸네.
장엄한 드높은 알타이 산은
해의 발에 솟아올랐네.
드넓은 샤르탁 바다는

---

86 카자흐, 오이라드-할리막 사람들의 퉁겨 연주하는 악기로 2~4현.

87 혹은 '옛 노래 소리를 가진(?)'

88 훌(хул)은 백단향나무의 한 종류를 뜻하는 듯. 사전들에서 의미가 통하는 형태가 확인되지 않고, 3-1-39의 홀(хол 먼) 역시 의미가 통하지 않는다.

안개가 되어 가라앉네.
윌 삼반의 비탈에는
겨울, 여름 없이
풀의 푸르름이
늘 마니[89]의 흐름으로 나부꼈네.
금란 빛 해가 떠올랐네.
매와 종달새가
밝아오는 틈새에서 나타났네.[90]
육천의 노랑 황금 사리탑이
떠오르는 해의 발에
산기슭마다 기댔네.
사다리 같은 봄바 바다의 기슭에
샤르탁 네 바다가 있고,
샤라의 네 사원이 있고,
석가모니의 분명한 현신인 라마가 있고,
종교의 정원이 있는 팔만의 제자들은[91]

---

89 마니(маани)는 불교의 육자진언 '옴마니반메훔'을 인쇄한 기도깃발. 액을 막고 복을 청하기 위해 집, 절, 마을이 내려다보이는 곳 등에 설치. 대중화와 단순화가 극에 달한 티베트-몽골 불교에서는 입으로 옳은 말을 하는 것을 공덕을 쌓는 일로 쳐주는데 단순히 진언을 외우는 것도 옳은 말을 하는 것으로 인정된다. 깃발에 '六字眞言'을 인쇄해 내걸면 바람에 펄럭이게 되는데, 그 펄럭일 때마다 옳은 말을 한 것 〉 나아가 진언을 수없이 외운 것 〉 따라서 어마어마한 공덕을 쌓은 것으로 인정된다.

90 텍스트는 торлзв(출몰했네). 비트케예프들(1990a: 170)에서는 '지저귀였네'(торлв), 비트케예프들(1990a: 357)의 러시아어 번역에서는 '놀고 지저귀네'(Играют и поют).

91 정식으로 등록된 팔만 승려는(Шаҗин тоота нәәмн түмн шевнрнь).

노랑, 빨강을 분별하여[92]
왁자지껄 동시에 말하네.[93]
죽음 없이 영생하게 되었고,
걱정 없이 안온하게 되었고,
겨울 없이 여름이 되었네.
세상의 통치를 바위와 같이 세웠네.
부처님의 종교를 해와 같이 펼쳤네.
바다 가운데서 자라난
담바 졸리[94] 나무의
달라 담바의 가지는
일흔다섯 하늘의 공중으로 나부낄 때
"다라 에케", "싣디의" 곡조로 찬불가를 부르네.
강 가운데 자란
세 그루 마법의 백단향나무의
가슬랑 잠반 가지는
저 멀리 라싸에[95] 메아리칠 때
간조르, 단조르의 곡조로 흔들리네.
긴 백단향나무 숲이 에워싸고 펼쳐지네.
붉은 노랑 가지는

---

92 黃帽派(겔룩바)와 紅帽派(카르마바/비 황모파)로 나뉘어.

93 티베트-몽골 불교의 특징 가운데 하나인 변경(辯經) 장면의 묘사.

94 텍스트는 Дамб-Зули. 2-4-6에서는 Дамб Зүүл(담바 줄).

95 비트케예프들(1990b: 196)의 2-6-76 등을 참고하여 텍스트의 цуудан을 Зуудан(라싸에)로 고쳐 읽음.

숲의 꽃이 되었네.
하늘에 세 가지 빛
여의보주(如意寶珠)의 노랑, 빨강, 파랑 무지개가 떴네.
여의보주의 현신
임금 장가르라는 이름은
해 있는 세상에[96] 울리게 되었네.
팔천 큰 임금의
고장에 울리게 되었네.
여름의 근사한 숲에서는
그림 같은 노랑 얼룩무늬 궁궐에서는
육천열두 아르슬랑과 함께
아르자 술에 입이 뜨거워졌네.
그런 분위기에서 서로 밀치며 앉아서,
가공할 망가스 임금의 역사를 함께 이야기했네.
백 년의 순서[97]를 같이 헤아렸네,
여섯 해의 파수[98]에 대해 논쟁을 벌였네.
에르켈뤼의 묑겐 차간 산의 기슭에
내리 석 달 파수를 보는 일에 대해
이 자리에서 주사위를 (던져) 올렸네.
잡아 (던져) 올린 주사위는

96 태양 아래 온 세상에.

97 앞으로 100년간 시행할 대책의 순서.

98 앞으로 6년간의 파수 계획.

용력 넘치는 붉은 홍고르 쪽을 보고 떨어졌네.
주사위를 (던져) 올린
통역 케 질간에게
(홍고르가 따져) 말하고 있네.
“에르켈뤼의 뭥겐 차간 산에
내리 석 달 파수 보러 나가게 된
내게 왜 좋아라 하는가, 네가?
내가 파수 보러 떠난 뒤에
너의 백 곳 샤라의 백성을
백 나라의 발길이 차지해 버리면 어쩌겠는가?
그림 같은 너의 궁궐을
여섯 나라의 용사와 군대가
쳐부수어 버리면 어쩌겠는가?
세상의 통치를 바위와 같이 세우는
나의 힘이고,
부처님의 종교를 해와 같이 펼치는
나의 힘이다.
국권과 종교를 평온히 하고,
퇴메르 쉬메의 관문이 견고하게 강화된[99]

99 ‘퇴메르 쉬메의 관문이 견고하게 강화된’(Төмр сүмин амбатын бөкҗигсн)에서 형태상 명사로 보이는 амбатын의 어기 амбат- 혹은 амба-는 사전들에서 확인되지 않고 연구서들에도 언급되지 않았다. 형태상 동사로 보이는 бөкҗигсн의 어간 бөкҗи- 역시 사전들이나 연구서에서 확인되지 않는다. 텍스트의 편찬자들인 비트케예프들(1990a: 359)의 러시아어 번역이 ‘[적의] 철옹성의 문을 부수었다.’(Разбил ворота

에르켈뤼의 뭥겐 차간 산의 기슭에서
내리 여섯 해를
파수를 보게 되어도
내가 기분 나빠 죽을 것은 없다.
주군이신 지고의 성주의 이름에
해가 되지 않을까 걱정될 뿐이다" 하고 말했네.
영예로운 성주의 분부가
알랴 질왕 통치자에게 다시 내렸네.
"열두 면을 가진
황금 주사위를 다시 (던져) 올려라!"
다시 (던져) 올리자
알탄 체지의 쪽을 바라보고 떨어졌네.
영예로운 통치자 성주가
다시 분부를 내렸네.
"국정을 총괄하고 앉은 늙은 관원은,
가까이고 멀리고 나가지 않는다는 명분이 있다."
다시 주사위를 던졌네.
황금 주사위의 눈은

железных крепостей [врага])인 점으로 미루어 명사를 '문'으로, 동사를 '파괴하다'로 처리한 것으로 짐작된다. 한편 두게르수렝(2000: 678)의 할하몽골어 번역 '투무르 숨(쇠 절)의 초소의 파수막에'(Төмөр сүмийн харуулын шовгорт)는 амбат를 '초소'로, бөкҗигсн을 '파수막'으로 처리한 것으로 보인다. 이 주해에서는 텍스트 амбатын을 ам батын으로 읽고, бөкҗигсн을 몽골문어의 bökeǰi- '강화되다'의 동근어의 동명사 완료형으로 보아 위와 같이 옮겨 보기로 한다.

퀸데 가르타 사와르에게 떨어졌네.
퀸데 가르타 사와르가
주사위의 눈을 보고는,
영예로운 통치자 성주를 향해 무릎 꿇고 아뢰었네.
“꿈에도 그리는 나의 성주여,
밝음 가운데서 말씀하소서!
그대를 따라
서른세 해가 된 저는 이와 같습니다.
고족(孤族)하니 번족(繁族)하니 해서
차별받지 않았습니다, 저는!
세상에 혼자뿐이었습니다, 저는!
음울한 노랑 망가스의 아가리에
유일하게 저를 토톤으로 주시겠다면[100]
혼자 몸으로 그대를 위해 떠나가 드리겠습니다, 저는.
주군 통치자 성주시여,
저의 이 하소에 대해 그렇게 하라고 명하소서!”
임금 장가르의

100 텍스트 Һаслңта Шар Маңһсин амнд/Һагц нанар тутунг өгсн болхнь(직역: 음울한 샤라 망가스의 입에/오직 저로 토톤을 주시게 되면)에서 ‘토톤을(тутунг)’ 혹은 ‘토톤그(тутунг)’는 사전들이나 연구서에 확인되지 않는다. 비트케예프들(1990a: 359)의 러시아어 번역은 ‘만일에 저만을 바치시겠다면, 불행한 노랑 망가스에게 마음대로 하도록 내버려두시겠다면’(Если хотите пожертвовать только мной, Злосчастному Шара Мангасу на съедение отдать,)이다. 두게르수렝(2000: 679)은 ‘음울한 샤르 망가스의 입에/오직 저만을 미끼 삼아 주시게 되면’(Гаслант Шар Мангасын аманд/Ганц намайг өөш болгон өгвөл)이다.

대답하는 분부가 없자
아르슬랑 퀴렝에 안장을 얹었네.
"영예로운 통치자 성주여, 그대의 밝음을
열다섯 달에 뵙게 되기를![101]" 하고 나서
성결한 흰 부적에
이마 가운데에 대고 축복받고
서원을 말하고 떠났네.
노랑 얼룩무늬 궁궐을
왼편으로 돌아 떠났네.
금빛 노랑 큰 도끼는
해의 발에서 번쩍였네.
늘씬한 퀴렝의 억센 힘으로
해 저무는 북쪽을
향해 나아갔네.
낮이라고 해서 머무르지 않고 갔네,
밤이라고 해서 묵지 않고 갔네.
보통 준마가
일곱 달 걸려 닿을 만한, 있을 만한 곳에
퀴렝으로 마흔 아흐레에 닿아 갔네.
에르켈뤼의 뭥겐 차간 산의

101 텍스트는 '영예로운 통치자 성주, 그대의 밝음/빛남을'(Алдр нойн богд, тана гегэг)/'열다섯 달에 보게 되기를'(Арвн тавн сард үздг болхнь!)이다. '달-에'(сар-д)의 여처격 접사가 매끈한 번역을 저지하고 있는 듯하다.

꼭대기 위로 올라가
네 해 동안 살펴보지 않은
네 살짜리 검은 독수리의 눈으로 살피고,
사대주의 떨림을 바라보았네.
숲 가운데서 보니
수사슴과 암사슴이 보였네.
푸른 녹색 풀,
차가운 샘물,
튼튼한 백단향나무 그늘이 있을 뿐이네.
해가 뜨는 뒤쪽을 보자 하니
아르슬랑 알타 망칸 차간 산은
일곱 달 걸리는 곳에 산허리부터 우뚝 솟아 있었네.
앞쪽을 보면
차가운 검은 바다의
팔천 무지개가
하늘의 대기 중에
빼어난 푸른 안개처럼 보였네.
그 바다의 저쪽은
일곱 나라를 비워 버린
흉맹한 노랑 망가스 임금의
열두 전각이 있는
안개 같은 노랑 얼룩무늬 도시들이
여덟 달 걸리는 곳에서부터 우뚝하게 보였네.
아름다운 퀴렝의 재갈을

돌려 뒤로 당겼네.
왼데르 차간 산의
오로 쾨므뤼[102] 숲으로 들어가
숲의 여러 수사슴 암사슴에서
별과 같은 색깔을 한 것을
기민한 쿼렝으로 돌고 있다가
가장 살찐 것을 쓰러뜨려 잡아
준마에 싣고
튼튼한 백단향나무의 그늘에
가지고 와 던졌네.
근사한 쿼렝을
푸른 녹색 풀,
차가운 샘의 물에 놓아주고,
푸른 비단 차차르를 쳤네.
백단향나무와 개암나무의 마른 [가지를] 모았네.[103]
자나무를 쏘시개로 붉은 불을 붙였네.
사슴 고기를
왼편 오른편 할 것 없이 구워 놓았네.
푸른 비단 차차르 아래 들어가

102 오로 쾨므뤼(Уру-кәмрү)의 뜻은 미상.

103 텍스트 яңглынь의 어간 яңгл-은 사전들에서 확인되지 않는다. 비트케예프들(1990a: 361)의 러시아어 번역 '백단향나무와 개암나무의 마른 [가지를] 모았네'(Сухие [ветки] сандала и орешника собрал)에서 이를 '개암나무'(яңhr)로 처리한 것을 알 수 있다. 일단 이를 따라가 보기로 한다.

가죽끈처럼 늘어져
소하 나무처럼 빨개져 잤네.
내리 이레를 잤네.
누워 자는 꿈속에서
왼데르 차간 산이
부서져 내려앉는 것이 꿈에 보였네.
몸을 일으키며 놀라서 보려고 하니
망칸 차간 산의
이마가 위에서 빛나고 있었네.
아름다운 구렁말은
훤한 아름다운 숲에서
조용하게 (풀을) 먹고 있네.
일어나며 그가 먹고 나서,[104]
차가운 샘물에
킬렉과 가죽 바지를 입은 채로 들어가 몸을 깨우고 나니,
꽃사슴의 고기는
아가르 백단향나무의 불꽃에 익어 있네,
잡고 배가 차도록 먹고
푸른 비단 차차르 아래
뒹굴며, (제 몸을) 끌어안고 잤네.

---

104 '일어나며 그가 먹고'(Босн тер идэд)는 누가 무엇을 먹었는지 분명하지 않다. 이 "그가(тер)"가 사와르이고, 먹은 것이 사슴 고기라면 찬물에 들어가 정신을 차리고 나왔을 때 사슴 고기가 익어 있었다고 하므로 웬지 모순되는 듯하다.

자고 있는 동안
사자와 같이 근사한 퀴렝 갈잔은
온 황금 세상의 나라를 흔들도록
세 번에 걸쳐 투레질하며 포효했네.
놀라 달아나 듯 일어나,
아름다운 퀴렝에게 달려가,
판금 은제 굴레를 겨드랑에 끼고,
가서 굴레를 씌워 잡고,
안장을 얹고,
온갖 치레거리를 착용하고,[105]
기민한 퀴렝의 위로 올랐네.
왼데르 차간 산의
꼭대기 위로 올라가서 보았네.
해가 뜨는 쪽에서
열두 갈래
안개 같은 붉은 먼지가
하늘에 구멍이 나라 찔러댔네.
보고 있으려니
구천 마리 핏빛 절따 준마를
차가운 검은 바다의
갈 올란 기슭을 향해 몰고 가네.

---

105 텍스트의 үмсэд(입 맞추고)를 өмсэд(입고)로 고쳐 읽음.

말 떼의 뒤를 보자 하니
칠백만 병력의 자랑거리가 된,
각기
칠천 병력에 필적 가능한,
미친 홍고르에게도 지지 않을,[106]
미친 일곱 보동이
여섯은 여섯 개의 낫이 달린 백단향나무 창을 가지고,
하나는 사람의 목숨의 붉은 대동맥을 겨누는
모두 여든두 개의 푸른 질랑[107] 화살을 가진,
이 일곱 붉은 아르슬랑이 몰고 갔네.[108]
뭥겐 차간 산의 꼭대기에서부터
추격하지 말자고 했지만
영원한 퀴렝 갈잔 준마는
말 떼의 뒤에서
제 입에 힘을 주기도 전에[109]
데리고 달음질쳤네.

---

106 직역하면 '미친 홍고르의 길이 없는'(Һалзу Хоңһрин мөр уга). 비트케예프들(1990a: 362)의 '그리고 미친 홍고르에게도 지지 않을'(И не уступит неистовому Хонгору)을 따라가 보기로 한다.

107 텍스트 Җилвң(붙임성)을 җилң(화살의 일종)으로 고쳐 읽음.

108 같은 인물들을 2-5-1035에서는 보동(Һалзу долан бодң '미친 일곱 멧돼지'), 여기서는 아르슬랑(사자)(Эн долан улан арслң '이 일곱 붉은 사자')이라고 하는 것으로 미루어 보동, 아르슬랑은 피아 구분 없이 뛰어난 용사를 가리키는 다양한 칭호들로 보인다.

109 텍스트는 Амндан күч өгл уга(제 입에 힘을 주기도 전에). 말 탄 사람이 고삐의 강약 완급 조작을 통해 말의 입에 물린 재갈을 통해 말에게 자신의 의도를 알리기도 전에.

검은 바다의 기슭에서 맞닥뜨렸네.
바위만 한 올란을 가진
하시 홀라라는 통치자가
올란을 재갈을 당겨 멈춰서
긴 검은 강궁에다
황금 값이 나가는 푸른 휘파람 소리 화살을 메겨
목숨의 붉은 대동맥을 겨누고 섰네.
쿼렝의 억센 힘으로
무거운 노랑 큰 도끼를 어깨에 지고
닿아 왔을 때는
아르슬랑의 쿼렝이
더욱 빨리 속력을 냈네.
"목숨이 아까우면 물러가라!" 하고 말했네.
앞에서 도고지 소리가 '탁' 하고 났네.
기민한 쿼렝이
배로 땅을 따라 쓰러졌네.
빠르고 흰 가시코르 살이
거울 같은 은 투구를
곡대기를 세게 맞추고
공중으로 소리를 내며 올라갔네.
다시 쿼렝을 들썩여 일으키자,
다시 한 오늬를 메겼네.
빠르고 흰 가시코르 화살이
푸른 검은 살을 관통해 맞추고,

움직이지 않는 여덟 개의 갈비뼈 머리를,
헛된 육신을 파괴했네.
목숨의 검은 피를
입과 코에서 번갈아 쏟을 때,
다시 오늬를 메기자,
바위만 한 붉은 말 위로
한 번 갑자기 때리고 가니,
엉덩이와 머리를 같이
안장 위에 싣고 갔네.[110]
뒤에서 보니
산이 무너지는 것처럼
붉은 말에서 떨어졌네.
앞쪽을 보니
차가운 검은 바다의
유일한 통로로
구천 마리 준마를
한 살짜리, 두 살짜리 망아지 할 것 없이
벗어나게 하지 않고 몰아붙여 들였네.
미친 홍고르에게 지지 않을
미친 여섯 용사가
여섯 개의 낫이 달린 백단향나무 창을 들고

---

110 몸이 앞으로 푹 꺾여 엉덩이를 대고 앉는 안장에 머리를 댄 채로 가는 정황.

목숨의 붉은 대동맥을
겨누고 기다리고 섰네.
앞서 차가운 검은 무기가 목숨의
붉은 대동맥을 관통해 지나간
퀸데 가르타 사와르가 두려워
가로질러 달음질쳤네.
아래로 위로
들어갈 곳이 없었네.
바다 가운데를 보니
산더미만 한 흰 파도 가운데 말 떼가
한 살짜리, 두 살짜리 망아지 할 것 없이
벗어나지 않고 헤엄쳐 가네.
이쪽 편의 기슭은
칠천 길
불같이 붉은 기슭.
칼날 같은 낭떠러지가 있고,
외뤼와 쇠뤼의 흐름이 있고,
흐름에는 소만 한 검은 돌이
서로 부딪혀
붉은 불이 타오르며 떠가네.
자석 같은 검은 바다의
안개 같은 붉은 기슭으로
몸을 날리면 어찌 될까?
통로로 들어가려고 하니

유일한 통로는
미친 여섯 용사
여섯이 여섯 개의 낫이 달린
백단향나무 창을 잡고,
통로 위에 서 있네.
엄습해 들어갈 수 없었네,
금빛 노랑 큰 도끼를 어깨에 지고,
늘씬한 퀴렝 갈잔 말로
세 번 고함을 지르며 돌진하였지만
여섯이 여섯 개의 낫이 달린
백단향나무 창으로
목숨의 붉은 대동맥을 겨누고 있네.
두려워 달음질쳐 나와
안개 같은 붉은 기슭의
낭떠러지 위에서 (말에서) 내려와
전투의 여러 로브차를 잡아당겼네.
뗏목 같은 검은 안장틀에 단단히 매달아 묶었네.
성결한 흰 부적을
노랑 비단 끈 채로
목에서 벗어 모셨네.
안개 같은 은빛 말갈기의
목 핏대 부위에 단단히 묶었네.
아름다운[111] 검은 비단 허리띠를
배에 세 번을 감아 묶었네.

무거운 노랑 큰 도끼를
허리띠와 허리의 틈으로
아가르 백단향나무 자루를 끼워 넣었네.
차가운 검은 바다를 보고 멈추어 섰네.
산더미만 한 흰 파도가
아래위로 치고 있네.
소만 한 푸른 돌이
사나운 흐름 속에서 서로 부딪히며
붉은 불이 타오르고 있네.
여든두 곳의 소용돌이가 있는,
팔천 곳의 수렁이 있는
이쪽 편 기슭은
칠천 길
붉은 안개 같은 기슭이라네.
송곳 끝 같은 낭떠러지가 있다네.
들어가자니 어떻게 들어갈 것인가?
그만두자니 어떻게 그만둘 것인가?
그만두어서 그만두게 되면

---

111 텍스트는 Энгр. 칼미크어 사전들에서 확인되지 않는 이 형태는 『장가르 1』(1-0-255)에서 '엥게르 붉은[이라는] 하탄'(Энгр Улан [гидг] хатан)으로 한 번 나온 적이 있다. 유원수(2011: 71)는 이를 Әңгр로 고쳐 읽고 '{앵게르} 올란(노랑 붉은)[이라는] 하탄을'이라고 옮겼는데, 텍스트를 주해자가 함부로 고쳐 읽는 것이 바람직하지는 않으나 이번에도 일단 '아름다운' 혹은 '노랑, 노랑 빛 도는 붉은'이라는 뜻의 앵게르(Әңгр)로 고쳐 읽어 보기로 한다. 토다예바(1976: 202), 바르다예프들(2004: 84) 등 참조.

임금 장가르께는 뭐라고 아뢸 것인가?
열혈 육천
열두 용사에게는 뭐라고 할 것인가?
'백 나라에 힘으로 이름난
여섯 나라에 용기로 이름난
해 있는 세상에 빠르기로 빼어난
늘씬한 쿼렝 갈잔과 함께 있으면서
걸어서 건너는 웅덩이 안에서
목숨 같은 나의 말 떼가
무서운 노랑 망가스의 고장
으로 가고 또 가고 있는데
무서워서 서서 보고만 있다 왔다, 너는.
열두 명의 목숨 같은 용사 가운데
여섯 달 파수에[112] (보낼 사람을 정하기 위해)
주사위로 다투어,
네게 떨어지기로,
이 망가스의 기반(羈絆)이 두려워,
왼데르 차간 산의 꼭대기에서
관문을 지키게 하려고
너를 파수에 앉힌 것이 아니었느냐, 내가?'
하고 분부를 내려

112 앞서 2-5-867, 869 등에서는 여섯 해의 파수(Зурhан жилин харул), 내리 석 달 파수(Эгц hурвн сард харул)였다.

금빛
열 개의 흰 손가락을
세 번 두드릴 것이다.
‘이것을 끌고 나가라!’ 하고.
인정머리 없는 오치르 게렐의
한번 때린 채찍의 상처는
여섯 달이나 되어야
겨우 아문다.
말 떼를 찾을 것이다, 나는.
도로 찾든, 잃든.
내 일신만 생각하고 돌아가면,
‘채찍을 느슨하게 하는 법 없이
낮에 칠천 번 채찍질하라!
밤이 되면
네 활개에다가
사람의 허벅다리만 한[113]
굵고, 긴
몸통은 세 길 반짜리
아가르 백단향나무 말뚝을
땅에다 대고 콱 박고,
이렇게 말하라!’ 하고

113 텍스트 Күүнә һуйин чигә를 Күүнә һуйин чиңгә(사람의 허벅다리만 한)로 고쳐 읽음.

분부를 내릴 것이 아닌가?
'용사 사와르는
임금 장가르의 말 떼를 몰고 달려가는데도
버려두고,
무서워서 보고만 왔기로,
영예로운 통치자 성주는 진노하시어,
죽는 채찍과 결박의 벌에
처하겠노라고 할 죄명은
천겁(千劫)에 불명예스러운 죄명이 된다.
들어가 죽자!' 하고,
하시 홀라 용사가 앞서 쏜
차가운 검은 질랑[114] 화살이
박혀 버린 상처는
노랑 비단 올와를
뚫고 맞은 상처.
오늬와 화살촉이
삶과 죽음을 균형을 잡고 멈춘 것이었네.
"이 화살이 몸에 박힌 채 물에 들어가면
물에서 받을 고통이 고약하게 될 것 아닌가?
이것을 잡아 뽑을
수를 찾게 될 것이다" 하고,

---

114 텍스트 Җилвң(붙임성)을 җилң(화살의 일종)으로 고쳐 읽음.

멋진 퀴렝 갈잔의 고삐를 안장에 매어 두고
사향노루의 생철 같은 가죽으로
만든 간지개를 끌러 잡고
빠른 흰 화살은
손바닥만 한 검은 강철 화살촉을,
단단하고 확실하게 묶었네.
(그 끈의 한쪽 끝을) 멋진 퀴렝 갈잔의
말굽 은 같은 꼬리에 묶었네.
묶어 버리고, 주저앉았네.
멋진 퀴렝의 엉덩이 위로
백단향나무 채찍으로 (때려)
내달리게 했다가 (고삐를) 잡아당겼네.
(고삐가) 잡아당겨진 퀴렝은
펄쩍 뛰어올랐다 내려왔네.
한 길 흰 화살을
목숨의 붉은 대동맥에서 쑥 잡아 뽑았네.
잡아 뽑은 뒤
뒤와 앞의 상처 입구[115]에서
그릇만 한 두 조각
핏덩어리를 쏟으며 쓰러졌네.
쓰러진 뒤 다래에서

115 가슴을 뚫고 들어가 등으로 나오다 멈춘 화살이 낸 등과 가슴의 사입사출공(射入射出孔).

두 조각을 끊어 내
상처의 입구를 막았네.
막고 있을 때,
통로의 입구에 있던
여섯 용사가,
여섯 마리 준마의
여섯 개의 은제 재갈이 절렁거리는 소리를 듣다가,
여섯 개의 낫이 달린 백단향나무 창을
목숨의 붉은 대동맥을 겨누고
여섯이 함께 일제히 엄습했네.
엄습해 닿아 오자
갈 올란 기슭의 위로
퀴렝 말을 밀어 떨어뜨리고
쉰 길 부드러운 비단 후릿고삐
길이의 몸은 뛰어 그 앞에 내렸네.
밀어 떨어뜨린 퀴렝 말은
갈 올란 기슭 아래
가슴 깊이 검은 진창에
안장방석 높이까지 빠졌네.
다섯 번을 당겼으나 끌어내지 못했네.
갈 올란 기슭 위에
미친 여섯 용사가 멈춰서 있다가,
자석 강철 검으로
집채같이 큰 안개처럼 붉은 진흙을

위에서 떨어뜨렸네.
할 수 없이
사자 같은 퀴렝과 자신의 몸이
진흙에 묻히려 하자
목숨을 다투어 빠져나와
퀴렝을 내버려두고
아래위로 치는
산더미만 한 흰 파도 가운데로
들어가 헤엄쳐 갔네.
뒤에서는
꿈 같은 성주는
노랑 얼룩무늬 궁궐 안에서
샤라의 육천
열두 명, 해같이 붉은 아르슬랑들과
아르자 술자리 가운데서
아흘라그치 텡게르[116]의 즐거움으로 즐기고 있을 때,
뭥겐 차간 산에 초장이 있고,
또한 샤르탁 바다에 물터가 있고,
에르덴 퇴게스질친의 샘(泉) 방목장이 있는,[117]

116 서른세 하늘의 우두머리인 호르모스타 하늘. 우리 문화의 제석천(帝釋天).

117 '에르덴 퇴게스질친의 샘 방목장이 있는'(Эрднь төгсҗлчин булг маналhта). 퇴게스질친(төгсҗлчин)은 칼미크 몽골어 사전들이나 연구서들에서 확인되지 않고 합리적인 형태론적 분석도 불가능하나 의미는 '완벽(한), 완정(한)'(төгс) 혹은 '마치다, 완성하다'(төгс-)와 관련이 있을 것으로 보인다. маналhта의 маналh 역시 칼미크 몽골

균일한 구천 마리 준마 말 떼를
권세와 힘이 큰
흉맹한 노랑 망가스 임금이
몰아 훔쳐 가거늘
주군 장가르 임금은
이날까지도 주의하지 않고 있었네.
말 떼를 돌보는 아크사할 바다[118]는
영예로운 주군이 무서워
아뢰지 못하고
다 자란 단단한 낙엽송에서
한 길 반 길이의 단단한 가지를
부드러운 붉은 간(肝)으로 관통시켜 박아
목숨의 붉은 대동맥으로 관통해 나오게 했네.
아르슬랑 산의 기슭에서

어 사전들이나 연구서들에서 확인되지 않고 합리적인 형태론적 분석도 불가능하다. 체레미소프(1951: 308)에 의하면 부리야드 몽골어의 маналга(н)은 '야간 방마장, 송아지 출산 시 야간 근무' 같은 뜻이 있다고 한다. 이 대목을 비트케예프들(1990a: 367)은 '약이 되는 샘물을 늘 마시는'(Что пьют всегда из целебного родника)이라고 옮겨 위 2개의 어휘에 대해 어떻게 이해했는지는 짐작하기 어렵다. 두게르수렝(2000: 687)은 이를 '에르덴 투그스질치의 샘 마날가타이'(Эрдэнэ төгсжилчийн булаг маналгатай)라고 옮겼는데 할하뿐 아니라 모든 몽골어계 사전 가운데 가장 큰 사전인 볼드들(2008)에서도 төгсжилч 혹은 төгсжил 같은 형태, маналга 같은 형태는 확인되지 않는다.

118 아크사할(Аксахл)은 튀르크어 Ак(흰) + 튀르크-몽골어 сахл(수염)의 합성어로 여기서는 바다라는 사람이 장로(長老), 원로임을 가리키는 경칭으로 보인다. 그러나 바다(Бада)가 튀르크어계 이름인지 몽골어계 이름인지는 불명하다.

소만 한 큰 검은 돌을
배에다 끌어안고 몸을 날려
곡숨이 나갔네.
(한편) 통역 케 질간은
구름 같이 빠른 제 알락을 타고
영속(領屬)된 말 떼와
아란잘 제르데와 세 이레를 지내고
돌아오는 습관이 있었네.
알타이를 돌아
아란잘 빠른 제르데를 돌고,
파수 보는 아르슬랑들에게 (임금의 당부를 전했네.)
"가공할 망가스의 오만은 성급하다.
금강악마(金剛惡魔)의 사자(使者)는 빠르다.[119]
곡숨 같은 나의 제르데를
돌보면서 잘 지켜라!"
임금 장가르의 분부는 이것이었네.
빠른 알락으로 말 떼를 향해 갔네.
가면서 보니
아르슬랑 알타이 산의 초장이 사라진 것이었네.
아르샨 차간 바다의 물 먹이는
흔적도 사라진 것이네.

---

119 가공할 망가스가 성격이 오만하고 급해서 그 부하가(=금강악마의 사자가) 언제 말 떼를 훔치러/빼앗으러 왔다 갈지 모른다.

무성한 백단향나무의
나무 그늘의 천국은
시들어 버렸네.
놀라서 보고 멈추어 섰네.
알락을 타고 어느 곳으로
간 것일까 하고 보았네.
보고 다니다가
하르가트 강의 근처에서
함께 몰고 간 자취를 발견했네.
세 개의 큰길이었네.
말 떼의 자취가
해 저무는 북쪽을 향해
간 길은,
헤아려 보니
여덟 이레가 지난 모양이었네.
빠른 알락으로 (달려)
노랑 얼룩무늬 궁궐 문에서는
장엄의 육천
노랑 황금 문[120]의 입구에
빠른 알락을 매었네.
성주 임금의 곁으로 달려 들어갔네.

---

120 텍스트는 Җивхлңгин зурһан миңһн/Шар алтн хавх(장엄의 육천 노랑 황금 대문). 황금으로 제작한 육천 가지 장엄(莊嚴)으로 꾸민 문(?).

흰 묑쉬르 투구를 벗어
무릎 위에 놓고,
안개 같은 은빛 머리 단을
목덜미 쪽을 문지르고
달라 문[121]의 보좌의
다리를 보고 앉았네.
앉자
영예로운 통치자 성주가
유념하여 분부를 내렸네.
자, 두목 질간이여!
나의 샤라의 네 사원은
안정되어 있느냐?
석가모니의 현신인 나의 라마는
속앓이는 없더냐?
장엄한 알타이 산을 꾸준히 도는[122]
나의 속민들은 온전하게 있느냐?
국정의 평안을 위해
동료 통치자들은 일도 하고 있느냐?
"모두 잘 온전하게 있습니다" 하고 아뢰었네.

---

121 말라 문(Мала хавх)의 뜻은 미상.

122 '장엄한 알타이 산을 꾸준히 도는'(Җивхлңгин Алтаг җир эрггсн)에서 җир는 칼미크어 사전들에서 확인되지 않고 연구서들도 언급하지 않은 형태. 알타이 산맥 주변 유목민들의 계절이동을 거대한 불탑을 도는 행위에 비유한 것이 아닌가 하여 위와 같이 옮겨 보기로 한다.

“아란잘 제르데의 말치기
아락 졸라 망나가
목숨 같은 사천(四千)의 동료들과
아란잘 제르데와 함께
애르키, 아르자를 마시며
편안하고 건강하게 있더냐?”
“있습니다” 하고 아뢰었네.
“내 말 떼는 건강하게 있느냐?”
“나의 영예로운 통치자 성주여!
밝음 가운데 아뢥니다.
말 떼도 없고,
아크사할 바다도 없습니다.
열다섯 동무 말치기도 없습니다.”
“야, 뭐라는 거야, 너!” 하고 분부가 있었네.
황금빛 열 개의 흰 손가락을
세 번 때리며 두드리고,
아가르 백단향나무 보좌 위에서
안절부절 못하고, 내려왔다, 앉았다 하며 말씀하셨네.
“어느 잠바의 나라로
갔는지 흔적이 없느냐?” 하고
분부가 있었네.
“제가 흔적을 찾아다니는데
하르가트 강의 비탈에서
함께 데리고 간 자취들을 발견했습니다.

자취의 규모를 보니
여덟 이레 지난 모양이었습니다.
건너간 곳의 방향은
저무는 해의 발을 향해 갔습니다."
영예로운 통치자 성주가 분부했네.
"해가 지는 쪽에
나와 다툴 원수의 사람은 없다.
건너기는 그렇게
우선 건넌 것이지만,
북쪽이나 남쪽 어느 한쪽으로
들어왔다 나갔을 것이다" 하고 말했네.
"오지 않은
아흔아홉 해를
낱낱이 아뢸 수 있는 것이 아니었는가, 너는?
온 일흔 해를
날짜도 틀리지 않고 말하는 것이 아니었는가, 너는
해가 지는 쪽에 나의 말 떼를
나에게서 빼앗아 차지할
어떤 사람이 있는가?
이것을 짐작하여 알아내 아뢰어라!"
알탄 체지가 임금의 분부대로
안개 같은 비단 베개를
제 목덜미 아래 놓고,[123]
열 개의 흰 손가락을

배 위에서 깍지를 끼고
영예로운 성주의 분부대로 영문을 찾았네.
임금을 향해 몸을 일으켜 아뢰었네.
"여기서 아란잘 제르데의
중간 걸음으로 가면
열다섯 달 걸리는 거리라고 합니다.
보통의 준마들은
삼백서른여섯 달 걸리는
거리라고 합니다.
이쪽 편에는
자석 같은 검은 바다가 울타리라고 합니다.
아래 세상의 일곱 나라를 비워 버렸다고 합니다.
독존하는 몸은
칠십만 용사를 갖고 있다고 합니다.
일컫는 이름은
독신 잠발이라는 이름의 임금이라고 합니다.
그의 목숨을 지키는 자는
하시 홀라라는 용사라고 합니다.
바위만 한 붉은 준마를 갖고 있다고 합니다.
사람의 목숨의 붉은 대동맥을 겨누는,
손바닥만 한 검은 강철 창촉이 달린,

---

123 베개를 베고.

사람의 발로 맞추는[124]
모두 여든두 개의 화살을 갖고 있다고 합니다.
가까이 거느리는 동무 용사는
미친 홍고르와 같은
여섯 용사.
여섯이 든 무기는
백여 길
여섯 개의 낫이 달린 백단향나무 창을 가졌습니다.
자석 같은 검은 바다의
유일한 통로로
말 떼를 몰아 들여 버리는 자입니다.
바다의 넓이는
(건너가는데) 다섯 달 (걸리는) 넓이입니다.
말 떼가 들어가 헤엄친 지
다섯 이레가 지났습니다.
우리의 용사 사와르가
갈 올란 기슭으로
빠른 퀴렝을 밀어 떨어뜨리고
가슴 깊이의 검은 진창에
안장방석의[125] 가장자리까지 박히도록 떨어뜨리고,
다섯 번을 당겼으나 끌어내지 못했습니다.

124 '사람의 발로 맞추는'(Күүни көләр тусдг)의 뜻은 미상.
125 텍스트 Көвңгин(솜의)를 Көвцгин(안장방석의)로 고쳐 읽음.

안개 같은 붉은 기슭 위에 서서
미친 여섯 용사가
자석 검은 강철로
나이 찬 불친 소만 한
진흙을 파서, 위에서 떨어뜨렸습니다.
준마와 둘이서
진흙에 묻히려 하자
퀴렝 말을 내버려 두고
자석 같은 검은 바다로,
아래위로 치는
산더미만 한 파도에 들어가,
두 이레가 지났습니다" 하고 아뢰었네.
영예로운 통치자 성주가 말씀했네.
"칠십만의 용사를 가진
독신 잠발 임금과는
일곱 생(生)[126]을 확실히 안다, 내가.
그와는 빚이 없다, 나는.
현생에 취한,
내가 빼앗은 것도 없다.
나의 아란잘 제르데의 네 개의 발굽이
안 빠져 달아나가기만 하면,

126 일곱 생(Долан төрл)은 과거, 현재, 미래의 3생(三生)의 확장된 개념으로 짐작된다.

찌르는 나의 아가르 백단향나무 창이
안 부러져나가기만 하면,
끝끝내 네게서 빼앗지 않을까!
구천 마리
나의 핏빛 절따 준마들을!
가장 못한 나의 두 살짜리 망아지도 팔라고 하면
열 개의 십만 호로도 나는 팔지 않을 것이다.
목숨 같은 나의 말 떼를
가지고 가서
내가 따라잡고, 추격하고, 닿는 동안
시방(十方)에 흩어 버리면 어떻게 하겠느냐?
어이, 나의 질간이여
나의 아란잘 제르데를 데려와라!" 하고
명령을 내렸네.
또한 붉은 뺨 위로는
우박 같은 검은 눈물을 뿌리며 울었네.
이 분부의 끝에
오른편의
삼천 용사 가운데서 (한 사람이 나섰는데 그는)
백 년의 고통을 겪었다고 해도
맹세코 '아야!' 소리를 하는
버릇이 없다고 하네.
여섯 해 동안
채찍을 느슨하게 함이 없이 채찍질을 당했다 해도

입은 세 마디 말을
실수하여 말하는 법이 없는 것이네.
용감함에 대해 물으면,
대치하고 선 육십만 적에게
말도 타지 않은 몸으로
아가르 백단향나무를
뿌리째 뽑아 당겨 잡고
가지를 쳐내고
어깨 위에 놓고
도보로 돌진하는 용기가 있다고 하네.
날래기로 말하면
목숨에 육박한
팔천 자루 창의 꼭대기 위로
봄바의 네 활개를
닿지도 않고 빠져나오는 것이네.
전쟁에서 일곱 달을 살육전을 벌이고,
사자 같은 쾨케 갈잔 준마는
천 군데 상처를 입고,
자신은 이천 군데 상처를 입고,
상처의 피에
노랑 비단 올와는
(수레를) 끄는[127] 낙타의 털처럼 너덜대고,
다 자란 긴 백단향나무 같은 등은
활처럼 구부러지고,

가득 찬 보름달같이
둥근 붉은 얼굴은
꺼진 불의 재처럼 되어,
보는 담갈색 다라니 눈[128]을 감고,
쥐는 열 개의 흰 손가락을 움켜쥐고,
달음질쳐 도망쳐 나오네.
뒤편에서는
같은 능력의 백 명의 용사가
백여 길 백 자루 창으로
백 마리 빠른 말을 타고
일제히 육박해 와서
백 명이 함께 백 자루 창으로 찌르고
백 마리 빠른 준마의
억센 힘으로 밀어붙인다고 하네.
(그래도) 자루 같은 은제 안장방석에서
앉은 자리를 조금도 움직이게 할 수 없다고 하네.
옥토 시르케의 손자라고 하네,
퇴멜렉트 임금의 딸에게서
나온 외손자라고 하네.
메르겐 귀시 잔단 게렐의

127 '(수레를) 끄는'으로 옮긴 칼미크어 Көкгсн의 적확한 의미는 알 수 없다.

128 담갈색 다라니의 눈(алг тәрнин нүд)에서 다라니(тәрни)의 적확한 의미는 확인할 수 없으나 대체로 '담갈색 큰 눈'으로 짐작된다.

스물두 살 나이에
생겨 나왔다고 하네.
(그가) 영예로운 통치자 성주에게 아뢰고 있네.
"아란잘 빠른 제르데를
황금 군도(軍刀)와 함께 제게 내리소서.
그대의 말 떼를 열 달의 끝에는
그대의 아르샨 차간 바다로
데려와 물을 먹이겠습니다!"
영예로운 통치자 성주가 분부를 내렸네.
"자, 밀려드는 적의 안에서
내 쇠창의 끝,
만 마리 양에게 덤벼드는
나의 거친 붉은 이리여!
참을성 있게 길들여진
나의 빠른 흰 이틀렉 매여!
나의 알타이 안에서
나의 황금 기둥이여!
바굴레를 씌워 둔
나의 가루라 새의 아들!
자, 열둘 하고도
육천의 몸으로 추격하자!"
"나의 영예로운 통치자 성주여!
열둘 하고도 육천 몸으로
추격할 필요가 없습니다.

제가 혼자서 갑니다.
독신 잠발 임금의
일곱 생[129]에 뿌리를 끊지 않게 되면
현생에서
그대의 분노에 마주쳐 죽겠습니다, 제가!
마지막 후생에서는
염라 임금의 처결에 마주쳐 죽겠습니다, 저는!"
그 말의 끝으로
아락 졸라 망나가
아란잘 제르데를 끌고 왔네.
빠르고 아름다운 제르데를 내리시게 되었네.
황금 군도를 내리시게 되었네.
성결한 흰 부적을
정수리에 대고 축복했네.
늘씬한 빠른 제르데를 타고
해가 지는 뒷다리를 향해 갔네.
팔천 알타이를 바르게 돌아갔네.[130]
낮이라고 해서 머무는 법 없이 갔네,
밤이라고 해서 묵는 법 없이 갔네.
자석 같은 검은 바다의

---

129 일곱 생(Долан үй)은 일곱 대(代)로 옮길 여지도 있으나 2-5-1465의 일곱 생(Долан төрл)과 동의 표현으로 보인다.

130 '바르게 돌아갔네'(зөв эргэд одв)는 태양의 운동방향(동-남-서-북 방향)으로 돌다라는 의미.

속을 내내 자지도 않고 헤엄쳐 추적하여,
마흔 아흐레를
(말을) 두드리며 헤엄쳐,
사와르가 말 떼의 꼬리를 따라잡았네.
따라잡은 몸을
여든두 염라의 몸이 막아서네,
팔천 곳의 자석 같은 수렁은 물을
바닥으로 빨아들이네.
산더미만 한 흰 파도가
여기저기서 어지러이 치네.
소만 한 돌이
활 같은 옆구리를 흐름 속에서 때리네.
봄바의 흰 가슴은
안개 같은 큰 어둠이 되었네.
급히 뛰는 염통은
대동맥을 두드렸네.
말 떼의 꽁무니(後尾)를 보고,
맨 앞장(先端)을 보니
늙은 절따 씨수말이
다섯 달 걸리는 넓이의
자석 같은 검은 바다의
뻗어 나온[131] 붉은 기슭
으로 헤엄쳐 가네.[132]
뻗어 나온 붉은 기슭을 보니[133]

미친 홍고르에게 지지 않을[134]
팔천 명의 아르슬랑이
팔천 마리 준마를 몰며
(기슭으로) 오도록 부르고 있네.
늙은 절따 씨수말을 보니,
말 떼의 앞장에서
지친, 어미를 잃은, 늙은 사백 마리 말을
흐름을 따라 내려가며 데리고,
물살을 몸으로 막으며 헤엄쳐 가네.
추격하여 헤엄치는 용사 사와르의
찢어지게 맞은 차가운 검은 화살촉의 상처를
자석 같은 검은 바다의 흐름이
앞쪽, 뒤쪽의 상처 입구를 번갈아 때렸네.
네 건장한 흰 팔다리가
네 갈래로 늘어졌네.
봄바의 큰 흰 가슴은

---

131 텍스트는 Сарвхн. 사전들이나 연구서에서 확인되지 않아 сарвhр(뻗어 나온)로 고쳐 읽음.

132 텍스트 '떨어뜨리고, 쓰러뜨리고'(унhahaд)는 문맥에 적합한 뜻을 끌어낼 수 없어 비트케예프들(1990a: 374)의 '헤엄쳐 가네/높은 붉은 기슭으로'(Подплывает/К высокому красному берегу)를 따라 '헤엄쳐 가다'로 옮겨 보기로 한다.

133 비트케예프들(1990a: 374)은 이 대목에서는 сарвхн을 '넓은'(широкий)으로 옮김. '넓고 붉은 기슭을 보았네'(На широкий красный берег посмотрел).

134 비트케예프들(1990a: 374)은 이 대목을 '미친 홍고르가 없네'(Неистового Хогора нет)로 옮겨 난데없는 느낌이 듦.

안개 같은 큰 어둠이 되었네.
'무서운 바다의 바닥에서
아마르가토 톨 고기[135]의 아가리에 들어가 죽을
운명이다, 나는' 하고 고함을 질렀네.[136]
세 번 고함을 지르고, 불러버린 노래는
물의 여러 짐승의
담(膽)을 찢었네.
산 위에 있는 짐승은 산기슭으로 떨어졌네.
바로 다음에 부른 노래는
"장엄한 알타이라는 산보다 더 높은 곳을 찾았느냐, 너는?
여의보주의 현신인 성주보다 더 지고한 주군을 찾았느냐, 너는?"
하고 노래 부르자 바로
늙은 절따 씨수말이
투레질을 하며 포효한 뒤
오른쪽 재갈을 당겨, 제 뒤를 보니,[137]
한 살짜리, 두 살짜리 망아지 할 것 없이 포효하며 줄지어 따라왔네.

---

135 텍스트는 Амрhту тул(아마르가토 톨 고기). 아마르가토는 사전들이나 연구서에서 확인되지 않는 형태. 톨은 북태평양에서 몽골, 시베리아 등지의 강, 호수로 회귀하는 연어목 자치 속의 가장 큰 물고기. 학명 Hucho taimen. 아마도 사람을 잡아먹을 만큼 크다고 여겨진 고기인 듯.

136 텍스트 урадлв를 урадв(고함을 질렀다)로 고쳐 읽음.

137 비트케예프들(1990a: 187)에서는 "Барун ам татж,/Хооран хэлэж," 2줄로 분리된다. 그래서 실질적으로 같은 두 텍스트가 비트케예프들(1990a: 153~194)에서는 모두 1,928행, 비트케예프들(1990b: 149~192)에서는 1,927행이 된다.

산더미만 한
열두 검은 놀 파도 위로
빠지지 않고 물고, 몰아 헤엄쳐,
흐름을 쓸려 내려간 사와르를
찾아 앞으로 버티고 섰네.
앞 머리털 은빛 갈기를
열 개의 검은 손가락이 감아 잡도록 했네.
늙은 제르데 위에
똑바로 앉아 헤엄치게 했네.
구천 마리 준마가
떨어지지 않고 헤엄쳤네.
내리 두 달을
벗어나지 않고 헤엄쳤네.
안개 같은 붉은 기슭의 모습을
석 달 만에 찾았네.
안개 같은 붉은 기슭 위에 있던
미친 여섯 용사가
유일한 통로를 차지하고 섰네.
갈 때의 앞장이 가까이 왔네.
불같이 붉은 기슭의
유일한 출구로
앞장의 말 떼가 나타났네.
여섯 용사가 멈추게 하지 못했네,
여섯 개의 낫이 달린 백단향나무 창의 쇠를 잡고,

자루 쪽으로 때려도 멈추게 하지 못했네.
말 떼의 앞장은
알타 퓡겐 차간 산을
향해 올라갔네.
여섯 명의 미친 용사들이
여섯 준마의 억센 빠름으로도
말 떼의 앞장을 빼앗아 돌릴 수 없었네.
해 뜨는 방향 쪽에서
장엄한 알타이에서 가느다란 붉은 먼지가
하늘에 구멍을 내며 올라갔네.
먼지가 닿아 오는 동안
말 떼의 꽁무니(後尾)를 따라잡아 올라가
늙은 절따 씨수말을
그 뒤에서 놓아주었네.
가슴 깊이 검은 진창에 빠진
퀴켄 퀴렝 갈잔이
뜬 검은 진창을
'탁!' 발을 구르고 나왔네.
아란잘 퀴렝 위로 올라가
말 떼의 뒤에서 보며,
달음질치기 시작했네.
달음질치기 시작하자,
처음 달려왔던
세 갈래 길에 들어,[138]

알타 뭥겐 차간 산을
향해 올라갔네.
사자 같은 여섯 용사와
아란잘 빠른 제르데를 타고,
황금 백단향나무 군도를 어깨에 올려놓은
대단한 붉은 홍고르가
말 떼에서 벗어나
아르슬랑 차간 하드의 기슭에서
아란잘의 억센 힘으로
창(槍)에 찔리는 일 없이 돌았네.
아란잘 빠른 제르데가
무릎을 따라 구르고,[139]
발걸이를 따라 몸을 흔들며[140]
고개 위에서
일흔다섯 번을 돌아 주네.
내리 마흔 아흐레를
에르 차간 하드의 기슭에서 괴롭혔네.
(그 누구도) 대신할 수 없는[141] 여섯 몸은

---

138 2-5-1329의 세 개의 큰길인 듯.

139 무릎으로 주는 지시에 따라 구르고.

140 발걸이를 따라 몸을 흔들며(Давшуринь дахж дагжад)는 '발걸이로 주는 지시에 따라 몸을 흔들며'라는 뜻. Давшур는 일반적으로 '사다리, 계단'을 가리키나 비트케예프듣(1990a: 376)의 '그의 발걸이에 순종하며'(Послушный стремени его)를 참고하여 '발걸이(鐙子)'로 옮겨 보기로 한다.

141 (그 누구도) 대신할 수 없는(Орнд уга зурһан бийнь)은 제아무리 타의 추종을 불허

여섯 개의 낫이 달린 백단향나무 창의 끝에서
말과 몸을 제어할 수 없었네.
뒤편을 보자니
퀸데 가르타 사와르가
근사한 퀴렝을 타고,
금빛 노랑 도끼는
햇빛에 번쩍이며,
늘씬한 퀴렝의 억센 힘의 빠름으로
아르슬랑 뭥겐 차간 산의 비탈에서
아란잘 빠른 제르데로
아르슬랑 뭥겐 차간 산의 기슭에서
미친 여섯 용사를 돌고 있던
술 취한 (것 같은) 붉은 홍고르를
고함쳐 부르며 돌진해 왔네.
최정예 여섯 용사 가운데
산더미만 한
붉은 얼룩무늬 준마를 가진
나란 올란 용사가
긴 백단향나무 창으로
목숨의 붉은 대동맥을 겨누고,
단독으로 나왔네.

하는 여섯 용사도라는 뜻.

멋진 쿼렝 갈잔 준마는
여러 전쟁의 발길에 숙달되었다고 하네.
긴 백단향나무 창의 공격도 경험했다고 하네.
듣기 잘하는 귀를
번갈아 가위질하듯 움직였네.
냉정한 강철 눈으로
창의 열두 갈고리를[142]
놓치지 않고 지켜보았네.
데지의 잔 같은
네 개의 검은 발굽을
동시에 들었네.
창의 세 갈래 검은 강철 회초리가
'쾅!' 하는 소리와 함께
공중으로 거품을 물고 뛰어올랐네.
뛰어올랐다 내려오니
미친 다섯 용사의 가운데로 내려왔네.
창질을 하여 던져 올린 창은
사자 같은 쿼렝의 네 개의 검은 발굽 아래
여섯 길 되는 곳을 맞추며 박혔네.

142 텍스트의 '창의 열두 갈고리를'(Армин арвн хойр уудгарньвьд уудгарнь) 부분은 사전이나 연구서를 통해 분석하거나 확인할 수 없다. 텍스트 편찬자인 비트케예프들(1990b: 377)은 '창의 12 (갈)고리를 지켜보았네'(Смотрит на двенадцать колец копья)를 참고하여 위와 같이 새겨 보기로 한다.

바람 같은[143] 붉은 얼룩무늬 말이 (속력을 늦추어)
(나르니 올란이 박힌) 창의 부드러운 비단 손잡이 끈을,
오른손 손바닥에
단단히 잡았을 때
아란잘 빠른 제르데가 (홍고르를)
뒤 갈기에 데려다 주었네.
대단한 붉은 홍고르가
황금 군도로 빠르게 휘두르고 지나갔네.
아란잘 빠른 제르데의
억센 힘의 빠르기로 능가하고 나와
뒤를 돌아보니
여자 사람의 앉음새[144]로
안장에 실려 가다가
붉은 얼룩무늬 준마에서
산이 무너지는 모양으로 떨어졌네.
밝고 아름다운 들판의 안으로
멋진 제르데의 재갈을 돌려
다가가려고 하네.
뛰어오르게 했다 내려온

143 '바람 같은 붉은 얼룩무늬 말이'(Киидин улан цоохрнь)의 киид(ин)은 사전에 나오는 '절, 사원, 수도원'으로는 뜻이 통하는 번역을 할 수 없다. 비트케예프들(1990a: 377)의 '바람 같은 그의 얼룩무늬 [말의 달음질을 늦추었다]'(Подобный ветру его чубарый [замедлил бег])를 참고하여 위와 같이 옮겼다.

144 여자의 앉음새가 어떤 모습인지는 미상.

갈조 퀴렝을 탄 용사 사와르가
큰 도끼로 제 오른편 왼편을 박살 냈네.[145]
용력 넘치는 붉은 홍고르와 함께
왼데르 차간 산의 기슭의 아래로
흥분한 두 준마의
억센 힘으로 돌고 있는 것이네.
긴 백단향나무의 창들을
아래위로 빼앗아 들고,
오만한 다섯 몸을
왼데르 차간 산의 기슭에서
다섯 모두를 머리를 베어 잡고,
그림 같은
여섯 준마를 모아 붙들었네.
왼데르 차간 산의
남쪽 돌출부에서
하시 홀의
바위만 한 붉은 말을
마주 보고 붙들어 잡았네.
빚을 갚은[146] 일곱으로는
그 머리를 모아,
일곱 개 전부 바른쪽 빰에

145 텍스트 наачв를 наңчив(박살 냈네)로 고쳐 읽음.

146 원수를 갚은(?)

오대 동안 지워지지 않을[147]
진득한 사와르의 부시 낙인을 눌렀네.
일곱 개 전부 왼쪽 빰에
용사들의 먹같이 검은 피로 썼네.
쓴 글의 말은:
'칠십만 용사를 거느린,
아래의 흉맹한 일곱 나라를 비우게 한
흉맹한 노랑 망가스 잠발 임금이여,
너에게 썼다, 내가.
용력 넘치는 붉은 홍고르가
용사 사와르와 함께
해 있는 세상에
태어나 행하는 은혜는 이것이다.
너의 왼친 차간 산을 무너뜨린다, 내가!
너의 높은 노랑 얼룩무늬 도시들을 부순다, 내가!
모루 같은 너의 백성,
우뚝한 너의 샤라의 나라를 비우게 하겠다, 내가!
현생에 나와 원한이 있더냐, 너는?
(삼생의) 마지막인 내생에 빚이 있더냐, 너는?
돌아오는 여름의 첫 달의
초여드레 날 싸우자!

147 2-4-1546을 참고하여 텍스트의 алдрш уга(유명해질 수 없는)를 эрлш уга(지워지지 않을)로 고쳐 읽음.

내가 싸우는 곳은
에르켈뤼의 뮝겐 차간 산이라는 산이다.
빙 둘러 자란 긴 백단향나무 숲이 있고,
넉넉하고 근사한 물터가 있다.
반드시
이 글의 말대로 싸우자!
안 싸우게 되면
백 년의 조공을 바쳐라!
여섯 해의 과오를 찾아라![148]' 하고
일곱의 일곱 머리를
건방진[149] 머리 꼭대기의 구멍으로
창의 끝으로 관통해 박고,
창의 긴 백단향나무 자루를 분질러 버리고,
일곱 준마의
튼튼한 가죽으로 만든 간지개에
사람이 풀어지지 않게 단단히 묶었네.
일곱 준마의 뱃대끈을 조이고
자석 같은 검은 바다의
유일한 통로로 데려와서,
피의 검은 꼬챙이 칼로

---

148 여섯 해 동안 갚아야 할 죄를 인정하라!

149 텍스트 Эсрн은 사전들이나 연구서에서 확인되지 않아 뜻이 통하는 Эсрүн(철면피한, 오만한, 건방진)으로 고쳐 읽음.

일곱 마리의 일곱 뒷다리를
뚫어져라 찔러대기 시작했네.
갈 올란 기슭으로
미친 일곱 준마를 몰아붙여 들여보내고
몰아붙여 버린 준마들은
산더미만 한 검은 놀 파도에
아래위로 맞아가며,
헤엄쳐 들어갔네.
들여보내 버리고
알타이 산으로 목표를 삼고,
아르자 술로 내기를 걸고,
열 달 걸리는 곳으로 약속을 하고,
둘이 함께 달리기 시합을 벌였네.
사자와 같은 두 준마의
고삐를 느슨하게 하면서 이야기한 말은,
"샤라의 사만(四萬) 임금의 고장에서
빠르기로 빼어난 퀴렝 말,
신앙의 사대주에 빼어난
아란잘 빠른 제르데,
이 둘의 빠르기를 겨루자!"
"자!" 하고
고삐를 느슨하게 했네.
열 달 걸리는 곳을
마흔 아흐레에 닿았네.

닿아 왔네.
멋진 쿼렝 갈잔 제르데에게서
(말 매는) 밧줄길이 만큼 앞서 가네.
앞쪽을 보니
우뚝한 알타이 산이 솟아 있네.
노호하던 샤르탁 바다는
안개가 되어 가라앉네.
알타이의 중심에
사자 같은 두 마리 준마로 들어왔네.
가시드 노랑 비단 둑의 대좌에
닿아 왔을 때는
경탄하여 육천열두 용사가
맞이하여 나와 왔네.
준마들에서 부축하여 내리게 했네.
지중하고 지고한 성주의 곁에
닿아 들어갔네.
쾨케 삼반 비탈에
준마들을 풀어놓았네.
추격하던 두 용사는
들어와서는
나란 잠바 임금[150]의
흰 뭥쉬르 투구를
벗어 놓고,
임금 장가르의 보좌에

거울같이 아름다운 머리로
규정된 삼배를 하고 앉았네.
영예로운 통치자 성주가 분부를 내렸네.
"검은 산의 꼭대기로
사냥을 하며 다니는 자
나의 검은 표범들이여!
나의 어려움을 쳐부수어 주는 자
나의 검은 강철 모루들이여!
참을성 있게 길들여진
나의 빠른 흰 이틀렉 매여!
나의 알타이 한가운데 있는
나의 두 황금 기둥이여!
바굴레를 씌워 둔
나의 두 가루라 새의 아들이여!
자, 타는 준마들의
귀에 해가 솟아,[151]
추격해 간 적을 누르고 온
특출한 나의 두 용사에게
아르자 술을 따라 주어라!" 하고 분부를 내렸네.
아르자 술을 갖다 놓자 하사하시면서,[152]

---

150 나란 잠바 임금(Нарн Замб хаан)이 누구인지에 대해서는 정보가 제공되지 않고, 두 용사가 왜 그들의 투구를 쓰고 있었는지도 알 수 없다.

151 정확한 의미는 미상.

152 직접 따라주시면서(?).

전쟁의 모든 끄트머리까지 물어 챙기시고,
"앞서처럼 나의 준마 말 떼는
살아서 근사하고 건강하게 온전히 왔다.
은혜를 베푼 (데 대해)
열세 가지 요구를 (들어) 주겠다, 내가.
앞으로 목숨에 이르는
세 번의 큰 실수를 (용서해) 주겠다, 나는.
열 번의 생에
노랑 비단 올와의 자락을 잡게 하고
권능 있는 지고의 하늘나라에
내리 삼천 겁에 (걸쳐)
반드시 함께 태어나자!" 하고 말씀하셨네.
자, 세상의 통치를 바위같이 세웠네,
부처님의 신앙을 해처럼 퍼뜨렸네.
죽음 없이 영원히 되고,
걱정 없이 안온하게 되었네.
겨울 없이 여름이 되었네.
노랑 얼룩무늬 궁궐 안에서
샤라의 육천
열두 용사와 함께
아르자 술자리 가운데 앉아 즐겼네.
금란 빛 해가 떠올랐네.
매와 종달새가
밝아오는 틈새에서 나타났네.[153]

팔천 여의보주의
빛은 공중에서
노랑, 빨강, 파랑 세 무지개로 떴네.
여의보주의 현신
행복이 큰
영예로운 장가르라고 하는 이름은
해 있는 세상의 나라에서 놀라움이 되었네.
팔만의 큰 임금들의
고장에서 이야기가 되었네.
이야기가 되어 살았네.

---

153 텍스트는 торлзв(출몰했네). 비트케예프들(1990a: 174)에서는 '지저귀였네'(торлв), 비트케예프들(1990a: 357)의 러시아어 번역에서는 '(하늘 높이) 날아다니네'(Летают (в небесной выси)).

참고문헌

서울大學校 奎章閣韓國學研究院(編) (2006),『蒙語類解; 捷解蒙語』, 奎章閣資料叢書 語學篇(八).

오트공바야르 (2009),「〈조웅전〉과 〈장가르〉의 비교 연구: 영웅의 형상을 중심으로」, 서울대학교 대학원 문학석사학위논문.

유원수 (2004),『몽골비사』(*Mongɣol-un niuča tobča'an*), 사계절.

______ (2007),『게세르 칸』(*Arban ǰüg-ün eǰen geser qaɣan-u tuɣuǰi orosiba*), 사계절.

______ (2011),『장가르 1: 영웅을 기다리는 유목민의 노래』, 한길사.

內蒙古大學蒙古學研究院蒙古語文研究所(編) (1999),『蒙漢詞典』, 呼和浩特: 內蒙古大學出版社.

잠차 賈木查(主編) (2005),『史詩『江格爾』校勘新譯』, 烏魯木齊: 新疆大學出版社.

탕지스 唐吉思 (2010),『蒙古族佛敎文化調查研究』, 中國蒙古學文庫, 審陽: 遼寧民族出版社.

와카마쓰 히로시 若松寬(譯) (1995),『ジャンガル』(モンゴル英雄敍事詩 2), 東洋文庫 591, 東京: 平凡社.

람스테트 Ramstedt, G. J. (1976), *Kalmückisches Wörterbuch*, Helsinki: Suomalais-Ugrilainen Seura.

레싱들 Lessing, Ferdinand, D.(Genral editor), Haltod Matti, Hangin John Gombojab, Kassatkin Serge(1982edn), *Mongolian-English dictionary*, Bloomington: The Mongolian Society, Inc.

다그와도르지 Дагвадорж, Д. (1995), *Монголын шашин суртахууны тайлбар толь*, Шинжлэх Ухааны Академи Философи Социологийн Хүрээлэн, Улаанбаатар: АУИС-ийн хэвлэлийн товчоо.

도르지고토브 Доржготов, А., Сонгино, Ч. (1998), *Зурагт толь, Хууль* зүйн яам, Шинжлэх Ухааны Академийн Хэл Зохиолын Хүрээлэн, Улаанбаатар: Өнгөт хэвлэл ХХК.

두게르수렝 Дүгэрсүрэн, Түмэннасангийн (Халимаг хэлнээс хөрвүүлсэн) (2000), Улаанбаатар: "Полиграф" хэвлэлийн газар.

무닌 Мунин, Бембе (Редактор) (1977), *Халмьг-Орс толь*, Москва: 《Орс Келн》 нерэлдhтэ дегтр hарhач.

바드라 Бадраа, Жамцын (1998), Монгол ардын хөгжим, Улаанбаатар: T&U Printing Co., Ltd.

바르다예프들 Бардаев, Э. Ч., Джамбинова, Р. А., Монраев, М. У., Каляев, А. Л., Кичиков, А. Ш., Корсункиев, Ц. К., Монраев, М. У., Муниев, Б. Д., Павлов, Д. Л., Убушаев, Н. Н. (2004), *Би Хальмг Кел Дасчанав: Хальмг-орос толь*, Элст: Хальмг дкгтр hарhч.

볼드들 Болд, Л. (Ерөнхий редактор) нар (2008), Монгол хэлний дэлгэрэнгүй тайлбар толь, I-V, Шинжлэх Ухааны Академи Хэл Зохиолын Хүрээлэн, Улаанбаатар: "Соёмбо принтинг" хэвлэх газар.

비트케예프 Биткеев, Н. Ц. (2001), *Джангарчи(На русском и калмыцком языках)*, Элиста: АПП Джангар.

______ (2006), *Эпос 《Джангар》*, 2-е научное издание, дополненное (на русском и английском языках), Элиста: ЗАОр 《НПП 《Джангар》.

비트케예프들 Биткеев, Н. Ц., Овалов, Э. Б. (составление, подготовка текстов, исследование, комментарий и словарь) (1990a), *Җаңhр-Хальмг Баатрлг Эпос (Джангар-Калмыцкий геройческий эпос)*, Серия Эпос народов СССР, Москва: НАУКА, Главная редакция восточной литературы, Институт мировой литературы им. А. М. Горького, Калмыцкий институт общественных наук АН СССР.

______ (Ответственные редакторы) (1990b), *Җаңhр: Хальмг Баатрлг Эпос*, СССР-ин Номин Академий, Общественн Номин Хальмг Институт, Элст: Хальмг Дегтр hарhач.

알렉세예바 Алексеева, П. Э. (Составитель) (2001), Джангар и Джангароведение: Библиография, Элиста: Калмыцкое книжное издательство.

잠발도르지 Жамбалдорж, С. (1996), *Морин эрдэнэ*, Улаанбаатар: "Монгол адуу" нийгэмлэг.

초이종잡들 Čoyiǰungǰab, Na. Gereltü (nayiraγulba) (1998), *Oyirad ayalγun-u üges*(衛拉特方言詞彙), Mongγol töröl-ün kele ayalγun-u sudulul-un čubural 020, 呼和浩特: Öbör mongγol-un yeke surγaγuli-yin keblel-ün qoriy-a.

체레미소프 Черемисов, К. М. (1951), *Бурят-монгольско-русский словарь*, Москва.

코발레프스키 Kowalewski, Joseph Étienne (1844, 1846, 1849), *Dictionnaire mongol-russe-françias* I, II, III, Kasan: Imprimerie De L'université.

키치코프 Кичиков, А. Ш. (1978), *Җаңhгр. Хальмг баатърлъг дуулвр, 25 бөлгин текст*, Т. 1~2. Москва.

______ (1999), *Джангар (Малодербетская версия)*, Элиста: АПП "Джангар".

토다예바 Тодаева, Б. Х. (1976), *Опыт лингвистического исследования эпоса 《Джангар》*, Элиста: Калмыцкое книжное издательство.

______ (2001), *Шинҗәнә өөрд келнә толь*, Элст: Хальмг дегтр hарhч.

퓌르밴 Пүрбән, Г. Ц. (1996), *Хальмгудын заңшалта бәәцин тәәлвр толь*, Элст: Хальмг дегтр hарhач.

볼로르 사전 *Bolor dictionary*, http://www.bolor-toli.com/.

토트 TÓTH, ERZSÉBET(2008), *MONGOL-TIBETI NYELVI KÖLCSÖNHATÁSOK*, DOKTORI (PHD) DISSZERTÁCIÓ. http://doktori.btk.elte.hu/lingv/totherzsebet/diss.pdf 2012. 1. 1. 복원.

칼미크-오이라드 민중

유목과 수렵을 하며 '숲의 사람들'이라고 불리던 오이라드 사람들은 1207년 칭기즈칸에게 항복한 이래 그의 후손들에게 종속된다. 1635년 오늘의 중국 신장 북부, 내몽고 서부, 몽골 서부에 걸쳐 준가르 제국을 건설하여, 칭기즈칸의 후예인 할하 몽골에 맞서다가 청과 할하 몽골 연합군에게 학살된다. 1755년 준가르를 완전히 정복한 청은 오이라드 사람들을 산지사방으로 흩어지게 한다.

한편 전쟁을 피하기 위해 러시아로 이주하기 시작한 오이라드 사람들 가운데 선발대가 1618년 처음 볼가 강 유역에 도착하여 150여 년을 살았으나 러시아 황제를 위한 온갖 전투에 방패막이로 나섰음에도 종교적 신념으로 인해 늘 탄압받는다. 청과의 오랜 협상 끝에 귀환을 허락받은 이들은 1771년 20만 명이 함께 귀환 길에 오르지만 연도의 이민족들의 습격을 받아가며 겨우 3분의 1만 준가르에 도착한다. 한편 볼가 강 유역에 남은 사람들은 칼미크로 불리는데, 이들은 1943년 나치 독일에 부역했다는 누명과 함께 시베리아와 중앙아시아 여러 지역으로 강제이주를 당한다. 14년 뒤 명예회복과 함께 귀환했을 때 전체 인구의 22퍼센트가 줄어 있었다. 『장가르』는 기구한 운명에 몸부림쳐야 했던 칼미크-오이라드 민중이 구원자의 출현을 꿈꾸며 부르는 한 맺힌 절규다.

니콜라이 체데노비치 비트케예프 НиколайЦеденович Биткеев

칼미크인이며 1943년에 태어나서 2013년 7월 8일 작고했다. 칼미크사회과학연구소 교수, 문헌학 박사, 장가르 연구의 세계적인 권위자이다. 장가르 연구를 필생의 과제로 삼아 번역과 주석에 힘썼으며, 신화와 문학으로서의 성격을 구명하고, 텍스트 편찬과 전문 연창자인 장가르치들에 대한 연구로 귀중한 업적을 세웠다. 2008년 7월 전북대학교에서 열린 국제알타이학회에 초청되어 논문 「영웅서사시 장가르 속의 신화」를 발표하기도 했다. 대표 저서로 『장가르치』(2001), 『영웅서사시 장가르』(2006) 등이 있다.

에드윈 바드마예비치 오발로프 Эдвин Бадмаевич Овалов

칼미크인이며 1935년에 태어났다. 문헌학 박사, 장가르 연구센터 소장. 장가르 연구, 칼미크어 문헌 연구의 세계적인 권위자로서 장가르, 자야 판디타와 그가 창제한 토도 문자 문헌 등에 관한 수많은 저술을 냈으며 관련 주요 국제학술대회를 조직하고 논문집을 편집하였다. 대표 논저로 「영웅서사시 장가르의 판본의 유형에 관한 문제」(1987), 『세 샤라이골 임금과 관련된 영웅서사시적 모티브』(1999) 등이 있다.

유원수 柳元秀

미국 인디아나 대학교 우랄·알타이학과(현 중앙유라시아학과)를 졸업하고 「몽골어의 부정법에 관한 연구」(A Study of Mongolian Negation)로 박사학위를 받았다. 현재 서울대학교 인문학연구원 교수로 재직하고 있다. 지은 책으로 *A Study of the Mongol Khamnigan Spoken in Northeastern Mongolia*, 『몽골의 언어와 문화』 등이 있고, 주해한 책으로 『몽골비사』, 『게세르 칸』, 『장가르 1』 등이 있다. 옮긴 책으로는 『맑은 타미르 강』, 『유라시아유목제국사』(공역) 등이 있고, 그 외 몽골어와 몽골문화에 대한 여러 편의 글을 발표했다

문명총서 발간사

서울대학교 인문학연구원은 2007년 11월 한국연구재단의 인문한국(HK) 사업을 수탁하여 HK문명연구사업단을 출범시켰다. 한국과 아시아, 세계를 향한 문명연구의 허브를 구축하기 위해 '한국 인문학'의 정립을 목표로 인문학 제 분야는 물론 인근분야의 전공자들까지 한 지붕 아래 모였다.

인문학연구원이 한국 인문학의 도약을 위해 핵심과제로 주목한 것은 문명에 대한 새로운 이해이다. 문명이란 장구한 세월 동안 인류가 일구어낸 정신적·물질적 성과들의 종합이며, 타 문명들과 서로 영향을 주고받으며 진화해온 복합적 실체이다. 이에 대한 심층적인 이해가 선행되지 않는다면, 현재와 미래에 대한 유효적절한 준비와 대응은 불가능하다.

'문명텍스트총서'는 인문학 안팎의 다양한 전공을 가진 우리 연구원의 연구자들이 자신의 영역에서, 과거와 현재 문명의 정수와 그에 대한 인식을 담은 중요한 텍스트를 선정하여 번역하고 주해한 결과물이다. 이는 긴 시간의 노동을 요하면서도 성취가 단기간에 가시화되지 않는 우직한 작업이지만, 인류의 유산을 한국화하는 이 같은 작업이 주체적으로 세계문명을 사유하고 새로운 문명을 개척하는 데 발판이 되리라고 믿는다. 문명텍스트총서가 현재와 과거를 엮는 씨줄 놓기 작업이라면, 문명공동연구총서는 인간과 세계를 총체적으로 이해하려는 날줄 엮기라고 할 수 있다. 오랫동안 자신의 분야에서 전문화를 추구했기에 공동연구가 쉬운 일은 아니지만 문명 이해의 융합적 시각뿐만 아니라 한국 인문학의 새로운 전망을 써 내려가는 방법론을 제시할 수 있기를 희망한 결과물이다. 또한 문명지평총서는 연구원 안팎의 연구자들이 참여한 연구서와 교양서를 아우르고 있다.

아무쪼록 문명총서 시리즈가 동서고금의 문명을 더 깊고 더 넓게 이해하는 창발의 효과를 가져 오길 기대하며, 국내외의 학자들이 참여하고 교류하는 열린 연구공간이 되길 바란다.

2014년 4월

서울대학교 인문학연구원 원장